岩波現代文庫

明治の表象空間

(下)

エクリチュールと近代

松浦寿輝
Hisaki Matsuura

学術 476

岩波書店

凡　例

一、文献の引用に当たって、旧仮名遣いはそのままとしたが、旧漢字は新漢字に置き換えた。また、今日の読者の読み易さの便に配慮し、最小限の範囲で句読点を補うないし変更する、濁点を添える、ルビを振るなど手を加えた箇所がある。

一、本書の成立には、明治時代の基本的文献を集成した三つの叢書、『明治文学全集』(全九十九巻+別巻一、筑摩書房、一九六五―八九年)、『明治文化全集』(第三版、全三十二巻、日本評論社、一九六七―七四年)、及び『日本近代思想大系』(全二十三巻+別巻一、岩波書店、一九八八―九二年)が大いに裨益している。本書で行なった引用も、これらの叢書に収録されている文書に関しては、原本のページ数ではなく叢書における該当ページ数を記載している。アクセスの容易さという点で、その方が読者の便宜に資すると考えたからである。むろん個人全集等、他に厳密な校訂版がある場合はそちらに拠った。また『日本近代思想大系』は抄録が多いので、必要な場合は原本ページのレフェランスを添えた。なお、これらの叢書に収録された資料の多くは、現在、国立国会図書館の運営する「近代デジタルライブラリー」のウェッブサイトでその原本の本文全体が閲覧できるようになっている(http://kindai.ndl.go.jp/)。

一、年号の記法について。明治論としての性格上、本文中、明治期の出来事に関しては基本的に「明治**年」とのみ記載し、西暦での言い換えは、それが本文の理解にとって有用と思われる場合を除き、くだくだしいので行なわない。他方、「会沢正志斎の『新論』(一八二五年)から北一輝の『国家改造案原理大綱』(一九一九年)までのほぼ一世紀」のような記述において西暦のみ記しているのは、文政八年や大正八年などと書き添えることがここでの論旨にとって「関与的(relevant)」でないからである。本書の全体を通じて、元号と西暦の記法はこのように随時プラグマティックな判断で使い分けられている。なお、年齢は満年齢で記した。

目次

上巻目次

中巻目次

第Ⅲ部　エクリチュールと近代

36　奇蹟——樋口一葉(一)

「雅俗折衷」という技法

坪内逍遥は、「我国にていにしへより小説に用ひ来りし文体は一定ならねど、要するに雅と俗と雅俗折衷の三体の外にはあらじ」(1)と述べ、「雅文体」「俗文体」「雅俗折衷文体」というその「三体」の長短の特質を論じている(『小説神髄』明治十八—十九年)。まず、「雅文体は古雅の性質を帯《おび》たるものゆゑ、目下の世況《せきょう》を写しいだすには適当なしたるものとは思は」れない(2)。では、「俗文体」はどうか。

夫《そ》れ小説は情態をうつすをもて其《その》骨髄となすものなり。故に下流の情態をば写しいださまくほりするときには、其人物の言語《ことば》なんどに鄙俚猥俗《ひりわいぞく》なる言語《ことば》あるは、もとより脱《まぬか》れがたきことなりかし。其趣《おもむき》だに尽したらば、よし其言語《ことば》は鄙俚なりとも、是《これ》なかく〵に下流社会のまことの景状《ありさま》にほかならず。此故《このゆえ》をもて俗言をば我小説に用ひがたき文句なりとはいふ可《べ》からず(3)。

「下流社会」に生息する人種の発する言葉が「俗言」で表象されるのは当然であり、ディッケンズもフィールディングもそれをやっていると述べた後、逍遥は、ただし「地の文」に関してはこのかぎりではないと付け加える。「俗言をもて物語の詞《ことば》(物語中に現はれたる人物の言語《ことば》をいふ)を写すは妨害《さまたげ》なし、但し地の文にいたりては(我国の俗言に一大改良の行はれざるあひだは)俗言をもて写すべからず」[4]。

かくして逍遥が最終的に推奨するのは「雅俗折衷文体」である。それは二種に大別され、その一は「時代物語」にふさわしい「稗史体《よみほん》」で、これは「地の文を綴るには雅言七八分の雅俗折衷の文を用ひ、詞を綴るには雅言五六分の雅俗折衷文を用」いるもの。その二は現代を描く「世話物語」向きの「艸冊子体《くさぞうし》」であるが、ただ、これが「稗史体と異なる所以《ゆえん》は、単に俗言を用ふることの多きと、漢語を用ふることの少きとにあ」るだけだと言うのだから、両者の間の懸隔《けんかく》はさほど大きなものではない。

以上のような主張が展開される「文体論」の章は『小説神髄』の下巻に含まれる。「小説の主脳は人情なり。世態《せいたい》風俗これに次ぐ」という名高い一行から書き起こされ、写実主義のマニフェストが力強く主張される「小説の主眼」の章をはじめ、『小説神髄』上巻における逍遥の小説理論の歴史的意義は従来高く評価されてきたが、それに比して、文体や構成や主人公の設定等、逍遥のいわゆる「小説の規矩《きく》法則」をめぐって具体的な技術論が展開される下巻の方は、今日あまり顧みられることがない。「外面《うわべ》に見えざる衷情《したごころ》をあらはに外面《おもて》に見えしむべし」(「小説の主眼」[5])として、不可視の内面世界を心理学に即して視覚化する描写という操作の重要性を力説する彼の写実主義の主張は、日本の近代文学史に特筆すべき位置を占めているのに対して、「稗史体」のモデルとして馬琴の『近世説美少年録』、「艸冊子体」のモデルとして種彦の『偐紫《にせむらさき》田舎源氏』等を引用し、そこでの「雅俗折衷」の様態を記述しその得失を事細かに評定してゆこうとする彼の文体論の方は、今やほとんど忘れ去られているのだ。そのことの理由は単純で、明治中期以降急速に一般化していった「言文一致体」による小説言語の進化が、逍遥の顕彰する「雅俗折衷文体」をあっさり駆逐してしまったからである。

もとよりそうした事態の到来は、彼の聡明な知性が可能性として夙《つと》に予見するところでもあった。逍遥は「俗言」の価値を認めながらも、それに「一大改良の行はれざるあひだは」これを「地の文」に用いるなと誡《いまし》めたわけだが、同時に「我党の才子」によるその「改良」の実現を強く待望し、「今より頸《うなじ》を長うして新俗文の世にいづる日をまつものなり[6]」という期待も表明していたからである。その「新俗文」が二葉亭四迷らの試行とともに意外に早く創出され、洗練の途《みち》を辿った結果、明治中期の言語状況下においては肯綮《こうけい》に中《あた》った判断だったかもしれぬ逍遥の「雅俗折衷文体」採用の提言の方は呆気なく古び、時代の急激な変化に取り残されてしまったわけだ。

ところで、樋口一葉(一八七二―九六)の小説の文体は、少なくとも「大つごもり」(明治二十七年十二月発表)から未完の「裏紫(上)」(同二十九年二月発表)までのいわゆる「奇蹟の十四か月」(和田芳恵[7])に書かれた代表作群に関するかぎり、まさにその「雅俗折衷文体」にほかならない。正確に言うなら彼女は、あたかも『小説神髄』下巻に記述された「小説法則」をそのまま踏襲するかのように、「地の文」には「雅俗」をほどほどに混淆させる一方、登場人物の台詞には生気溢れる「鄙俚猥俗《ひりわいぞく》なる言語《ことば》」を大胆に取り入れている。結果として、一葉の短篇群こそ逍遥のいわゆる「艸冊子体」の理想を完璧に体現した「世話物語」であるかのような様相を呈することになる。

ここから提起される問いは二つある。まず、逍遥の小説改良論と一葉の実践とが、それではぴたりと合致するのか、両者の間に食い違いはないのかというのがその一である。その二は、逍遥の「雅俗折衷文体」の提唱にもはや「近代小説」のアクチュアリティが感知されなくなっているとして、ならばそれと同様に、一葉の文体もまた、たとえそれが「前近代」的文学の富と精華の結晶ではあっても、そこには結局「近代」への通路は開かれていないのかという問題である。この二つの問いを手掛かりに、一葉の文章という、「明治の表象空間」にいきなり生起したこの驚くべき突発事故の謎に迫ってみたい。

「奇蹟の十四か月」の直前に位置する「やみ夜」(明治二十七年七―十一月発表)には、次のような文章が含まれる。

秋は夕ぐれ夕日花やかにさして、塒《ねぐら》にいそぐ烏《からす》の声さびしき頃、めづらしき黒鴨《くろがも》の車夫に状箱もたせて、波崎さまよりのお使ひと言ふが来たりぬ、折しもお蘭さま籬《まがき》の菊に日映りのをかしきを御覧《ごろう》じけるほどなりしが、おそよが取次ぎて珍らしきお便りとさし

出《いだ》すに、おかしや白妙の袖にはあらでと受取りて座敷へ帰られける、[…]

（「やみ夜」〈九〉(8)）

「秋は夕ぐれ」は『枕草子』第一段を、「白妙の袖にはあらで」は紀友則《きのとものり》「花みつつ人まつ時は白妙の袖かとのみぞあやまたれける」(『古今集』巻五秋歌下)を踏まえている。紀友則の歌は菊合せに際したもので、白菊の花を自分が待つ人の白い袖とつい見間違えてしまうことよというのがその主旨である。「やみ夜」のほんの数行のうちに、文学史的記憶をめぐるインターテクスト的遊戯が圧縮されており、結局その興趣を読者と分かち合うことが一葉にとっての文学行為の意味だったということとなろう。菊を見ているところへ届いた手紙に思わず「白妙の袖」を想起してしまうといった浮世離れした風雅な女性と似た誰かに、ひょっとしたら一葉は華族の奥方や令嬢の集う歌塾「萩《はぎ》の舎《や》」で出会ったことがあるのかもしれないが、いずれにせよ「お蘭さま」の人物像に現実感はきわめて乏しく、ここでの眼目がこの女性の心理と身体の即物的な描写よりはむしろ、言語の表層に繰り広げられる引用の戯れの方にあることは間違いない。

「にごりえ」第五節

「やみ夜」の直後に書かれる「大つごもり」以降、こうした「本歌取り」の趣向は姿を消す。「井戸は車にて綱の長さ十二尋《ひろ》、勝手は北向きにて師走《しわす》の空のから風ひゆう〱と吹ぬきの寒さ、……」と書き出される「大つごもり」冒頭で、「十二」という数字や「北むき」という客観的限定に含まれるリアリスティックな描写性の持つ意義には、前田愛が夙に注目している(「「大つごもり」の構造」『樋口一葉の世界』所収)。この短篇とともに一葉は引用遊戯の洗練から自己を切断し、逍遥が「小説の主脳」とした「人情」と「世態風俗」の言語による再現へと移行してゆくのだ。もはや文学的記憶の参照ネットワークを縦横に張りめぐらせた表層的な修辞遊戯も、「お蘭さま」のような人工的な「雅」の体現者も登場せず、松原岩五郎『最暗黒之《の》東京』(明治二十六年)や横山源之助『日本之下層社会』(同三十二年)が描き出したような都市の底辺に蠢《うごめ》く細民たちと、その哀歓の諸相が主題化されるようになる。その際、「下流社会のまことの景状《ありさま》」(逍遥)を浮かび上がらせるべく、彼らの発する言葉に「俗文体」が存分に用いられるのは言うまでもない。

しかし、地の文に「雅俗折衷文体」、台詞に「俗文体」というだけのことであれば、小説の物語を織りなす言語態に関するかぎり、柳亭種彦流の読本《よみほん》や為永《ためなが》春水流の人情本からさしたる距離はないとも言える。一葉の文学的教養は『源氏物語』と西鶴が主たる基盤になっていたと言われるが、彼女の文章は、種彦や春水はもとより源氏とも西鶴とも近松とも明らかに異なった或る固有の音楽性と触覚性を備えている。その触覚的律動の具体的様態を、今とりあえず「にごりえ」の第五節に即して見てみたい。言語が持続の中でどのように変化してゆくかを辿ることが重要なので、第五節冒頭から始めて、適宜数行ずつ飛ばしながら「お力《りき》」の内的独白に至る過程を一通り精査してみることにしよう。

誰《た》れ白鬼とは名をつけし、無間地獄のそこはかとなく景色づくり、何処《どこ》にからくりのあるとも見えねど、逆さ落しの血の池、借金の針の山に追ひのぼすも手の物ときくに、寄つてお出《い》でよと甘へる声も蛇くふ雉子《きぎす》と恐ろしくなりぬ、さりとも胎内十月《とつき》の同じ事して、母の乳房にすがりし頃は手打《てうち》〳〵あわゝの可愛げに、紙幣《さつ》と菓子との二つ取《ど》りにはおこしをお呉《く》れと手を出したる物なれば、今の稼業に誠はなくとも百人の中の一人に真からの涙をこぼして、聞いておくれ染物やの辰さんが事を、昨日も川田やが店でおちやつぴいのお六めと悪戯《ふざけ》まわして、見たくもない往来へまで担《かつ》ぎ出して打ちつ打たれつ、あんな浮いた了簡《りょうけん》で末が遂げられやうか、[…][11]

私娼に対する蔑称「白鬼」に導かれ、銘酒屋が軒を連ねる新開地の歓楽街を地獄に譬《たと》える冒頭数行は、やや修辞過多ではあるが、とりあえず三人称の語りによる「地の文」をなしている。「蛇くふ雉子」は芭蕉の句「蛇食ふと聞けば恐ろし雉《きじ》の声」に出典を持つが、芭蕉へのレフェランス抜きで読むことが十分に可能であり、教養主義的マニエリスムの臭みはもはやない。やがて「聞いておくれ」という呼びかけとともに語りの主体がシフトし、新開地の銘酒屋に抱えられた私娼の一人が語りはじめる。むろん発話主体のこうした突然のシフト自体も日本の伝統的な語り物のナラティヴによくあることで、そこにとりたてて一葉の個性が刻印されているわけではない。

ここで注目すべきはまず、これに先立つ「地の文」自体、中立的かつ客観的な記述ではなく、すでに情動的な価値判断で磁化されているという点であろう。「恐ろしくなりぬ」と言われている、その恐怖とは、銘酒屋に引き寄せられてきた男たちの誰彼の心中をよぎった思いとも、売春行為の闇とは縁のない良識的な市民意識が下した判定とも読めるが、いずれにせよ顔も名前もないこの話者は、語りつつ、みずからの口にする話柄に鮮明な情動をまとわりつかせることを憚っていない。

だが、この情動性のヴェクトルの方向は「さりとも」で逆転される。「さりとも」から「百人の中の一人に真からの涙をこぼして」までの部分で、視点は私娼の側に飛び移ることになるのだが、当初「白鬼」として表象された存在の内面に語りが沈潜するや、無邪気このうえもない「手打《てうち》〳〵あわゝ」が唐突に出現し、読者は軽い衝撃を受けざるをえない。その衝撃を反芻《はんすう》し心理的に消化する間もなく、すでに語りは「聞いておくれ」で始まる一人称の台詞の中に滑りこんでいる。「地の文」の視点が女の内面に潜ることが、三人称から一人称へという話者のシフトを準備し、それを滑らかに完了させることに貢献しているのだ。実際、数行後に「私」という主語が現われるのをわれわれは見る。

[…]私はこれでも彼《あ》の人の半纏《はんてん》をば洗濯して、股引《ももひき》のほころびでも縫つて見たいと思つて居るに、彼《あ》んな浮いた心では何時《いつ》引取つて呉れるだらう、考へるとつく〴〵奉公が嫌やになつてお客を呼ぶに張合もない、あゝくさ〳〵するとて常は人をも欺す口で人の愁《つ》

らきを恨みの言葉、頭痛を押へて思案に暮れるもあり、[…](12)

この「……もあり」で語りは一瞬「地の文」に戻るが、と思う間もなくただちにまた別の「私」が出現する。二人目の女が語り出すのだ。その台詞は、「聞いておくれ」という呼びかけを伴った一人目の女のそれとは異なり、内向的な独白の色合いが強い。

あゝ今日は盆の十六日だ、お焔魔様《えんまさま》へのお参りに連れ立つて通る子供達の奇麗な着物きて小遣ひもらつて嬉しさうな顔してゆくは、定めて定めて二人揃つて甲斐性のある親をば持つて居るのであろ、私が息子の与太郎は今日の休みに御主人から暇が出て何処《どこ》へ行つて何《ど》んな事して遊ばうとも定めし人が羨《うらや》しかろ、父《とと》さんは呑《のみ》ぬけ、いまだに宿とても定まるまじく、母は此《こ》様な身になつて恥かしい紅白粉《べにおしろい》、よし居処《いどころ》が分つたとて彼《あ》の子は逢ひに来ても呉れまじ、[…](13)

この二人目の女の台詞の中には、息子「与太郎」の一人称の台詞が入れ子状に嵌め込まれ、さらにまたもう一つ別の「私」を登場させていることにも注目しておこう。

[…]去年あひたる時今は駒形の蠟燭《ろうそく》やに奉公して居まする、私は何《ど》んな愁《つ》らき事ありとも必らず辛抱しとげて一人前の男になり、父《とと》さんをもお前をも今に楽をばお為《さ》せ申ます、

何《ど》うぞ夫れまで何なりと堅気の事をして一人で世渡りをして居て下され、人の女房にだけはならずに居て下されと異見を言はれしが、[…][14]

この二人目の女の語りはやがて、一人目の女の「[……思案に暮れる]もあり」を受けた「[……鏡の前に涕《なみだ》ぐむ]もあるべし」に至って、ようやく「地の文」に着地することになる。と、語りの視点は、次の瞬間ただちに主人公の「お力」の内面へと移行する。

[…]夢さら浮いた心では無けれど言甲斐《いいがい》のないお袋と彼《あ》の子は定めし爪はじきするであらう、常は何とも思はぬ島田が今日斗《ばかり》は恥かしいと夕ぐれの鏡の前に涕ぐむもあるべし、菊の井のお力とても悪魔の生れ替りにはあるまじ、さる子細あればこそ此処《ここ》の流れに落こんで嘘のありたけ串談《じょうだん》に其日を送つて、[…][15]

逸脱と漂流

「地の文」が登場人物の心理に半ば磁化されてしまうという先に触れた現象は、一葉の小説でしばしば起こることだが、そうした情動的バイアスのかかった「地の文」の語り手に「作中人物に癒着的な半話者」[16]という見事な定義を下したのは、『感性の変革』(一九八三年)における亀井秀雄である。

「にごりえ」のこの箇所では登場人物の発話はほぼ「俗文」で書かれているのだが、一葉の場合、それが「言文一致」の口語体ではなく、「雅文体」とまでは言わずとも少なくともそのまま口にのぼったとは思えない「雅俗折衷」の文語体で表現されることもある。たとえば「たけくらべ」の第七節で、祭りの晩に長吉から額に泥草履を投げつけられ、その屈辱から学校へ行かなくなった美登利《みどり》の心理を、自身を「我れ」と名乗りながらの一人称発話として語る次のような部分が、その典型例である。

表町とて横町とて同じ教場《きょうじょう》におし並べば朋輩に変りは無き筈《はず》を、をかしき分け隔てに常日頃意地を持ち、我れは女の、とても敵《かな》ひがたき弱味をば付目《つけめ》にして、まつりの夜の処為《しうち》はいかなる卑怯ぞや、［…］我れ寮住居に人の留守居はしたりとも姉は大黒屋の大巻《おおまき》、長吉風情に負《ひ》けを取るべき身にもあらず、龍華寺の坊さまにいぢめられんは心外と、これより学校へ通ふ事おもしろからず、［…］(17)

つまり、本来は中立的であるべき「地の文」が登場人物に癒着して感情価を帯びる、その一方で、登場人物の主観的発話の方もまた半ば「地の文」化し、西欧語における「自由間接話法」に似た何かが出現するということだ。このような相互浸透が一葉の小説言語に排他的に固有なものとまで断定することは難しかろうが、発話者と言語態とのこうした複雑な絡み合いが一葉のエクリチュールの本質的魅力の一つをかたちづくっていることは間違いない。

それを言ったうえで、もう一度「にごりえ」第五節に戻ってみよう。われわれは二人の女の発話を聞き、三人目の女としてヒロイン「お力」が登場するところまで見た。その場合、ただ声のみを響かせる二人の女の自己表出が、単に「……もあり……もあるべし」といったかたちで「地の文」に着地するだけで終っており、この二人をめぐっては、顔立ちや身なりなどの外面的描写をはじめいかなる個性化の試みも為されていないという点は注目に値しよう。何よりも重要なのは、彼女たちに名前が与えられていないことだ。ここに響いているのは、苦界に身を沈めた女たちのマグマ状の集合無意識から泡のようにふつふつと立ち昇ってくる任意の二つの声でしかなく、その発話主体を個性的な「キャラクター」として造形することに作者は何の関心も払っていない。

実際、名前を剝奪されることで声はかえって普遍的な広がりを持つことになる。それぞれに個別の事情を抱えているはずの女たちの不倖は、渾然一体となって複数の倍音を豊かに響かせ、そのすべてが「お力」という主人公の中に流れ込んで、この「宿命の女」の実存の強度を高めることに貢献するのである。その強度が頂点を極めるのは、銘酒屋〈菊の井〉の下座敷での宴会で「我恋は細谷川《ほそだにがわ》の丸木橋わたるにや怕《こわ》し渡らねば」と端唄を唄いかけた「お力」が、「何をか思ひ出したやうに」急に席を立って外へ出ていった後に繰り広げられる、あの名高い内的独白の場面においてである。

お力は一散に家を出て、行かれる物なら此《この》まゝに唐天竺《からてんじく》の果《はて》までも行つて仕舞《しまい》たい、あゝ嫌だ嫌だ嫌だ、何《ど》うしたなら人の声も聞えない物の音もしない、静かな、静かな、自分の心も何もぼうつとして物思ひのない処へ行かれるであらう、つまらぬ、くだらぬ、面白くない、情ない悲しい心細い中に、何時《いつ》まで私は止められて居るのかしら、これが一生か、一生がこれか、あゝ嫌だ〳〵と道端の立木へ夢中に寄かゝつて暫時《しばらく》そこに立どまれば、渡るにや怕し渡らねばと自分の謳《うた》ひし声を其まゝ何処ともなく響いて来るに、仕方がない矢張《やっぱ》り私も丸木橋をば渡らずはなるまい、父《とと》さんも踏かへして落てお仕舞なされ、祖父さんも同じ事であつたといふ、何《ど》うで幾代もの恨みを背負て出た私なれば為《す》る丈《だけ》の事はしなければ死んでも死なれぬのであらう、情ないとても誰れも哀れと思ふてくれる人はあるまじく、悲しいと言へば商売がらを嫌ふかと一ト口に言はれて仕舞《しまう》、ゑゝ何《ど》うなりとも勝手になれ、勝手になれ、私には以上考へたとて私の身の行き方は分らぬなれば、分らぬなりに菊の井のお力を通してゆかう、人情しらず義理しらずか其様《そん》な事も思ふまい、思ふたとて何《ど》うなる物ぞ、此様《こん》な身で此様な業体《ぎょうてい》で、此様な宿世《すくせ》で、何《ど》うしたからとて人並みでは無いに相違なければ、人並の事を考へて苦労する丈間違ひであろ、[…][18]

この独白には何か名状しがたい衝迫力が漲《みなぎ》っている。「にごりえ」のこの箇所は、一葉がその短い生涯に書き遺した二十二篇(うち「裏紫」一篇は未完)の小説群の全体を通じて、もっとも強い言語の形姿が露出している場所だと言ってよい。では、その強さはいったいどこから来るのか。

一葉の文章の力は「混淆」の力であるとひとまずは言える。まず、最初に確認したように、彼女の小説の基本的な文体が「雅俗折衷文体」であるという点がある。あたかも坪内逍遥の「文体論」の教えをそのままなぞるかのように、一葉は「雅」と「俗」を絶妙に「折衷」し、文学的な品格を保持しつつ、かつ同時代の社会の現実のもっとも野卑にして俗悪な側面までをもなまなましく包摂しうる豊かな文体を刻み上げた。とはいえ、このこと自体は、彼女が、自分が身を置く言語状況をみずからの作品の根本的な生の条件として引き受け、その中で何を為しうるのかという問いを立て、その最善の解と信じるものを追求したことの必然的な結果と言うべきものであり、そこにとりたてて彼女の独創を見出すことはできはしまい。逍遥の批判の対象であった馬琴だの同時代の政治小説だのも基本的には「雅俗折衷文体」で書かれていたのだ。

しかし、一葉の「混淆」の力はそこにとどまるものではない。彼女は話者と視点を自在に変移させ、「地の文」と登場人物の発話とを溶融させながら、或る比類のない「圧縮」と「持続」のエクリチュールを創り出した。それは、ひとたび「近代小説」の諸制度が確立し、それらが硬直した規範と化して作者と読者の意識を縛りはじめるようになった時点以後にはもはや不可能となった「圧縮」であり「持続」である。その最高の達成がたとえば傑作「たけくらべ」に結実していることは言うまでもない。

だが、一葉はさらにその先へ行く。「お力は一散に家を出て」から始まる「にごりえ」第五節のモノローグには、もはや「折衷」も「混淆」もない。ただ単に、言葉がこれほど裸になりうるのかと読みながらふと恐ろしくなるほど赤剝《あかむ》けになった言葉の、途切れることのない音響の流れがあるばかりである。それを追いながら、われわれはふとヴァージニア・ウルフの『灯台へ』(一九二七年)や『波』(一九三一年)を読んでいるかのような錯乱に襲われる。

何も一葉がモダニズム英文学の「意識の流れ」を先取りしているとか、だから彼女の小説は「現代的」なのだとかいったことを言いたいわけではない。「にごりえ」が発表された明治二十八年当時、日本では小説言語の革新のための多種多様な試みが繰り広げられており(『浮雲』明治二十─二十二年、『二人比丘尼色懺悔《ににんびくにいろざんげ》』同二十二年、「舞姫」同二十三年、「五重塔」同二十四─二十五年)、それらが織りなすダイナミックな渦から「近代小説」の諸制度が徐々に生成しつつあったのだが、この「お力」のモノローグには、それら多様な試行が構成する歴史的文脈から不意に逸脱し、漂流し、それと一緒にわれわれ読者の意識をも、どことも知れぬどこか、いつとも知れぬいつかへ向けて引き攫《さら》ってゆくような恐ろしい力が孕《はら》まれているという点を指摘したいだけなのだ。

37 狂気——樋口一葉(二)

いきなりの静けさ

一葉は、「孤独な女の独白」とでもいった形式の小品を二篇書いている。「軒もる月」(明治二十八年四月発表)と「この子」(同二十九年一月発表)がそれであり、両者は、家庭を顧みない夫への不満と幼いわが子への愛をめぐって、妻としてまた母としての立場から切々と思いを語る不倖な女というモチーフを共有している。ただし、両者の文体は対照的であり、文語体の前者は「我れ」、口語体の後者は「私」を、それぞれ一人称主語として採用している(もっとも、「軒もる月」の方は「女子《おなご》」ないし「女」という主語で客観描写に移行する箇所があるので、厳密に言えば独白形式に終始するわけではないが)。「たけくらべ」執筆中の一葉が、一時的に「雅俗折衷文体」を棄て、一方で「雅」に、他方で「俗」に特化した小説言語を実験的に試みたということだろう。

「にごりえ」第五節における「お力」の内なる呟きは、俗にくだけた「言文一致体」で語られるという点で、「この子」の独白体と同一の言語的位相にあると一応は言える。が、そこに漲《みなぎ》っている異様な衝迫力は「この子」の比ではない。そのことの理由がまず第一に、登場人物に対する作者の心情的な共感の深浅の差にあることは否定できない。「赤ん坊のいる家庭の主婦」も「新開地の私娼」も、一葉自身の実人生とはまったく重なり合わない虚構の登場人物という点では同様だが、「お力」の一人語りに一葉は明らかに自分自身の実存的な何かを投影しており、それがこの娼婦の人物像に、「この子」の「私」よりはるかに複雑な陰翳《いんえい》と重い存在感を賦与しているのだ。

しかし、この差異を、作者の心情からではなく作品の形式とそれで採用された言語態から追求することもできる。「お力」の独白は、「お力は一散に家を出て、……」に続いていきなり始まる。動作の継続を表わす接続助詞「て」から予想されるのは、同じ主語が引き続いて行なう何らかの別の行為であるはずなのに、そこで語りは唐突に一人称に切り替わり(「私」という主語は数行先まで明示されないが)、「行かれる物なら此《この》まゝに唐天竺《からてんじく》の果《はて》までも……」と始まって、言葉は一気に彼女の内面の深みに潜ってゆく。第五節の始まり以来ずっと続いていた語りの位相の不安定な揺れが消え、視点も人称も単一化し、言葉は細い一筋の流れとなり、目的もなく用途もなく受け取り手(対話相手)ももちろんおらず、ひょっとしたら意味さえないかもしれない貧しい記号の連なりと化して、われわれを引き攫《さら》ってゆく。

「混淆」によって騒ぎ立っていたページ面が、突然白々しく静まりかえる。このいきなりの静けさが恐ろしい。しかも、そこで語られる内容自体、「つまらぬ、くだらぬ、面白くない、情ない悲しい心細い」という虚無的な悲傷の内部をひたすら垂直に沈降してゆく意識の、救いのない失墜感なので、読者はまるで「細谷川《ほそだにがわ》の丸木橋」から不意に足を踏み外し、「お力」とともに谷底に真っ逆さまに墜落してゆくような眩暈《めまい》に襲われないわけにはいかない。

　そもそも、ここにはまた、「お力」の内面がここでいきなり開示された、その唐突さが与える衝撃もある。われわれはすでに第三節で、馴染み客の「結城朝之助」が「お力」の内面に立ち入ろうと執拗に試み、彼女がそれを、「困つた人だな種々《いろいろ》秘密があると見える、お父《とつ》さんはと聞けば言はれませぬといふ、お母《つか》さんはと問へば夫《そ》れも同じく、これまでの履歴はといふに貴君《あなた》には言はれぬといふ、[…]およしなさいまし、お聞きになつても詰らぬ事でござんすとてお力は更に取あはず[1]」といった具合に徹頭徹尾、突慳貪《つっけんどん》に撥ねつける箇所を読んでいる。第五節中ほどのこの箇所まで、「お力」の人物像を表象するものは、外見の描写を除けば、彼女の口にする同僚相手の余所行《よそゆ》きの言葉でなければ世辞や媚態混じりの客あしらいの言葉以外になく、「結城朝之助」とともに読者もまた、彼女の鎖《とざ》された内面世界のとば口で足踏みすることを強いられていたのだ。ところが、予想もしていなかった瞬間にそれがいきなり一挙に開かれて、読者は彼女の内面のもっとも密かな部分に誘いこまれ、その虚空を彼女と一緒に墜ちてゆくことになる。

　このいきなりの出来事性がわれわれをうつ。そして、エクリチュールへのこうした偶発事の出来《しゅったい》がもたらす衝撃こそ、西鶴にも源氏にもない近代文学の体験にほかならない。奇妙なことに、日本の小説言語に「近代」を開いたとされる逍遥も四迷も鷗外も、この種の衝撃をみずからのテクストに導入する才能をまったく欠いていた。『当世書生気質《かたぎ》』(明治十八—十九年)にも『浮雲』にも「舞姫」にも、あらかじめ設定された趣向や主題やプロットの自然な展開を裏切って、エクリチュールの水準でこんなふうに未知の何事かが出し抜けに出来するといった瞬間は含まれていない。そして、これは、いささか逆説的ながら、一葉が「雅俗折衷文体」で書いたからこそ実現しえた出来事性なのだとも言える。

　というのも、この出来事とは、「雅俗折衷文体」がこれもまたいきなり「俗文体」にシフトするということの衝撃と本質的な関係を持っているからである。「言文一致」の透明感が「近代性」の重要なパラメーターの一つであることは言うまでもない。が、「お力」の呟きが戦慄《せんりつ》的なゆえんは、単にそれがなまなましい「俗文体」で書かれているという点に尽きるものではない。肝心なのはむしろ、「雅俗折衷文体」の「折衷」がここで不意に掻き消えること——「俗」を外から鎧《よろ》い、その頽落《たいらく》を辛うじて堰《せ》き止めていた「雅」の被覆が剝がれ落ち、「俗」によって表象される傷つき易いひ弱な内面世界が、よるべない孤立感とともに一挙に開示される瞬間、エクリチュールに走る亀裂の方なのだ。文化的記憶の重みに撓《たわ》み、前近代的な雅趣や美意識の残滓《ざんし》をまとわりつかせた「雅」の語彙が一挙に消失し、その後に残るものはもはや、ひたすら貧しい「俗」だけである。

　一葉の文章の力がまず第一に「混淆」に存しているという点についてはすでに触れた。「誰《た》れ白鬼とは名をつけし、無間地獄のそこはかとなく景色づくり」の「雅」と「聞いておくれ染物やの辰さんが事を」の「俗」とが、身体的な欲動の波動とぴたりと合致したなまなましい息遣いによって自在に交替してゆく。その「混淆」の呼吸が彼女のエクリチュールの非凡な魅力をかたちづくっているのだが、「行かれる物なら此まゝに唐天竺の果までも……」

とともに、われわれが「お力」の内界に落下しはじめるや、この「混淆」自体が突然消える。もはや豊饒《ほうじょう》なポリフォニーの反響はない。テクストのテクスチュアは、ただ一本の単色の繊維だけに、すなわちひたすら沈降してゆく「お力」の声だけに還元される。作者は「混淆」の富を棄て、あえて貧しい単数性の側につく。そこに稀有の持続が出現する。

われわれは前章で、坪内逍遥の小説改良論と一葉の文章とが、理論とその実践というかたちでぴたりと重なり合うものかどうかを問い、その問いを開いたままにしておいた。ここでその問題に改めて立ち戻ってみるなら、それへの答えは諾でもありまた否でもあるということになろう。「雅俗折衷」という技法がそこで鮮烈な効果をあげえているという点をクローズアップするなら、「たけくらべ」も「にごりえ」も、逍遥の小説文体論の趣旨にぴたりと即し、その主張の核心を最良の姿で実現しえている成功例、すなわちその忠実な実作版と、呼んで呼べないこともない。しかし、「折衷」という概念によって逍遥のイメージしていたものが、単に地の文の「雅」と登場人物の喋る台詞の「俗」との使い分け、つまりは両者の空間的併存という静的な構図に収まっているのと比べた場合、一葉の小説における「折衷」とは、文章の進展につれて刻々その表情を変え錯綜の度合いを深めてゆくあくまで動的な変容の実践としてあり、そのかぎりにおいて、そこには逍遥的な「写実」の理想の埒外《らちがい》へと大幅にはみ出してゆく野放図にして野蛮な過剰があると言わなければなるまい。「にごりえ」第五節の行文の流れを逐一辿り直してきたここまでの叙述で明らかな通り、一葉は、単に現実の過不足のない転写ないし似姿を——間然するところのない「写実」的表象を作成するためだけに「雅俗折衷文体」を採用したわけではないからである。実際、「行かれる物なら此まゝに唐天竺の果までも……」とともに「雅」的要素がいきなり掻き消えて以降、われわれが息を呑んで立ち会うことになる「お力」の内なる声の、あくまで細く貧しい一筋の持続に漲るダイナミックな出来事性は、逍遥の小説論の圏内には収まりようのないものなのだ。

非知と errance

この内的モノローグの中で「お力」が決意する「丸木橋を渡る」行為がいったい何を表象しているかをめぐって、これまで研究者は多量のインクを流してきた。いわく死という異界へ向けての越境である、いわく源七との恋の成就へ向けての全面的な挺身《ていしん》である、いわくこのまま新開地の私娼にとどまる覚悟の確認である、等々。だが、テクストに露呈した記号の意味作用をテクスト外の不可視の心理の次元に移し替えようとする本質的には空しいディレッタント的慰戯をひとたび措《お》き、書かれた可視的記号の連なりをそれが書かれてある通りの時間継起に沿って素直に追っていった場合、「混淆」や「折衷」の豊かさを失い、今や「俗文体」の「お力」の声の貧しさだけに還元されてしまったこの細い、侘しい、単線的なエクリチュールの運動こそ、すでにしてそれ自体、「細谷川《ほそだにがわ》の丸木橋」を渡る行為として感受されないわけにはいかないだろう。頼りない丸木橋に足を踏み締め、覚束ない足取りで一歩一歩こわごわ進んでゆく、その行為の無謀さとは、黒い線の織りなす仮名と漢字の戯れが白紙をゆるやかに横断してゆく、その危うい運動につきまとう無謀さとまったく同一のものにほかならない。

作者一葉が「お力」に自分自身の何かを託しているという点はすでに触れたが、「仕方がない矢張《やっぱ》り私も丸木橋をば渡らずはなるまい」が、「書くこと」を前にした一葉自身の呟きそのものであることはあまりにも明らかではないか。そうした読みもまた不可視の心理への恣意《しい》的還元でしかないというのなら、それを呟いている「私」とは、作者でも話者でも登場人物でもなく、今現に書かれつつあるテクストそれ自体なのだとしてもよい。

言葉は、自身に向かって、「つまらぬ、くだらぬ、面白くない、情ない悲しい心細い中に、何時《いつ》まで私は止められて居るのかしら、これが一生か、一生がこれか、あゝ嫌だ〳〵」と呟きつつ、エクリチュールの丸木橋を渡ってゆく。行の終りへ、紙の終りへ、作品の終りへ向けて自分自身を駆動し、意味作用の連鎖を繰り延べてゆく。それは、作者一葉の身体に内在する息遣いのリズムをひとたび踏み外すや、ただちに死の奈落に転落しかねない危険な行程である。

言葉はここで、異様に裸で、かつ孤独である。もはやインターテクストの遊戯もなく、「雅文体」の支えもなく、従って文化的記憶の厚みの裏付けもない。そこでは、「雅」の同伴を見失った「俗」が、ただよるべなく震えているばかりだ。また、それがここでは独白のうちにみずからを鎖している以上、言葉は自分自身を差し向けるべき宛先人、すなわち「意味」の受け取り手を持っているわけでもない。そこにいるのはただ、本質的な他処＝外部に身を潜め息を潜めてその言葉の裸の響き——音を奪われた無音の響きに耳を傾ける、われわれ匿名の読者ばかりである。

「お力」も一葉も言うまでもなくとことん孤独であるが、ここで言葉が耐えているのは、そうした心理的孤立感を超えた、いわば存在論的な孤独である。そのさなか、言葉は自分自身にただ「仕方がない」と呟くほかはない。エクリチュールは何ものによっても支えられず、定位されず、正当化されず、目的地も見定められないまま、ただ辛うじて自身が渡れるだけの幅しかない隘路《あいろ》を渡ってゆくほかないのだ。渡ることだけがただ持続する。それは、「たけくらべ」におけるような、「混淆」と「折衷」の活力を原動力とし、複数のものを共鳴させながら進行する豊かな持続ではなく、失墜の危険に絶えず脅かされ、絶対に狂ってはならない足取りで危ういバランスを保持しつづけることで辛うじて可能となる貧しい持続である。

ただ、ここから、よるべなく震えているこの「俗」の空間への侵入とともに、一葉は前近代的な文芸美学から身を引き離し、同時代の現実に目覚めたといった言いかたをするとしたら、それは事態を半ばしか捉ええていないこととなろう。「お力」の独白の「俗文体」は、たとえば逍遥の『当世書生気質』が当世の若者の風俗を描き、国木田独歩の「武蔵野」が当世の東京郊外の風景を描いている、そうした意味で同時代的現実の表象の作成に奉仕しているわけではない。「お力」の独白がわれわれを誘いこむのは、同時代の現実空間であるよりはむしろ、時間の記憶を欠き場所の記憶も失ったアムネジアの心的時空といったものである。事実、ここでの「お力」は、今がいつでここがどこだかほとんどわかっていないようだ。彼女は時間錯誤の中におり、また空間認識も失調している。一葉が、草稿段階では「小石川の柳丁《(町)》」(〈菊の井〉の所在として)や「本郷金助町」(「源七」の住居として)といった具体的な地名を書きつけておきながら、[2]「にごりえ」の完成稿ではそれらをすべて抹消し、単に「新開」地とのみ書くにとどめるという決定を下したのは、やはり理由のあることだったのだ。

　彼女はいわば、ブランショ的概念としてのerrance(彷徨《さまよい》)のただなかにいる。内的独白の続く間中彼女が身を置いている「横町の闇」とは、「過ちを犯す」と「彷徨《ほうこう》する」という二つの意味でのerrerという行為が展開される虚構空間であり、erranceはerreur(過誤)を招き寄せずにおかない。というか、その「闇」の中では「正」と「誤」を分かつ境界が曖昧に溶け出して、何が「正」で何が「誤」か判然としなくなってしまう。「分らぬ」「分らぬ」と「お力」は強迫的に繰り返し、最終的にその「非知」を、「分らぬなりに菊の井のお力を通してゆかう」という主体的な投企へくるりと反転する。

　「お力」のerranceは同時代の東京の現実空間に定位されるわけではない。むしろ逆に、現実の地理とも歴史とも異なる別の次元へ思い切り逸脱しようとする遠心的力学に衝き動かされた運動である。だが、同時にまた、絶対的な「非知」に取り憑かれたこのerranceによって、「にごりえ」が紛れもない「近代文学」たりえているのもたしかである。時間錯誤と記憶喪失を具現するこの非＝歴史的な「横町の闇」こそが、「にごりえ」のエクリチュールに「近代性」を刻印しているのだ。そして、このerrance＝erreurに取り憑いた「非知」体験の禍々《まがまが》しさを指して、「お力」は「気違ひ(狂気)」と呼んでいるのに違いない。

　前章に「……此《こん》様な身で此様な業体《ぎょうてい》で、此様な宿世《すくせ》で、何《ど》うしたからとて人並みでは無いに相違なければ、人並の事を考へて苦労する丈《だけ》間違ひであろ、」までの引用を掲げたが、この直後に接続する部分以降、「にごりえ」第五節の末尾までは以下の通りである。

あゝ陰気らしい何だとて此様《こん》な処に立つて居るのか、何しに此様な処へ出て来たのか、馬鹿らしい気違じみた、我身ながら分らぬ、もう〳〵皈《かえ》りませうとて横町の闇をば出はなれて夜店の並ぶにぎやかなる小路を気まぎらしにとぶら〳〵歩るけば、行《ゆき》かよふ人の顔小さく〳〵擦れ違ふ人の顔さへも遥《はるか》とほくに見るやう思はれて、我が踏む土のみ一丈も上にあがり居る如く、がや〳〵といふ声は聞ゆれど井の底に物を落したる如き響きに聞なされて、人の声は人の声、我が考へは考へと別々に成りて、更に何事にも気のまぎれる物なく、人立《ひとだち》おびたゞしき夫婦《めおと》あらそひの軒先などを過ぐるとも、唯《ただ》我れのみは広野の原の冬枯れを行くやうに、心に止まる物もなく、気にかゝる景色にも覚えぬは、我れながら酷く逆上《のぼせ》て人心のないのにと覚束なく、気が狂ひはせぬかと立どまる途端、お力何処《どこ》へ行くとて肩を打つ人あり。(3)

「行かよふ人の顔小さく〳〵擦れ違ふ人の顔さへも遥とほくに見るやう思はれて……」以降に描写される心理状態を、前田愛は解離性の離人症と診断しており(「「にごりえ」の世界」『樋口一葉の世界』所収)(4)、それは恐らく妥当な読みと言ってよいものだろう。「横町の闇」から出るとは言葉が内的独白から離脱し三人称的客観世界へ帰還することにほかならないが、いったん引き金を引かれたerranceは容易に収束せず、他者の行き交う三人称世界にまで浸透的にはみ出して、それを「非知」と「狂気」で磁化せずにはいない。

決定論の狂気

「狂気」は「お力」のオブセッションである。右の引用の末尾で「お力」の肩を打つのは例の「結城朝之助」であり、道端で行き逢った二人は連れ立って〈菊の井〉へ戻り、その二階の座敷で対座し、酒を酌み交わす。そこで「お力」は自分の来歴を問わず語りに語り出す。「三代伝はつての出来そこね、親父が一生もかなしい事でござんしたとてほろりとするに……」(5)から始まってこの第六節に繰り広げられるのは「独白」ならざる「告白」であるが、それを織りなす言葉は、言語態としてはどこと言って特徴のない「雅俗折衷文体」で、第五節における内的独白のような異様な衝迫がそこに漲っているわけではない。言葉の宛先人としての対話相手がいて尋常のコミュニケーションが成り立っているという事実自体が示唆するように、ここで「お力」の発する言葉は、あの癒やしようもない存在論的孤独を免れていると言ってよい。

ただし、内実の判然としない「狂気」の主題が、この「告白」で何度も執拗に回帰しているという点はやはり注目に値するだろう。実際、「お力」は、「祖父《じじい》は四角な字をば読んだ人でござんす、つまりは私のやうな気違ひで……」と言い、また七歳のときの悲しい体験（お使いの帰途、転んだはずみに買ってきた米を溝泥《どぶどろ》の中にこぼしてしまった）を物語った後、「私は其《その》頃から気が狂つたのでござんす」と言い、さらに「気違ひは親ゆづりで折ふし起るのでござります」とも繰り返している。

この「折ふし起る」「気違ひ」をめぐっても、従来研究者は様々な読みを提起してきた。「お力」が頭痛持ち(これは一葉自身の持病でもあった)として設定されていることと関連させつつ、第五節で描写されたような離人症性障害の発作が間歇《かんけつ》的に起こると言っているのだ、と読むのが一応自然と言えば自然であろう。だが、その場合、祖父なる人が「四角な字(漢文)」を読んだということと「気違ひ」との関係はいったいどうなっているのか。

たとえば、一葉の従兄である樋口幸作(明治二十七年七月死亡)がハンセン病に罹患《りかん》していたという風評があったことを根拠として、そのことに対する一葉のこだわりを、「何《ど》うで幾代もの恨みを背負て出た私なれば……」「此様《こん》な身で此様な業体《ぎょうてい》で、此様な宿世《すくせ》で……」「気違ひは親ゆづりで……」等々といった「お力」の言葉の背後に透視しようとする解釈まで提出されている。風評の存在自体が疑わしく、またたとえ風評があったとしてもそれが事実かどうかは確かめようがなく、またいずれにせよハンセン病はむろん遺伝性の「業病」などではなく単なる感染症なのであるから(当時の民衆レヴェルの認識はともかくとして)、結局それは「薄倖の夭折作家」をめぐる空疎な「神話」の一つという域を出るものではない。

「お力」の苦悩が、自身の「狂気」それ自体よりもむしろ、それが血筋によってあらかじめ決定されているという点に向けられていることに注目したい。それは、決定論をめぐる苦悩なのだ。決定論への屈服という点では、吉原の芸妓となるべくあらかじめ運命が定められていた「たけくらべ」の「美登利」もまた、「お力」と同じ「宿世《すくせ》」を背負っていたと言える。「美登利」がその既定の運命へ向けての後戻りのきかない一歩を踏み出し、無知と無垢の牧歌的至福と訣別するという悲劇が一篇の結末をなすというわけだ。

だが、貧苦から、またそれゆえの一家の零落から、女が苦界に身を沈めざるをえなくなったという事情自体は陳腐であろう。「にごりえ」の不透明性は、その決定論が唐突に「狂気」の次元に移し替えられているという点にある。第五節の「お力」の独白にもう一度立ち戻ってみる。

仕方がない矢張《やっぱ》り私も丸木橋をば渡らずはなるまい、父《とと》さんも踏かへして落てお仕舞《しまい》なされ、祖父さんも同じ事であつたといふ、何《ど》うで幾代もの恨みを背負て出た私なれば為《す》る丈《だけ》の事はしなければ死んでも死なれぬのであらう、［…］ゑゝ何《ど》うなりとも勝手になれ、勝手になれ、私には以上考へたとて私の身の行き方は分らぬなれば、分らぬなりに菊の井のお力を通してゆかう、［…］

この「仕方がない」には、受動と能動との微妙な均衡が孕《はら》まれている。「唐天竺の果までも行つて仕舞たい」といった形で夢見られたその「唐天竺の果」とは、決定論の支配の及ばないユートピア的外部のことだろう。「お力」はそこにひとたび投射した夢想をみずから切断し、「仕方がない」の一句によって、「菊の井のお力」としての「今・ここ」の現実に開き直る。そこにあるのはまず受動的な諦念であるが、しかし彼女はそれをさらに能動へと転じ、あらかじめ決定されている運命を主体的に引き受けようと決意する。この受動と能動の均衡は、あの丸木橋を渡るという決意が、同時に、途中で自分は必ずそこから足を踏み外し墜落せざるをえない以上、その墜落を引き受けることでもまたあるほかないという二重性とも通じ合っている。「為《す》る丈の事はしなければ」「分らぬなりに菊の井のお力を通してゆかう」という言葉で表明されているのは、決定論をとりあえず受け入れたうえで、因果律の必然によって決定されたその運命を、行為主体としての責任において改めて担い直そうとする意志なのである。

「お力」の「狂気」とは、決定論に屈服せざるをえない者が、その予定された運命を改めて主体的意志で選び取ろうとしつつ、しかしその意志自体が主体をなおいっそう破滅へと引き寄せずにはおかないという裏切りの構造のうちに孕まれたもののように見える。父の身にも祖父の身にも起きたその破滅を、自分もまた蒙らざるをえないのだと彼女は言う。「結城朝之助」への告白で語られる父の生涯の不遇――「三つの歳に椽《えん》から落て片足あやしき風にな」ったことに発する――は、丸木橋からの象徴的落下を現実的次元に置き換える機能を果たしている。では、祖父の場合、それがなぜ「同じ事」であったというのか。

祖父《じじい》は四角な字をば読んだ人でござんす、つまりは私のやうな気違ひで、世に益のない反古紙《ほごがみ》をこしらへしに、版をばお上《かみ》から止められたとやら、ゆるされぬとかにて断食し

て死んださうに御座んす、［…］(6)

ここで語られているのは、読むことと書くことは人を破滅へ導かざるをえず、それは運命の必然であり、その決定論の残酷さに対抗するには人は「狂気」をもってするほかないという命題にほかならない。

エクリチュールが「横町の闇」へ侵入した瞬間、それはあらかじめ設定された趣向や主題やプロットの自然な展開から一挙に逸脱し、とめどもない errance へと迷いこむ。そこでは、正常と異常、正義と過誤、真理と誤謬《ごびゅう》の差異が消滅し、「分らぬ」「分らぬ」という反復される呟きの反響が、自分とも他人ともつかぬ声に乗って伝わってくるばかりだ。たしかなことは、自分もまたあの丸木橋を渡らないわけにはいかないという一事ばかりである。異様なのは、この逸脱と errance が、「三代伝はつての出来そこね」という形で、未生以前から「決定」されているという点だ。趣向や主題やプロットの自然な展開を「決定」するのは、たかだか、「作家」を自称する個体の恣意的意志にすぎない。それは一見、自由意志であるかに見えるが、言葉を自分の好きなようにどうにでも操れると思いこんでいる「作家主体」には実は、自身の「決定」した趣向や主題やプロットの自然な展開から逸脱する自由は禁じられている。他方、「横町の闇」への侵入とともにエクリチュールが errance へ導き入れられるという偶発事は、そんなちゃちな主体的「決定」よりもはるかに決定的な「決定」によって運命づけられた出来事である。主体的「決定」など偶然の戯れの一撃で自壊するほかないという必然が、未生以前から「決定」されているのだ。

エクリチュールの主体として身を持しつづけること自体を危うくされながら、人はただ、「仕方がない矢張《やっぱ》り私も丸木橋をば渡らずはなるまい」と自分に言い聞かせるしかない。その出来事のただなかで、人は「気違ひ」になる。それは、抗《あらが》いがたく運命づけられたerrance への逸脱に屈服せざるをえない者が、その残酷きわまる決定論を改めて主体的意志で選び取ろうとしつつ、しかしそうしようとする意志自体が、「書くこと」の主体をなおいっそう破滅へと引き寄せずにはおかないという裏切りの構造のうちに孕まれた「狂気」にほかならない。樋口一葉は、この「狂気」をみずからの身体と精神に真正面から引き受けた最初の近代作家であった[7]。

38 婦徳——樋口一葉（三）

「泥」の主題系

「にごりえ」には「お力」以外にもう一人、副ヒロイン格で「お初」という女が登場する。「お力」に入れ揚げて零落してしまった「源七」の女房で、最終的に夫の不興を買って離縁を言い渡され、息子の「太吉」とともにしょんぼりと家を出ることになる、これもまた不倖な女である。ところでこの二人の女が期せずして共通に行なう行為があり、それは「食べ物を泥にまみれさせること」にほかならない。

「お力」は七歳のとき、お使いの帰り道、どぶ板の上で転んだはずみに買ってきた米を「行水《ゆくみず》きたなき溝泥《どぶどろ》」の中にざらざらとこぼしてしまい、「私は其頃《そのころ》から気が狂つたのでござんす」というような絶望の淵に沈み込む。(1) 他方「お初」は、息子が「お力」に買って貰った「新開の日の出やがかすていら」を腹立ちまぎれに裏の空き地に放り投げ、菓子は「竹のあら垣《がき》打こえて溝《どぶ》の中にも落込むめり」ということになる。(2) この小事件が「源七」の怒りを暴発させ、夫婦を離縁にまで追い詰めるのだから、ここでもまた「食べ物が泥にまみれること」によって人は背中を押され、破滅の閾《いき》を決定的に越えることになるのだ。「食べること」

の挫折を通じて女(とその家族)を幻滅の闇に突き落とし、人生を決定的な崩壊へ導くのは、どちらの場合も「泥」である。米のような粒状のものがどぶ泥の中にばら撒かれ、外れたどぶ板越しについ眼下に見えてはいてももうどうにも拾い集めようがなくなってしまうことの絶望感も(「幾度《いくたび》も覗いては見たれど是《こ》れをば何として拾はれませう」)、またカステラのような粉状のものがやはりどぶに落ち、そう描写されているわけではないが容易に想像されるようにそれが臭い泥に溶け出してぐずぐずに崩れ、ふだん甘いものを口にする機会も滅多にない貧家の幼子のいじらしい期待がふいになる、その崩壊感覚と取り返しのつかなさの哀れも、恐るべき喚起力をもって読者に迫ってくるめざましい細部であり、作家一葉の卓越した物質的想像力にわれわれは改めて感嘆せざるをえない。そして、ここで問題なのは、狂気にまで通じる絶望的な不倖の引き金を引くものがいずれの場合も「泥」だという点である。

そのとき、「結城朝之助」を前にした身の上話の中で「お力」がふと洩らす「泥の中の蓮」[3]という一句が、改めて大きな意味を持って浮上してくるだろう(第六節)。「泥の中の蓮」などと言われもするが結局は「悪業《わるさ》」に染まった自分なのだと「お力」は偽悪的に自嘲する。「蓮」は「口奇《くちぎ》麗《れい》」な世辞にすぎないというのだから、重点はあくまで「泥」の方にあり、要するに、「新開」地の銘酒屋街というこの「悪所場」そのものが、さらには、運命的な決定論によってそこに身を沈めざるをえなかった「お力」の「此《こん》様な業体《ぎょうてい》」「此様な宿世《すくせ》」(第五節)そのものが、「泥」に似た何かとして観念されているということだ。そもそも、通説に従うなら新古今和歌集収載の「よみ人知らず」の歌「濁り江のすまむことこそ難《かた》からめいかでほのかに影を見せまし」(巻十一・恋歌一)――なお、遡って平安時代の三十六歌仙の一人伊勢の作にほぼ同じものがある――に由来するとされる「にごりえ」という題名自体、「水」と「土」の融合体としての「泥」のイメージと切っても切り離せない関係にある。

貴重な何かが「泥」と接触しそれにまみれ、かくしてその価値が修復不能なまでに毀損《きそん》される――ただちに思い起こされるように、そうした「濁り」の出来事は、「たけくらべ」のプロットの流れにおいて決定的な転轍器《てんてつき》の位置を占める一シーンでもまた起こっていた。千束神社の祭りの夜、「表町組」に殴り込みをかけた「横町組」の前に勝気な「美登利」が立ちはだかったとき何が起こったか。

何を女郎め頬桁《ほうげた》たゝく、姉の跡つぎの乞食め、手前の相手にはこれが相応だと多人数《おおく》のうしろより長吉、泥草履つかんで投つければ、ねらひ違はず美登利が額際にむさき物したゝか、血相かへて立あがるを、[…]（第五節）[4]

「長吉」の泥草履が「美登利」の額に投げつけられるというこの小事件は彼女を深く傷つける。「祭りは昨日に過ぎて其あくる日より美登利の学校へ通ふ事ふつと跡たえしは、問ふまでも無く額の泥の洗ふても消えがたき恥辱《ちじょく》を、身にしみて口惜《くや》しければぞかし」(第七節)[5]。この屈辱は、物語の結末で彼女の肉体が蒙る不意の変調を準備する、いわばその象徴的な前兆といったものだろう。第十四節以降、髪を島田髷《まげ》に結い、鼈甲《べっこう》のさし込《こみ》と総《ふさ》つきの花かんざしを挿した「極彩色」の盛装で「廓内《なか》」から戻ってきて後、すっかりふさぎ込んでしまう彼女の屈託が、初潮によるのか水揚げによるのか初店によるのかという問題をめぐっては、周知の通り一葉研究者の間で喧々囂々《けんけんごうごう》の議論があるが、その細部にはここでは立ち入らない(6)。思春期の牧歌的な小世界に「濁り」をもたらし、それによって、「美登利」のみならず作中の少年少女の誰彼に楽園からの訣別と大人の世界の苛酷な現実への覚醒を迫る、何らかの腥《なまぐさ》い「血の体験」がそこに含意されているとだけ読んでおけば、ここでのわれわれの論旨にとっては十分である。ともあれ、最終的に彼女の肉体に出来する「憂く耻かしく、つゝましき事」の祖型がすでに、「色白」(第三節)の彼女の額への、男物の「泥草履」による侵犯として予《あらかじ》め素描されているという点に注目しよう。

「泥」の物質性は、「たけくらべ」のもう一つの重要な場面においても大きな役割を演じている。それは、第十二節から十三節にかけて語られる雨の日の「信如《しんにょ》」の下駄の鼻緒の挿話である。お使いに出た「信如」が、たまたま「美登利」の住む〈大黒屋〉の格子門の前にさしかかったとき、突風で傘が飛ばされそうになり、踏ん張った拍子に下駄の鼻緒が抜けてしまう。半紙でこよりを縒《よ》って繕おうとするがうまく行かない。通行人の難儀を家の中から見て、友仙《ゆうぜん》の切れ端を手にして出てきた「美登利」は、それが仄かな恋心を抱いていた男友達だと気づくや、気後れして近寄れず、格子の蔭に身を潜めたまま、不器用な「信如」のおたおたするさまをじれったい思いで見つめていることしかできない。

「信如」の立ち往生は、雨でぬかるんだ道を下駄なしでは歩けないという端的な事実から来る。「泥」にまみれることを彼は必死に回避しようとしているのだ。そして、この回避を助けるべく登場するのは、ここでもまた「長吉」である。「信《のぶ》さん何《ど》うした鼻緒を切つたのか、[…]好《い》いや己《お》れの下駄を履《はい》て行《ゆき》ねへ、此《この》鼻緒は大丈夫だよ」(7)。「たけくらべ」における「長吉」とは、「美登利」を「泥」にまみれさせ、「信如」を「泥」との接触から救い、かくして「泥」をめぐる二人の運命に決定的な裂け目をもたらすことで、二人の間に仄かにたゆたっていた恋情の顕在化を阻害し、それをあえなく潰えさせるという物語的機能を担った登場人物なのだ。

　吉原の芸妓になるはずの「美登利」と龍華寺の跡取りの「信如」は、やがて成人したあかつきには(「美登利」の場合は哀れにも成人を待たずに)平俗な市民社会から逸脱し、それぞれ異なった意味での超越性の記号を身にまとうことを運命づけられた存在である。一人は「濁り」の極へ向けて、もう一人は「浄《きよ》さ」の極へ向けて、俗界——それはほどほどの混濁とほどほどの清浄とが動的な釣り合いを保つことで維持されてゆく世界だ——の秩序を超えていかねばならない宿命が彼らを待っている。徹底的に「世間」内に自足した存在である「長吉」のこの物語での役割は、一方には「泥」を付着させ他方は「泥」から守り、かくして両者を引き裂き乖離《かいり》させつつ、両者の人生のヴェクトルをそれぞれの極に向かって比喩的に強化し、加速させることなのだ。

衛生の教え

　では、「長吉」自身と「泥」との関係はどうか。「お前跣足《はだし》に成るのか夫《そ》れでは気の毒だと信如困り切るに、好《い》いよ已《お》れは馴れた事《こと》だ信《のぶ》さんなんぞは足の裏が柔らかいから跣足で石ころ道は歩けない」[8]。第五節で「泥草履」を履いていた「長吉」は、ここでも路面の「泥」に素足でじかに触れることをまったく意に介さない。すでにして俗世のほどほどの「濁り」の中に生き、それを「馴れた事」として気にも留めないこの少年は、たとえ雨中の泥濘《でいねい》に素足がまみれようとそれで事改めて彼の存在自体が「汚《よご》れる」などと感受せずに済む幸福な鈍感さによって庇護されている。

　ちなみにこの男根中心主義者の少年――第二節でそれを振り回す振り回さないが話題となる祭りの「大万燈《まんどう》」とは、雄性を誇示するあからさまなファリック・シンボルであろう(「信如」はと言えばそこで「僕は弱いもの」「万燈は振廻せないよ」と力なく呟くばかりだ)――が、この雨の日に〈大黒屋〉の前を通りかかったのは、「廓内《なか》よりの帰り」であったことにも注意しておきたい。この早熟な「暴《あば》れ者」にとって、性は、「美登利」にとってそうであるような存在論的な「濁り」でも「汚《よご》れ」でもない。内的な欲動においても、外的な共同体習俗においても、性を適切に統御する男根的テクネーの主体として、彼はすでに十全な自己形成を為し遂げており、その意味で「美登利」に対しても「信如」に対しても明らかに優位に立つ強者なのである。

　ここで、明治二十年代の日本で「泥にまみれる」ことがいかなる意味を持っていたかを改めて問うてみたい。教育勅語の婦女道徳版の鼓吹者として明治・大正の教育界に重きをなした下田歌子は、婦女子の国家的使命を謳った簡潔なマニフェストとでも言うべき小冊子『にはのをしへ』（明治二十五年）で、「凡《およ》そ女子の為すべき要務中、其最大なる職務は、家事経済に過ぐる者あらず」と断定したうえで、それにすぐ続けて、「家事経済宜《よろ》しきを得ば、其夫を助け、其子を教へ、其国を富ませ、其世を開明にするの基礎を為すに足るべし」という大風呂敷を広げている。(9)「修身斉家治国平天下」（『大学』）の儒教倫理と同型の同心円構造を持つこの世界観は、女性の役割を「斉家」の部分にのみ限定しつつ、しかしそれが自動的に「国」や「世」の発展に寄与するのだとすることで、性的分業と女性における皇民アイデンティティの啓発とを都合よく折り合わせる、素朴ながらきわめて強力なイデオロギーである。そして、ここで注目すべきは、この「家事経済」の具体的な内実として、下田が真っ先に「衛生」を挙げているという点である。

次に、婦人の、最も、注意せざる可《べか》らざるものあり、他無し、衛生の一事即ちこれなり。衛生は、多く家政に関聯《かんれん》して、消長最も婦人の任に属す。(10)

衣食において、また「室内灑掃」において、清潔を保ち、家族が「身神疾病」に冒されないよう絶えず留意するのが主婦の務めだと下田は言う。女性とは、「泥」に代表される「汚《お》穢《わい》」の排除を通じて、自身の夫と子供を幸福にし、それを通じて国を富ませ世の中をより良くする存在でなければならないのだと。この教えに照らすかぎり、米なり菓子なりの食べ物を「泥」にまみれさせるという一事が、ただそれだけで、単に女性としてのみならず臣民女性としての失格を意味することは明らかだろう。それは家庭に病を呼び込むだけではなく、「国を富ませ」「世を開明にするの基礎」をないがしろにさえする重篤《じゅうとく》な落ち度なのだ。

「たけくらべ」の雨の日の挿話で、「美登利」が紅入りの友仙の切れ端を手に家から飛び出してきたのも、単なる親切とも言えるが、「徳義心」――「道義心」とともに下田歌子の偏愛する語彙である――の一種たる「衛生」的配慮から発する身振りであったとも言える。「美登利」は幼いなりに、男性の「衣」に必要な補修を施すという女性的使命を果たそうとしたのである。が、それが「信如」であることを知った後、「さあ謝罪《あやまり》なさんすか、何とで御座んす、私の事を女郎女郎と長吉づらに言はせるのもお前の指図、女郎でも宜《よ》いでは無いか、塵《ちり》一本お前さんが世話には成らぬ」云々という咽喉元まで込み上げてきた啖呵《たんか》は声にはならず、いつもの彼女らしくもなく「唯《ただ》うぢ〳〵と胸とゞろか」せていることしかできなかった。(11)

胸のうちに押し殺したその語られざる啖呵で彼女がこだわっていたのが「女郎」の一語である点に注目するかぎり、このとき彼女のうちで、「賢媛節婦」の守るべき行動規範として下田の宣揚するような「にはのをしへ(庭訓、家庭教育)」と、そうした正しい「をしへ」から根本的に逸脱した「濁り」の異界に入っていかざるをえないみずからの宿命への思いとが葛藤していたことは明らかだろう。そして、その葛藤が彼女を立ち竦ませているうちに、「信如」の難儀は他人がさっさと救ってしまう。「女子の為すべき要務」を果たせずに終った

「美登利」は、自分が下田流の「にはのをしへ」のような通俗道徳の支配する市民社会の外に弾き出された存在であることを、改めて確認するほかはない。さらに、「信如」の身代わりに自分自身「泥」にまみれることを進んで選んだその奇特な救済者こそ、ほかでもない、彼女を女郎呼ばわりする「長吉づら」当人であったという事実が、彼女の敗北感を決定的なものにする。

そうした敗北感の端的な象徴たる友仙の端切れを描写する一行――「思ひの止《とど》まる紅入《べにいり》の友仙は、可憐《いじら》しき姿を空しく格子門の外にと止《とど》めぬ(12)」――で第十三節は締め括られ、その直後の第十四節で、いよいよ髪を島田に結った「美登利」の吉原入りが語られることになる。空しく取り残された友仙の紅色が、彼女が生まれて初めて流す血の色を予告しているとも読める。初潮であれ水揚げであれ、この語られざる出来事に彼女自身の意志が介在していないことは言うまでもないものの、第十三節から第十四節への移行にあえて彼女の心理の内的必然性を透視してみるなら、好きな男の身なりを清潔に保つという一般社会の「にはのをしへ」をついに実践しえなかったことの挫折感が、芸妓としての人生へ向けての決定的一歩を踏み出させたとも言えるし、あるいはまた、男を「泥」から救いえなかった無力感への贖罪《しょくざい》として彼女みずからが「泥」にまみれることを受け入れたとも言える。

恐るべきもの

下田歌子は、前掲の冊子『にはのをしへ』で、家庭の衛生に挺身《ていしん》することこそ婦人の要務だという「をしへ」に続いて、「冗事に時を費す無からん」という勤勉の徳に触れている。ここで注目したいのは、「他人の誹謗《ひぼう》なり、嫉妬なり、猜忌《さいき》なり、嫌悪なり、愚痴なり」といった益体《やくたい》もない噂話で時間を潰す婦女子の通弊を難じた後、「冗事」ならざるものの例として彼女が詩歌芸術の手すさびを挙げているという点だ。

之《こ》れに反して、こがひの窻《まど》に歌を詠じ、筒井のもとに詩を誦し、霜夜の衾《ふすま》縫ひ果てゝ、手馴れの箏《こと》に世を諷し、解き洗ひ衣干し渡して、硯《すずり》の海に千鳥の趾《あと》をとゞめ、家務のいとま〳〵に、みやびを楽しみたらんこそ、真に、人類の快楽とはいはめ。餓孚《がふ》、飢えに泣けども、農功の苦を知らず、細民、寒に叫べとも、織工の労を思はずして、月を賞し、花を愛したりとて、月も光り無かるべし。花もまた、色無かるべし。(13)

時間を無意味に費消せず絶えず努力せよという教訓自体は、本書(中巻)「32 牢獄 ― 北村透谷(二)」ですでに引用した昭憲皇太后御製の「金剛石」の歌の、「光陰《ひかげ》惜みてはげみなば／いかなる業かならざらん」などと同一の、この時代のステレオタイプにすぎない。ただし、女性の生活倫理を論じる下田が、日々の「家事経済」の合間を縫って「みやびを楽しむ」ことを推奨し、それが「冗事」ではないとわざわざ念を押していることは注目に値する。彼女の念頭には王朝女流文学の優雅な伝統などがあったに違いなく、ここで「みやび」が女性にのみ許された美的特権として描写されていることは明らかだろう。ただし、そこで特権とされているものを逆の側から見れば、女性の精神活動を審美的領域に特化しそこに閉じ込めることで、男性にとって御し易い家庭婦人を成型することが下田歌子の目的だったとも言える。そうした理想の女性像と、伊藤博文をはじめ明治政府の多くの顕官たちを籠絡《ろうらく》した悪女と噂された下田自身の醜聞まみれの人物像との間の懸隔如何《けんかくいかん》は、ここでは論じまい。

よく働いて抜かりなく家事を遂行するうえに、その合間には優雅な芸事を感性豊かにこなしてのける「美的」存在といったものが、明治の男たちが伴侶に求める理想像だったのであり、そうした男たちの嗜好への意識的・無意識的な媚態が下田の女性教育の基盤をかたちづくっている。そこでの「みやび」が高度な芸術的達成などではさらさらなく、女子供の手すさびとして高を括られたお稽古事にすぎないのは言うまでもない。「みやび」が「飢えに泣く餓孚」や「寒に叫ぶ細民」とセットになっているのも、そうした現実の悲惨と重ね合わされることで「みやび」がいよいよ深い翳《かげ》りを帯び高度なものとなるといった芸術論とは実はほとんど無関係で、単にお稽古事に入れ揚げすぎて裁縫や洗濯のような「家務」がおろそかになっては元も子もないと釘を刺しておくことの必要から言及されたものでしかあるまい。

一葉が最初は塾生として入門し、やがてそこで師匠の代稽古を務め、源氏物語や枕草子の講義をするようになる中島歌子主宰の歌塾〈萩の舎〉なども、ここで下田が提出しているような女性観に沿った教育施設であったと言える。当時の上流階級の姫君令嬢が集まったこの歌塾の生徒たちに「農功の苦」「織工の労」にどれほどの理解があったかどうかはともかく、彼女たちはそこで、「月の光」や「花の色」を賞翫《しょうがん》しうる美的感性を磨くべく努力し、それによって将来の結婚へ向けて理想的な家庭婦人としてのみずからの価値を高めようとしたのである。

〈萩の舎〉で和歌や書道や古典を学び、短歌制作の傍らやがて小説に手を染める一葉は、「闇桜」「たま襷《だすき》」「五月雨《さみだれ》」(すべて明治二十五年発表)のような習作を書き出した時点では、自分を下田的女性観からとりたてて逸脱した存在とは感じていなかったはずである。だが、或る時点で彼女はそこから決定的に離脱する。「大つごもり」「たけくらべ」「にごりえ」「十三夜」のような傑作群には、もはや下田が言うような意味での「みやびを楽しむ」心の余裕はない。そしてその移行は、「衛生を司る専門家としての女性」といった下田的な「婦徳」観が一葉の内部で崩壊してゆく過程と正確に呼応している。

下田歌子には端的に『女子の衛生』(明治三十九年)というタイトルを掲げた著作がある。以下、その「第六章　遺伝及び伝染病」から数節を引用する。

人は、容貌や骨格の、其父母、又は、祖先より遺伝せらるゝと同じく、悪《あし》き血統、すなはち、疾病《やまい》や、悪癖《くせ》をも遺伝せらるゝもので、それは、直接遺伝とて、父母から子に子から孫にと遺伝せらるゝものもあり。又は、間接遺伝とて、同胞《きょうだい》から従弟に及ぼし、従弟から伝はつて来るものもあるのみならず、其間接の遠い血統を引いて、後の子孫に、ふと遺伝することもあるのである故、血統は極めて注意すべきもので遺伝は甚だ恐るべきものであることを知らねばならぬ。[14]　[傍点松浦、以下同]

大抵の疾病《しっぺい》は、兎角《とかく》、遺伝するものが多いが、最も遺伝し易いのは、精神病、神経病である。そして殊に恐るべきは、大刑を犯したる血統の遺伝で、殺人犯の如きも亦《また》、確かに遺伝するとのことであるから、深く注意をせねばならぬ。(15)

肺結核は、遺伝せらるゝものとて、其血統に注意すべきことは知つて居たが、恐るべき伝染病であることは、一千八百八十二年に於ける、独逸《ドイツ》のコッホ氏が報告によつて始めて解《わか》つたのである。(16)

明治二十九年十一月に亡くなった一葉の目にこの著作は当然触れてはいない。が、下田がここで開陳しているような考えは、当時の一般通念とさしたる懸隔はなかったはずであり、生前の一葉が、遺伝なり伝染病なりをめぐってどのような観念によって織りなされる社会的文脈に囲繞《いじょう》されていたかを、右に掲げたような下田の著作の抜粋からわれわれは或る程度推量することができる。またいずれにしても、女子教育の専門学校である〈萩の舎〉と長年深い関係を持ち、彼女自身そこでいわば教育者としての任を果たしてもいた一葉が、当時教育者にしてかつ歌人としての盛名を得ていた下田歌子の思想と言説にまったく通じていなかったとは考えられまい。

見られる通り右の引用には、「恐るべき」「注意すべき」がこれでもかとばかりに反復されている。下田にとって遺伝と伝染病は「恐怖」の対象だったのであり、その「恐怖」は女性に特化した要務である衛生的「注意」によってのみ克服される。この「恐怖」が一葉にとってなまなましい現実感を帯びていたことは言を俟《ま》たない。一葉の長兄泉太郎が肺結核で死ぬのは明治二十年十二月のことで、それは樋口家の没落の始まりと時を同じくしていた。樋口家が衰運に向かうのは泉太郎の療養費のためと言われており、やがて父則義は事業に失敗し、二十二年七月に病没、同時期に一葉は渋谷三郎と婚約するが、やがて渋谷はその婚約を一方的に破棄してしまう。樋口家の破産を知ったためとされているが、他方、渋谷の翻意の理由の一つとして、うかうかと婚約してしまった女の兄の死因となった「恐るべき」病と、それが「遺伝せらるゝものとて、其血統に注意」しようという今さらながらの決意がなかったとは言い切れまい。少なくとも、一葉が屈辱感の中で、冷酷に自分を棄てた元婚約者の思惑をめぐってそうした推測をめぐらせるといったことは確実にあったはずだ。そして、事実、彼女の内心の疑懼《ぎく》は結局現実のものとなり、自身もまた結核で早逝することになる。

「三代伝はつての出来そこね」「気違ひは親ゆづりで折ふし起るのでござります」といった「にごりえ」の「お力」の台詞に、こうした宿命論的「恐怖」の倍音が鳴り響いていることは疑いをえない。米をどぶの中にうっかりこぼしてしまったという失策で、七歳の女児が惨めな気持になったという程度のことなら初心の読者にも容易に想像も共感もできようが、それが「私は其頃から気が狂つたのでござんす」というほどの外傷体験と化し、以後「お力」を追いつめて彼女を理性の外部へと決定的に放逐するにまで至るという経緯は、普通に読むかぎりではいかに何でもあまりに唐突で不連続な印象を与えるだろう。この飛躍には、そこに下田歌子の「恐怖」と「注意」をめぐる衛生学的言説を挿入することによってのみ理解可能となる論理連関が胚胎《はいたい》されているのである。

「恐怖」を「注意」で抑え込めると確信していられるかぎり、人は平穏で「濁り」のない日常世界に棲み、幸せな結婚によって良き家庭婦人となることを夢見つづけることができる。「みやび」な手すさびとして古典の教養を積み、詩歌の実作を自己陶酔的に楽しむこともできる。その余裕はもはや一葉にはない。かくして、下田的な理想の女性像は一葉のうちで瓦解せざるをえない。彼女は「月の光」や「花の色」から離脱し、「泥」へ、「濁り江」へと赴くことになる。それは「衛生」への配慮を棄て、みずから進んで恐怖と汚穢にまみれること、「ゑゝ何《ど》うなりとも勝手になれ」と開き直ること、丸木橋を渡ること、「気違ひ」になること——つまりはいかなる「注意」によっても抑圧も排除もできない恐るべき疾病としての「書くこと」の中に、「仕方がない」と呟きつつ目を瞑《つむ》って一気に身を投じることにほかならない。かくして、「みやびの楽しみ」といったのどかな慰戯とは一線を画した「文学」のエクリチュールが始動する。樋口一葉が趣味的な文芸愛好者から「作家」へと変貌したのはその瞬間である。

39　禽獣――樋口一葉(四)

遊女から天皇へ

遺伝の「恐怖」ばかりを強調することの不均衡にさすがに気が差したか、種々の恫喝《どうかつ》的な警告を列挙した後、下田歌子は『女子の衛生』のこの「第六章　遺伝及び伝染病」の最後に、ほんのひとことだけその肯定面に触れている。

斯《か》くの如く、悪いことも遺伝する代りに、善いことも遺伝するは勿論《もちろん》である。故に、我が日本国民が、忠君愛国の精神も、亦《また》必ず我れらが祖先よりの遺伝と思はるゝのである。(1)

「忠君愛国」思想の価値化=正統化が、その自明性や本来性や普遍性や崇高性によってではなく、その首尾一貫した体系性によってでもむろんなく、ひとえに時間軸上でそれがまとう物神化された記憶の厚みによって行なわれることは、教育勅語冒頭に掲げられた「皇祖皇宗」の建国神話が夙《つと》に示す通りである。また、そこでの「時間」や「記憶」の概念が、実証的な歴史、すなわち集積された散文的事象の忠実な記録のうちに内包される「時間」とはほとんど無縁で、むしろ世俗的な「時間」の外部へとはみ出してゆく遁走《とんそう》のファンタスムと等価であるという点についても、本書(中巻)「31 快楽——無意識」においてすでに触れた。それは昔からそうであったがゆえに今なおそうであり、またいつまでも窮まりなくそうであろうというこの反＝歴史的な時間論は、帝室の血統の持続を「臣民」一人一人の血筋の系譜へと縮小反復的に投影し(「是《かく》ノ如キハ独リ朕カ忠良ノ臣民タルノミナラス又以テ爾《なんじ》祖先ノ遺風ヲ顕彰スルニ足ラン」)、このアナロジーのメカニズムを通じて、「忠君愛国」を臣民一人一人の日常性へと馴致《じゅんち》し生活倫理として内面化する。

「忠君愛国の精神」が「遺伝」するという下田の胡乱《うろん》な発想は、この反＝歴史的な時間論に生命科学の装いを塗《まぶ》すことで説得力を高めようとするものだが、ただしそれに真に科学的な言説としての整合性を賦与しようと試みるところまで行けば(もちろんそんなことは不可能なのだが)、「天壌無窮」のイデオロギーは自ずから崩壊するしかない。そのことはさすがの下田にも自覚されており、だから彼女は有能なコピーライターとして、一見信憑性の高そうな新奇な語彙たる「遺伝」を持ち出し、「遺風」なり「遺訓」なりをこの科学的語彙でもって置き換えるというジャーナリスティックな才気をちらりと見せ、しかしそれ以上は口を噤《つぐ》むという慎重さを周到に保持している。

明快このうえもない下田の「教え」は、「悪いこと」の遺伝は「注意」によってこれを避け、「善いこと」の遺伝は大いにこれを奨励すべしというものだ。その場合、「にごりえ」の「お力」が「何《ど》うで幾代もの恨みを背負て出た私なれば」と吐き棄てるとき、自分の身に引き受けなければならない宿命としてみずからに言い聞かせている「業体《ぎょうてい》」や「宿世《すくせ》」が、「悪」の領域に属しており、教育勅語の言う「世々厥《そ》ノ美ヲ済《な》セル」「国体ノ精華」とは真っ向から対立するものであることは明らかだろう。ただし、この「悪」とこの「善」、この「醜」とこの「美」は、或る一つの同じ出来事の表裏をなしているかに見えないわけでもなく、その点を通じて「にごりえ」から教育勅語へとやや唐突な連結線が引かれることとなろう。その出来事とは、カント的理性の崩壊にほかならない。

本書(中巻)「31 快楽——無意識」で既述の通り、教育勅語の宣揚する「天壌無窮ノ皇運」とは、コギトによっては統御されえない脱＝時間化されたユートピアであり、「エス」の無秩序へ向けて人々を解放する快楽的なファンタスムであった。「遺風」「遺訓」の決定論への甘美な屈服を通じて、人はそうした反＝理性の表象との戯れを許されるのだが、他方、「にごりえ」の「お力」の内的独白においてもまた、世代から世代へと不可避的に継承された宿命論が、主体の内部でやはり同様に理性の貫徹を脱臼させている。「幾代もの恨みを背負て」いることとの苦悩から眩暈《めまい》のような「逆上《のぼせ》」と解離症状が誘発され、それが「お力」を日常生活の秩序の外へ弾き出し、「気が狂ひはせぬか」といった臨界点まで追い込むことになるからである。快楽へ向けて解放するか狂気の淵へ追い詰めるかという相違こそあれ、決定論が理性を崩壊させ、自我にコギトを超えた何やら恐るべきものへの拝跪《はいき》と全面的な帰依《きえ》を強いずにはおかないというメカニズムは、奇妙に共通しているのだ。

ここから、教育勅語と「お力」の独白というこれら二つの言説を両極とし、その間に張りめぐらされた表象的力学の磁場こそ、明治二十年代以降の日本の表象空間の核心に位置するものなのではないかという仮説が浮上する。「お力」の独白に対置されるべきは、同じ一葉の手になる一人称小説「軒もる月」や「この子」であるよりはむしろ、これもまた同じく一人称主語(「朕」)の語りで組み立てられた、教育勅語というこの高度に政治的なイデオロギー装置なのではないか。一方における「善」の提唱と他方における「悪」の告白は、「啓蒙」的言説の自壊以後の明治の表象空間に、それぞれ別の仕方で一種の捩《ねじ》れた近代性を定礎しようとした、二つのもっとも強力な試みだったのではないか。

　この両者は、明治日本にいきなり現出した――そこに棲む人々がそれを望んでというわけではなく、外部から否応なしに波及した強制力の一撃によって現出せざるをえなかった――「新開」に、虚構の歴史を充塡《じゅうてん》するべく念入りに設《しつら》えられた、二つの巧緻《こうち》な「言説装置」なのである。「明治の表象空間」に突如として口を開けた「新開」という名の空白地帯に、いかなる言葉を与えうるかという問いへの二様の答えと言ってもよい。この問いに、明治初年、「啓蒙」によって答えようとしたものが「啓蒙思想家」たちの言説群であったと言える。しかし「啓蒙」はほどなく自壊し、人を不安にさせずにおかない危うい「新開」の空白は、依然として言葉によって埋められることなく残される。「啓蒙」の無力が露呈した今、それを埋めるべく登場するのは「反＝理性」の言説であるほかない。教育勅語と「お力」の独白の両者それぞれが表象する決定論――質も水準も異にする、しかしともに絶対的な専制力で君臨するこれら二つの決定論は、「啓蒙的理性」と対立する二つの「反＝理性」の契機と言ってもよい。

事実、「朕惟《おも》フニ我カ皇祖皇宗国ヲ肇《はじ》ムルコト宏遠ニ徳ヲ樹ツルコト深厚ナリ」と、「父《とと》さんも踏かへして落てお仕舞《しまい》なされ、祖父さんも同じ事であつたといふ、何《ど》うで幾代もの恨みを背負て出た私なれば……」とは、言説の形式においては完全に同型である。一方は、国家創設という決定的行為の一撃を、他方は転落＝破滅のカタストロフを、それぞれ虚構の過去の一時点に設定し、その出来事の取り返しのつかなさが主体の現在を強制的に拘束すると主張しているからである。発話者に関しても、一方の「朕」と他方の「私」は、「四民平等」の近代的人権思想から落ちこぼれた徴《しるし》付きの一人称主体であるという点を共有している。一方は超越性の高みに祀り上げられた主権者、他方は「濁り江」の苦界に身を沈めた遊女であり、両者を隔てる距離は甚大だが、この対照は、両者が平俗な市民社会からそれぞれ正反対の側の外部へ超脱しているところから来るものだ。

本書(中巻)「28　転移 ― 天皇(二)」でわれわれは、教育勅語の起草の困難をめぐって懊悩《おうのう》をかこつ井上毅《こわし》の山県有朋宛の書簡を引用したが、そこに「実に十二楼台〈凌雲閣〉を架するより難事」の一句があったのが改めて思い起こされる。そこで教育勅語は天に向かって聳《そび》え立つ雄偉な高塔のイメージで思い描かれており、他方、樋口一葉のエクリチュールはと言えば、前章で分析したようにそれは不浄の「泥」へと積極的に赴き、そこで恐怖と汚穢《おわい》にまみれることを厭《いと》わない。そこに「男根」対「女陰」の対比を見る通俗的フロイディズムからは身を遠ざけておくとしても(そもそも教育勅語の発話主体は「ファロス的」といった形容がふさわしい攻撃的な支配欲は決して誇示しない）、とにかく一方は上昇を、他方は下降を志向し、しかし両者ともに、そこで一般民衆の現実生活が平穏に営まれる堅固な地面から垂直に逸脱するヴェクトルを孕《はら》んでいるという点だけは共通しているのだ。

しかしそれ以上に注目すべきは、二つの言説のいずれにおいても、絶対的宿命として仮構された決定論が、カント的な主体性の成立を本質的に挫折させているという点だろう。みずからの意志の格率がつねに同時に普遍的な立法の原理として妥当しうるように行為するというカント的主体の占める場所は、その両者のいずれのうちにもない。主体性は溶融し解消される、一方では「天壌無窮ノ皇運」のうちに、他方では「思考されぬもの」への挺身《ていしん》としての「逆上《のぼせ》」のうちに。一方では「時間」の消去とともに発動する快楽原則の全面化のうちに、他方では現実世界からの遮断を伴う狂気の昂進のうちに。一方では「万邦無比」の「国体」というファンタスムの生暖かい暗がりでの微睡《まどろ》みのうちに、他方では冷酷な「遺伝」法則に対する無力感から導かれる「泥」の汚穢への失墜のうちに。

前者の「遺風」「遺訓」、後者の「遺伝」のいずれにおいても、この絶対的とされる決定論が、単に人為的に制作された虚構でしかないことは言うまでもない。だが、それはカント的主体の座から個人を追放するべく構築された虚構であり、ひとえにその機能のみ果たしさえすれば、それでその存在理由は間然するところなく全うされたと言ってよいものである。その虚構が歴史的現実とどこでどう重なり、どこでどう食い違っているかをめぐる探索は、虚構がまさに虚構であるがゆえに発揮しうるこの力能の圧倒的な現実感を前にしたとき、ほとんど無意味な穿鑿《せんさく》と化すだろう。「お力」の身の上話で語られるその父、その祖父のポートレートが、作者一葉自身の父則義や祖父八左衛門とどこまで重なり合うかを突き止めようとする一葉研究者の努力が、文学とは無縁の好事家《こうずか》の趣味的な暇潰しといった様相を呈さざるをえないことの理由がそこにある。

「国家の大本」と「やせ犬のゐじき」

明治二十七年三月から五月にかけて執筆された「蘆《(塵)》中につ記」の冒頭に、一葉は、彼女としてはやや例外的に、「国家の大本《たいほん》」という「四角な字」を書きつけている。まず「道徳すたれて人情かみの如くうすく、朝野の人士、私利をこれ事として国是の道を講ずるものなく、世はいかさまにならんとすらん」と歎くことから始めて、この荒廃に対して「かひなき女子《おなご》の、何事を思ひ立《たち》たりとも及ぶまじきをしれど、われは一日の安きをむさぼりて、百世の憂《うれい》を念とせざるものならず」という勇ましい立志の弁が述べられる。

かすか成《なり》といへども、人の一心を備へたるものが、我身一代の諸欲を残りなくこれになげ入れて、死生いとはず、天地の法《のり》にしたがひて働かんとする時、大丈夫も愚人も、男も女も、何のけぢめか有るべき。笑ふものは笑へ、そしるものはそしれ、わが心はすでに天地とひとつに成《なり》ぬ。わがこゝろざしは、国家の大本にあり。わがかばねは野外にすてられて、やせ犬のゐじきに成らんを期す。(2)

この文面に漂う悲愴感はいくぶん滑稽でなくもないが、彼女がここまで気負わなければならなかったことの背景には、幾つかの事情が透視される。まず、この一節の「去就は風の前の塵《ちり》にひとし。心をいたむる事かはと、此《この》あきなひのみせをとぢんとす」という締め括りに示されているように、一葉はこの時期、龍泉寺町の荒物屋がついに立ち行かなくなり、それを閉じて本郷丸山福山町に転居する(五月一日)という人生上の転機を迎えていた。一家の貧窮は甚だしく、一葉は「天啓顕真術会」を主宰する怪人物久佐賀《くさか》義孝に女相場師になりたいと相談を持ちかけ(二月)、経済的援助を求め(三月)、その交換条件として妾になれと言われて断る(六月)等々、怪しげな画策に奔走している。作品史的には「奇蹟の十四か月」の直前に当たり(「大つごもり」の脱稿が同年十二月)、「作家」一葉の真の誕生の時点も具体的にはまさにこの「塵中につ記」前後の時期に標定されよう。また時代の大状況に目を移すなら、これは日本の外交と軍事もまた切迫した局面を迎えていた一時期で、折りしも七月の日清戦争勃発に向けて国内外の緊張が高まりつつあった。一身上の去就から世相や国事の動向にまで渉るこうした諸々を背景として、昂ぶった気持の迸りを抑えかねるようにしてつい書きつけてしまったものが、「わがこゝろざしは、国家の大本にあり」の一行であったろう。

そうした心理的事情を汲むかぎり、この警世と立志の言に籠められたやや誇大妄想的な昂揚感は一応理解可能である。また、一葉の日記中、「かひなき女子」であることを顧みず政治的関心を発露している箇所は他にも散見される。が、そうしたすべてにもかかわらず、この「国家の大本」という一句が与えるやや異様な印象を完全に解消しきることは難しい。とくに、この大言壮語にすぐ続けて、自分の死骸は野に棄てられ野犬に喰われてもよいと言っているのは、筆の滑りがあるにはしても観念連合の落差があまりに極端と映る。「やせ犬のゑじき」になる「わがかばね」というイメージには、いったいどのような意味作用の倍音が響いているのだろうか。

前掲の『にはのをしへ』は、下田歌子が明治十四年以来自宅で開講していた〈桃夭《とうよう》女塾〉における講話である（本文末尾の日付は明治二十四年一月十二日、奥付によれば冊子の発行人は下田自身、発行日は翌年四月一日）。冒頭、「桃夭塾々生諸子、余は［…］謹みて、昨年十月三十日、我が天皇陛下が下だし給ひし、敕《ママ》語を拝読し奉るべし」云々と始めて、この勅語を「諸子畏《かしこ》みて、朝な夕なに拝読し、肺肝に銘じて、畢生《ひっせい》の間、造次《ぞうじ》顚沛《てんぱい》も、これを失却すること勿《なか》れ」[3]と命じているこのテクストが行なう最初の身振りは、教育勅語という聖典をあらゆる道徳的価値の淵源とし、そこから派生した二次的教典としての自己を謙虚に提示することである。

ただし、その道徳の内実を具体的に列挙してゆく教育勅語の語り口とは異なり、『にはのをしへ』の下田歌子は、抽象的な「徳義心」の価値を宣揚し、それこそが「人類」を「人類」たらしめる所以《ゆえん》にほかならないという形而上学へとただちに飛翔する。

抑《そもそ》も人世最大の幸福は、高尚豁達《かったつ》なる、感応によりて生じたる、純白の徳義心に外ならず。人類常に斯心《この》あるが為めに、霊妙なる智光を放ちて、以て己れを守り、他を益し、一生の安全を希図する者なり。若《も》し斯心無からんか、即ち人類は暗黒に堕落して、彼《か》の、禽獣《きんじゅう》と、殆ど伍を同じうするに至らん。

（『にはのをしへ』(4)）

もし「徳義心」がなければ人間は「禽獣」と同水準に墜ちてしまうという警告は、「恐怖」をそそり立てつつそれを回避するための身振りとしての「注意」を喚起する恫喝の言説であるという点で、遺伝と伝染病をめぐるあの『女子の衛生』の一節と同型の発想を示している。ここで注目すべきは、下田におけるこの「人間性」の形而上学が、「人類」の対立項として絶えず「禽獣」の概念を持ち出し、その獣性を恐るべきものとして描き上げているという点である。「彼の青史に、特筆大書せられ、千載の下、世の亀鑑《きかん》と仰がるゝ、賢媛節婦も、同じくこれ人間なり。生きては食を貪る動物に等しく、死しては顧る者無き、卑婦野娘も、同じくこれ人間なり(5)」。ともども同じ人間なのにこの違いが生ずるのは、「斯心〔徳義心〕を啓発して、以てこれを実地に行ふと、否と」に由来するのだと下田は言う。実際、「禽獣」の一語は決定的な負性を帯びた記号として何度も繰り返される。「諸子も亦《ま》た徒《いたず》らに、人類の名を冒して、以て一種の禽獣たるに過ぎざるべし(6)」。当今、「廃徳醜行の女子」がはびこり、「其甚《その》しきは、海外に渡航し、醜聞到らざる無く、殆ど、禽獣に等しき、所為ありと伝ふる者あるにあらずや(7)」。

人類／禽獣の差異を本質化するこの言説が、「わがかばねは野外にすてられて、やせ犬のゑじきに成らんを期す」という一葉のやや自暴自棄的な決意表明と決定的な相反関係にあるのは明らかだろう。「蘆中につ記」の一葉は、あたかも下田の女性論にあからさまに逆らい、自分はあえて「死しては顧る者無き、卑婦野娘」の側に身を置くのだと昂然と言い放っているかのようだ。「わが心はすでに天地とひとつに成ぬ」という彼女の宣言を、単に抽象的な誇大妄想、ナルシシスティックな自我肥大の宇宙論と読んではなるまい。天地と一体化するとは、「泥」にまみれ、「禽獣」と同じ境遇に身を落とし、実際に自身の骨肉が「禽獣」の体内に取り込まれることさえ拒まないという現実的な「生」の選択の身振りなのである。

正すこと／まみれること

下田の〈桃夭女塾〉の塾生には当時の政府高官の妻たちが多かったが、かつての勤王の志士たちの娶《めと》ったこれらの女性のほとんどは、もともと芸妓や酌婦であった。それなりの世間智はあっても学問のない彼女たちに、下田は古典や作歌を教え、身分にふさわしい教養を備えた上流ブルジョワ女性へと成型しようとしたのである。要するに、もし仮りに「にごりえ」の「お力」が有力者に身請けされて玉の輿《こし》に乗ることにでもなっていたら、ひょっとして彼女もまたここに入塾し下田の講義を聞くような境遇になっていた可能性があったということだ。「廃徳醜行」「腐敗獣行」から足を洗い、「にはのをしへ」を学び「賢媛節婦」の徳を積んで、「禽獣」よりも上位の「人類」たらんとするようになった「お力」の姿を、われわれはふと想像する。が、その想像はただちに潰えざるをえない、というのも、そうした社会的階梯《かいてい》の上昇は彼女には本来的に禁じられている、というよりむしろ彼女自身が自分に禁じているからである。

お前は出世を望むなと突然《だしぬけ》に朝之助に言はれて、ゑツと驚きし様子に見えしが、私等が身にて望んだ処が味噌《みそ》こしが落《おち》、何の玉の輿までは思ひがけませぬといふ、[…]
（「にごりえ」第六節）(8)

この朝之助の言葉「望むな」の終助詞「な」も両義的で議論含みだが、ここではやはり禁止ではなく強意・詠嘆の意と取っておきたい。さて、この「お力」の「驚きし様子」をめぐってもまた、図星を指されて狼狽《ろうばい》した、本当に意外だった、意外だったとしてその驚きはむしろ朝之助の発想の卑俗さに対する軽蔑混じりのそれだった、等々、従来種々の解釈が入り乱れてきた。われわれはもっとも簡明な解を採り、出世という観念自体が「お力」の自己認識と根本から相容れないものであったがゆえに、思いがけない勘繰りに遭って驚いたのだと素直に読んでおこう。あの決定論の狂気によって「分らぬなりに菊の井のお力を通してゆかう」と覚悟を決めたところに定まった「お力」のアイデンティティは、「善」の契機を、すなわち「泥」まみれの「禽獣」から「徳義心」ある「人類」へ成り上がろうとする上昇志向を、あらかじめ欠如させている。それは「禽獣」の境位に自足するといった消極的な諦念であるよりはむしろ、「人類」と「禽獣」を対立させる形而上学の抽象性を撃ち、それを無化してしまう恐るべき「悪」の力能への積極的な荷担と言っていいものだ。「笑ふものは笑へ、そしるものはそしれ」「わがかばねは野外にすてられて、やせ犬のゑじきに成らんを期す」という一葉の捨て鉢とも見える腹の括りように漲《みなぎ》るパトスが、そうした「お力」の狂気と共鳴し合っていることは明らかだろう。

とはいえ、この「蓬中につ記」冒頭の一節にひたすら反＝下田歌子的イデオロギーを、すなわち非人間的な「悪」への志向を見ようとしてきたここまでのわれわれの読みが、一方的にすぎるものであることは言うまでもない。表立っては一葉は、道徳の頽廃を慨嘆する下田歌子的な警世の言とほとんど異なるところのない認識から出発し、「国是の道」を説く正義の士の払底を歎いたうえで、自身の志は「国家の大本」にあるとまで言い切っているからである。では、この「善」志向の公共的正論とこの「気違ひ」染みた私的パトスとを繋ぐものはいったい何なのか。

日記における一葉がやや取り澄ましたいい子の仮面を被っており、文章を当たり障りのない表面性へと平板化させがちな傾向があることは否定できない。たとえば半井桃水《なからいとうすい》への恋情をめぐる記述にしても、どこか醒めた目でみずからの心理を小説の登場人物のそれのように仮構し、スキャンダル性を払拭した綺麗事に収斂《しゅうれん》させているかの如き印象を受ける(もっともこれに関しては、今われわれが読んでいるテクストが第三者による検閲・削除が施されたものである可能性もあるにせよ)。そうした書きぶりの延長として、「道徳すたれて人情かみの如くうすく」「国百世の憂」といった紋切り型の公論を筆がするすると紡ぎ出すのに任せているうちに、「国家の大本」といった大袈裟な言葉さえつい不用意に出てきてしまったのではないかと疑う余地もないではない。

だが、やはりそれだけのことではないように思う。一葉は、まだ本格的に始動していたわけではない、しかしもう間もなく「丸木橋をば渡」ってそこに踏み込んでいかなければならないと肝に銘じていたみずからの文業の核心が、「国家の大本」に触れることになるだろうとたしかに予感していた。その予感とは、ひとことで言うなら、自分の死骸が野犬に喰われるような「泥」と「悪」の世界は、教育勅語的国家観と連動する下田的な「善」の「をしへ」の外にあり、かつそれと十分に拮抗しうる強度を備えた小宇宙として生成しうるはずだという直観だったのではないか。彼女は、現今の日本における精神の荒廃や道徳心の劣化を認めたうえで――そこまでは下田の言辞とまったく変わらない（要するにそれは当時の日本の「表象空間」に共有される紋切り型でしかなかった）――、しかしそれを下田のように教育の実践によって正そうとしたわけではない。「我身一代の諸欲を残りなくこれになげ入れて、死生いとはず、天地の法《のり》にしたがひて働かんとする」という、その働きとは具体的に何を指しているかを、ここで彼女は明言してはいない。だが、それが虚構の物語の制作という文筆活動を意味していたことは明らかだ。その活動のただなかで、現実世界の「泥」と「悪」に対峙《たいじ》しなければならない作家のエクリチュールは、もしそれが真正の作家、真正のエクリチュールであるならば、「泥」と「悪」を、批判するのでも矯正するのでもなく、またそれを無視して「みやびの楽しみ」に逃げ込むのでもなく、それにただまみれる以外にない。

死生を賭して、言語によって、恐るべきものにまみれること。そうした作家の営みは、天皇の聖典によって後見された下田的な「善」の言説の観点からは、謗《そし》られるかもしれぬ、嗤《わら》われるかもしれぬ。現世的な力関係で優位に立つのが、誰にも批難されようのない「徳義心」──いみじくも下田はこの言葉に「純白の」という形容を付し、それが汚穢とは対極にある精神的価値であることを示している──の称揚の方であることは、あまりにも明らかだからである。しかし、社会に現に瀰漫《びまん》する汚穢を表象空間中に想像的に回収し、それを虚構として造型し直すという働きから産まれ落ちる小説作品の傍らに置かれるとき、下田的な「善」の言説は、その抽象的な綺麗事としての空疎なイデオロギー性をおのずから露呈するしかない。一世紀を超える歳月を隔てて、今「にごりえ」と『にはのをしへ』という、それぞれ明治中期の二人の卓越した女性知識人の手になる二つのテクストを同時に視野に収めるわれわれの眼前で起きているのは、まさにそうした出来事である。

「泥」と「悪」の包摂を拒んでみずからを純白のままに保とうとする「徳義心」だの「道義心」だのによって、はたして国は国たりえ、国民は国民たりうるのか。教育勅語＝下田歌子流の国家定礎のイデオロギーの抽象性を撃つというこの批判的機能を通じて、「死生いとはず、天地の法にしたが」って紡ぎ出される一葉のエクリチュールは、一種否定的な形で「国家の大本」に触れることになる。むろんわれわれは、一葉が積極的な国家論のオルタナティヴを提起しているとか、しようと試みたなどと言うつもりはない。ただ、「お力」がその奥処《おくか》でみずからの狂気を発酵させていった「横町の闇」の濃密な質感や、同じ彼女がそこに行ってしまいたいと夢想した「唐天竺《からてんじく》の果《はて》」のファンタスムに孕まれたはるかな遠さの意識自体、実は明治日本の現実そのものであり、それらをまざまざと露呈させてみせた一葉の虚構的散文は、教育勅語＝下田歌子的な道徳教化論が決して触れえない禍々《まがまが》しい陥没点の、極めつきの表象であったと言いたいだけなのだ。

そのとき、カント的な主体性の成立を妨げているとさきほどわれわれの述べた決定論への対応を通じて、「お力」＝一葉は或る別種の主体の可能性を示唆しているのではないかという予感が生まれる。「私には以上考へたとて私の身の行き方は分らぬなれば、分らぬなりに菊の井のお力を通してゆかう」という「お力」の決意に、われわれはすでに受動と能動との微妙な均衡を見てとっている(本書「37　狂気――樋口一葉(二)」)。みずからの悟性を勇気をもって行使することで未成年状態から脱するのが「啓蒙」であるとすれば、この「お力」の決意表明を、端的に「啓蒙的主体」のマニフェストとして読むことも不可能ではない。ここで彼女は受動的諦念を能動へ転じ、自分の人生を主体的に引き受けようとしており、その能動性をクローズアップするなら、そこに一葉とフェミニズムの接点を見ることもまたできなくはない。しかし、下田流の封建的な女性像への批判を通じて、一葉が「解放された」近代的な自由な女性になったとか、なろうとしたなどと考えるのは贔屓《ひいき》の引き倒しというものだろう。一葉と「青鞜《せいとう》派」との間にはやはり本質的な距離があるのであり、彼女の作品をフェミニズムの問題系に閉じこめてしまうのは貧しい読みにすぎると言わなければならない。平塚らいてうらの女権拡張運動や反戦・平和の主張は明らかに、模範的な「啓蒙」の身振りであろう。そして「お力」にしても作者一葉にしても、或る意味ではたしかに「啓蒙的主体」としての自己主張を行なっているのだが、しかしその「主体性」とは、「啓蒙」的理性の内部には鎖されえない獰猛《どうもう》な活力を孕んでおり、その活力のゆえに我にもあらず理性的秩序の外部にはみ出し、翻って「啓蒙」の問題機制それ自体に亀裂を入れてしまうような異形の何かにほかならない。

端的に言ってそれは、おのずと崩壊してゆく宿命を負い、しかし崩壊してゆくことこそがそのもっとも十全な自己実現の姿でもあるといった、逆説的な主体性なのである。「丸木橋を渡る」「菊の井のお力を通す」という決意が、しかしそのまま或る「狂気」へと彼女を導き、悟性的に選び取られた営為の「主体性」を崩壊させずにはおかず、しかしその崩壊の予感に震えつづけることそれ自体に、その「主体」の存在理由の核心がある。この裏切りの構造が、「書く主体」が我知らず身に招き寄せてしまう「狂気」の到来という出来事と同型のものだという点を、われわれは前々章で強調したのであった。つまるところ一葉は、透谷や次章以降で論じる露伴と同様に、「書くこと」の宿命論＝決定論に全身を委ねてその短い生涯を駆け抜けた反＝啓蒙的な「主体」なのだ。

そして、この留保なしのデスペレートな身振りが結果的に、市民社会の「馴致された女性」の規範を我知らず踏みにじる結果となる。それは彼女の主観的意図を超えたところで、彼女をというよりもむしろ彼女のエクリチュールを、「禽獣」の道へと導き、「国家」的秩序への反逆の方途へ向けて押しやってゆくことになるのである。要するに「衛生＝婦徳＝国家』というセリーから遁走する一葉は、「理性＝啓蒙＝国家」というセリーからも同時に身を引き離し、そうすることで、公的イデオロギーとしてのこれら二つのセリーが手を携えて抑圧し虚構化しようとした闇の領域に、生きた言葉を与えようとしたということだ。

われわれが「受動と能動との微妙な均衡」ないし「裏切りの構造」と呼んだものは、「にごりえ」の結末をなす、ただ市井の人々の相矛盾する幾つもの噂話の交錯としてのみ語られる「源七」と「お力」の心中沙汰の曖昧さそれ自体のうちにも認められるだろう。彼女は「源七」との心中に同意し従容として死の途についたのか、それともそれを強要する「源七」に逆らって無惨に殺されたのか、結局読者にはわからない。だが、「決定論に屈服せざるをえない者が、その予定された運命を改めて主体的意志で選び取ろうとしつつ、しかしその意志自体が主体をなおいっそう破滅へと引き寄せずにはおかないという裏切りの構造のうちに孕まれた狂気」とわれわれの呼んだものが、その昂進の果てに行き着いた不可避の結末として、この両義性以上にふさわしいものはない。

「……と伝へぬ」の一句によって「にごりえ」は幕を下ろされる。ついに作者も消え匿名の話者も消え主要人物の内面の声もことごとく消え、後に残るのはただ、とりとめのない非人称の集合的な呟きが細かな泡粒のようにぽつりぽつりと立ちのぼる白い空虚ばかりだ。その空虚を横切って、尾を引きながら一筋の光が飛ぶ。「諸説みだれて取止めたる事なけれど、恨は長し人魂か何かしらず筋を引く光り物のお寺の山といふ小高き処より、折ふし飛べるを見し者ありと伝へぬ(9)」。この謎めいた光体の飛翔の軌跡によって夢見られているものは、に一体化したと「にごてい「泥」からの決定的な離脱である。「笑ふものは笑へ、そしるものはそしれ、わが心はすでに天地とひとつに成《なり》ぬ」という一葉の日記中の一行はすでに引用したが、彼女が一体化したというその「天地」の、「地」の方が「泥」に代表される卑賤《ひせん》と汚穢の世界だとすれば、「にごりえ」末尾の「光り物」のイメージには、超越的な「天」との一体化への憧憬が託されているのである。

40 過剰——幸田露伴（一）

「力作型青年」露伴？

北村透谷「我牢獄」（『白表・女学雑誌』明治二十五年六月発表）の発想源の一つに、幸田露伴の未完の小説「風流悟」（『国民之友』同二十四年八月発表）があることは、透谷自身によって明示されている。「風流悟」に「[彼女の]何処《いずこ》を愛するかと言へば三百幾枚の骨の那箇《なに》の骨をも愛するにあらず、十何貫の肉の那辺《どこ》の肉をも愛するにあらず(1)」とあるのを素直に受けて、透谷は「雷音洞主が言へりし如く我は彼女の三百幾つと数ふる何《ど》の骨を愛《め》づると云ふにあらず、何の皮を好しと云ふにあらず(2)」云々と書いているからである。「雷音洞主の風流は愛恋を以て牢獄を造り、己れ是《ここ》に入りて然る後に是を出でたり(3)」云々も、「恋と名のついたるものは即ち牢獄なるか(4)」という一文から書き起こされる「風流悟」に典拠を持つ。

露伴の「風流悟」は恋愛の主題をめぐる奇妙に抽象的な作文であり、すでに初期作品「風流仏」（明治二十二年九月）や「対髑髏《たいどくろ》」（同二十三年一月）で彩り豊かな綺譚《きたん》作りに達者な才を示している新進の物語作者露伴としては異色作と言っていいものだ。恋愛の主題と牢獄のイメージとの結合をそこからちゃっかりと換骨奪胎しているという点で、「我牢獄」における透谷の独創性への評価がいくぶん減殺されることはやむをえない。ただし、右のそれぞれの引用の後の展開が、露伴の場合、彼女の軀《からだ》のどの部位を愛するわけでもなく「我はたゞ彼女を愛するのみ」という平凡な結論に着地しているのに引き換え、透谷は、そこから「我」と「彼女」がそれぞれおのれの「半部」を交換し合うという霊的な抽象劇を構想し、自己実現の「円成」が蒙る宿命的な亀裂を描き出しており、単なる露伴の模作を超えた特殊な刺激をテクスト空間に行き渡らせることに成功しているという点は認めねばなるまい〈本書〈中巻〉「33 内部 ― 北村透谷(二)」参照〉。

翻って「風流悟」を読むとき、そこに漲《みなぎ》っている露伴には珍しい非＝儒教的な観念性から、むしろこの習作めいた小説の方をこそ ― それが未完のまま中絶していることも含めて ― 「透谷的」と形容してみたいという誘惑に駆られもする。露伴の筆から産まれ落ちた例外的に「透谷的」なテクスト、ただし「人生に相渉るとは何の謂《いい》ぞ」や「内部生命論」の作者特有のあの性急な煩悶がないぶん、透谷自身の言語体験の強度にはやはり届きえずに終ったテクストなのだと。では、「風流悟」に見るべき取り柄はないのだろうか。「我牢獄」になくて「風流悟」にあるもの、それは尽きることなくふんだんに湧出し、滔々《とうとう》たる勢いで流れつづける言葉の奔騰《ほんとう》の力動感であり、「紅露逍鷗」の他の三人はもとより透谷や一葉さえも自身の文章に漲らせることができなかったこの躍動するダイナミズムに、露伴の文章の本領はある。

前田愛は、「風流仏」の仏像彫刻師「珠運」、「一口剣」の刀鍛冶「正蔵」、「五重塔」の大工『のつそり十兵衛』等、露伴の初期作品によく登場するおのれ独りの力を恃《たの》んで精励努力し困難な事業を成就させる職人肌の人物像に、徳富蘇峰が『新日本之青年』(明治二十年四月)で領導した「力作《りょくさく》型青年」の概念の反映ないしそれとの同時代的並行性を見ている(「露伴における立身出世主義――「力作型」の人間像」『近代日本の文学空間――歴史・ことば・状況』所収)[5]。自由民権運動敗退後のシニシズムに染まった「冷笑型青年」(たとえば透谷にはかなりその気配がある)をも体制に順応し阿諛追従《あゆついしょう》で上手に世渡りしようとする「叩頭《こうとう》型青年」(『浮雲』に登場する「本田昇」はその戯画である)をも否定したところに、蘇峰は、一時代前の『学問のすゝめ』や『西国立志編』における楽天的なそれとはやや異質な「立身出世主義」の体現者たる、「泰西自活的」な「力作型青年」像を提示した。

嗟呼《ああ》平民社会ノ人民、奚《な》ンゾソレ快活ナルヤ。身ヲ終ル迄《まで》人ニ膝ヲ屈シタルコトナク、世ヲ没スル迄人ニ憐《あわれみ》ヲ乞フタルコトアラズ。不尽ノ乾坤《けんこん》、無辺ノ風月。霊妙活撥ノ能力ヲ施用シテ飽迄之《あくまでこれ》ヲ占領シ、仰《あおぎ》テ天ニ怍《は》ヂズ、俯シテ地ニ愧《は》ヂズ。毎朝其《そ》ノ業ヲ始メ毎夕其ノ業ヲ終フ。企図スル事アレバ成就スル事アリ、労作スルコトアレバ穏眠スルコトアリ。何ノ煩カ是《こ》レアラン、何ノ悩カ是レアラン。

(『新日本之青年』[6])

電信技手として二年間過ごした北海道余市から、「身には疾あり、胸には愁あり、悪因縁は逐《お》へども去らず、未来に楽しき到着点の認めらるゝなく、目前に痛き刺激物あり、慾あれども銭なく、望みあれども縁遠し、よし突貫して此《この》逆境を出でむと決したり」（「突貫紀行」[7]）という心意気で辛苦に満ちた旅を決行、ようやく東京に帰り着いたところから始まる露伴の文学的キャリアは、勇気と気概と独立心によって時代を切り開いてゆく存在として蘇峰が謳い上げた「新日本之青年」のエートスを基盤としていたはずだ、というのが前田氏の考えである。

若い世代の精神の志向性が「政治」から「実業」へ、「公」から「私」へ重心移動してゆく明治二十年代初頭、すなわち自由民権運動後退以降の時代思潮の変容過程を媒介として、露伴と蘇峰を結びつけ、新時代に即した立身出世主義――「民友社の平民主義によって修正された立身出世主義」[8]（前田）――という観点から初期露伴の芸道物の作劇術を読み解いてゆく前田愛の手《て》捌《さば》きは鮮やかである。ただし、「突貫」旅行のような実人生上の露伴自身の行動も彼の小説の主人公たちの人間像も「力作型」であるというのはいいとして、彼にとっての「書くこと」の営為にも同様に「力作型」の形容を付すことがはたして適切かどうかという問題に関しては、一考の余地がありはしまいか。前田愛は伊藤整の意見を援用しつつ、「露伴の芸術家としての熾烈《しれつ》な出世意識が、技術の鍛錬に生甲斐を求める伝統的な職人の世界に仮《ママ》托の対象を見出した」[9]と言うのだが、これは希代の読み手前田愛の言とも思えないあまりに素朴な反映論ではないだろうか。「風流仏」の「珠運」や「一口剣」の「正蔵」が渾身の努力で逆境から脱出するさまに、「文士としての成功を希求する露伴自身の作家主体が濃厚に投影されていたのである」と彼は言う。だが、そもそも露伴の文章に、はたしてかくも濃密な「作家主体」などが宿っているのかどうか。

なるほど、露伴は二宮尊徳を尊敬し『報徳記』を愛読していたし、『努力論』(明治四十五年)と題するやや単調な道徳論の大著をかなり大真面目な筆致で書いてもいる。また、明治二十年代初頭の彼が、文壇に地歩を固めたいという燃えるような野心に心を焦がしていたのも事実であろう。しかし、刀鍛冶が名刀を鍛え、彫刻師が一点の瑕瑾《かきん》もない美女像を刻み、大工の名人が暴風雨にも揺るがない塔を建立する、ちょうどそのような「力作《りょくさく》」と功名心によって露伴は文章の名品を作り上げようとしたのだ、と単純に言ってしまっていいものかどうか。露伴の文章を読みながら誰もが味わう、溢れるような言葉の奔出に圧倒されるというあの眩暈《めまい》のような体験には、前近代的な職人仕事の完成度とは微妙に、しかし決定的に異質な何かが胚胎《はいたい》されていはしまいか。

たとえば、「五重塔」のあの有名な場面で、嵐の勢いの擬人化としての「飛天夜叉王」が子分の夜叉たちを叱咤《しった》激励して怒号する言葉の流れ——


汝等《なんじら》人を憚るな、汝等人間《ひと》に憚られよ、人間は我等を軽んじたり、久しく我等を賤《さげす》みたり、我等に捧ぐべき筈《はず》の定めの牲《にえ》を忘れたり、這ふ代りとして立つて行く狗《いぬ》、驕奢《おごり》の塒《ねぐら》巣作れる禽《とり》、尻尾なき猿、物言ふ蛇、露誠実《まこと》なき狐の子、汚穢《けがれ》を知らざる豕の女《いのこめ》、彼等に長く侮られて遂に何時《いつ》まで忍び得む、我等を長く侮らせて彼等を何時まで誇らすべき、忍ぶべきだけ忍びたり誇らすべきだけ誇らしたり、六十四年は既に過ぎたり、我等を縛せし機運の鉄鎖、我等を囚へし慈忍の岩窟《いわや》は我が神力にて扯断《ちぎ》り棄てたり崩潰《くずれ》さしたり、汝等暴《あ》れよ今こそ暴れよ、何十年の恨《うらみ》の毒気を彼等に返せ一時《いちじ》に返せ、彼等が驕慢《ほこり》の気《け》の臭さを鉄囲《てつい》山外《さんげ》に攫《つか》んで捨てよ、彼等の頭《こうべ》を地につかしめよ、無慈悲の斧の刃味《はあじ》の好さを彼等が胸に試みよ、惨酷の矛《ほこ》、瞋恚《しんい》の剣の刃糞《はくそ》と彼等をなしくれよ、[…]

（「五重塔」其三十二[10]）

まだまだ続くこの凶暴な命令形の連禱《れんとう》は、語彙や文体に関するかぎり明らかに「近代」以前に属している。が、かと言って、江戸時代の戯作《げさく》にこうした音楽的な抑揚と暴力的な衝迫を兼ね備えた激越な散文が見出されるかと問われれば、人は返答に窮せざるをえまい。

過剰と持続

これはいわゆる「描写」ではない。用いられている言葉は徹頭徹尾観念的であり、作為的な擬人法の修辞学の圏域に自閉している。自然主義的な表象意識はかけらもなく、群れをなして到来する言葉たちは神話学的な形象の虚空へただちに飛翔し、そこで超高速で舞い散っている。読者は、描き出された暴風雨の激甚なさまを言葉の表象作用によって理解し認識するのではなく、眼前に真っ向から吹きつけてくる言葉の奔流にただ圧倒されるだけである。しかし、その圧倒的印象が暴風雨の激しさの身体的な実感へと転位することで、微に入り細を穿《うが》った直接的な「描写」によるのとは異質な、しかし強度から言えばそれを超えるかもしれぬ凶悪な暴力の感覚が励起される。言葉は暴風雨を表象しているのではなく、言葉それ自体が暴風雨のように荒れ狂っているということだ。

「記号表現(シニフィアン)」の運動と「記号内容(シニフィエ)」の露呈のこの同期は、知的な方法意識から発したものではむろんない。露伴はただ、人間の構築物に対して差し向けられた「飛天夜叉王」の憎悪という発想を得て、それ一つのみを出発点に置き、後は、そこから起動した、今日の読者の目にはいくぶん滑稽でなくもない観念の自動運動を、彼の豊饒《ほうじょう》きわまりない語彙のストックから引き出してきた大量の言葉でもって息急《せ》き切って追っていっただけである。結果としてページ面上の虚空を荒れ狂うことになったこの言語的暴風雨を、「前近代」的な職人仕事の細心と入念の達成と見るか「近代」的なエクリチュールの冒険的試行と見るかは、即座には断定しがたいかなり微妙な問題と言わねばならぬ。露伴の散文の「近代」と「前近代」とのあわいでのこの微妙な揺れは、彼の同時代人にははっきりと感知されていたはずであり、実際、この「五重塔」の数ページはそのことのゆえにこそたちまち盛名を得たに違いない。そして、その微妙さそれ自体のうちに、「明治の表象空間」にとっての露伴の文章の意味が存している。

たとえば、「五重塔」の書き出し――

木理《もくめ》美《うるわ》しき槻胴《けやきどう》、縁にはわざと赤樫《あかかし》を用ひたる岩畳作《がんじょうづく》りの長火鉢に対《むか》ひて話し敵《がたき》もなく唯一人、少しは淋しさうに坐り居る三十前後の女、男のやうに立派な眉を何日《いつ》掃《はら》ひしか剃つたる痕の青々と、見る眼も覚むべき雨後の山の色をとゞめて翠《みどり》の匂ひ一トしほ床しく、鼻筋つんと通り眼尻キリ、と上《あが》り、洗ひ髪をぐる〳〵と酷《むご》く丸《まろ》めて引裂紙《ひっさきがみ》をあしらひに一本簪《いっぽんざし》でぐいと留《とど》めを刺した色気無《なし》の様はつくれど、[…]」　(同前、其二)[11]

は、あからさまな「描写」である。通念に従うなら二葉亭四迷から国木田独歩へと成熟の途《みち》を辿るとされるいわゆる「近代」的な小説散文の系譜中に置いて、何らの遜色《そんしょく》もない言語態で書かれていると言ってよい。文語文であること、センテンスの意識(主語＝動詞による欧文脈の構文法)が稀薄であること、という二点をたとえ差し引いたとしても、である。そうした言語態を十分以上に滑らかに駆使することのできた露伴が、完成した五重塔が嵐の試練にさらされる「其三十二」に至ってリアリズムからいきなり逸脱し、きわめて効果的であることは誰にも否定できない観念的な修辞学の自動運動に身を任せてみせたとき、何が起こったか。空想の領野に属する「飛天夜叉王」だの仏教の教義から来た「鉄囲山外《てついさんげ》」だのといったブッキッシュな教養に淫した語彙の採用に、「前近代」への退行を見るか、それとも、リアリズムの規矩《きく》を平然と踏み越えて「シニフィアン」を暴走させてしまった身振りの大胆な冒険性に、四迷も独歩も鷗外もみずからのテクストに呼び入れられなかった貴重な文学的出来事の開花を見るか、そのどちらと取るかが問われているのだ。そして、これは実は二者択一の問いではない。視点の選択によって二つの解のどちらもが正解たりうると言うほかなく、両者の間でどちらともつかず揺れているその微妙な振動ぶりそれ自体に、「近代」作家露伴の存在意義があると言うべきなのである。

そして、この後者、すなわち言語の正常な表象作用をふと宙に吊り、いかなる堅固な現実へも人を送り届けることもないまま、ただ言葉を言葉自身へとループ状に果てしなく回付しつづけることに執着する「言語のフェティシスト」露伴という側面をクローズアップした場合、そこには「力作型」の文章職人という露伴像には回収しきれない或る過剰が孕《はら》まれることとなるだろう。その過剰とは、奔出し奔騰し奔流する言葉の運動に身を委ねることの無償の愉悦にほかならない。もちろん、ものを創造することの喜びといったありきたりの達成感なら、露伴が小説に登場させた「職人」たちもまた制作の現場で味わっていないはずがなく、とりわけ不在の恋人を象《かたど》る彫像を創り出そうとした「風流仏」の「珠運」のピュグマリオニズムに、ほとんど性的とさえ呼べる濃密な快楽が充塡《じゅうてん》されていたのは周知の通りである。ただし、ここで重要なのは、露伴における言葉から言葉へ、観念から観念へ、イメージからイメージへのループ状の回付の運動が徹底的に表層的なもので、いかなる現実の深みにもいかなる無意識の奥処《おくか》にも沈降してゆくことがないという点であろう。露伴のテクストがそのもっとも高揚した瞬間にわれわれに伝えてくるものは、ひとことで言うなら、言語の表層的な快楽にほかならない。

この快楽は、生身の一個人としての露伴が実人生において持っていたかもしれぬ「立身出世主義」――前田論文の言葉を借りるなら「私」的領域での「実業」的野心――とは無縁の、本質的には非人称性の範疇《はんちゅう》に属する出来事である。実際、その出来事の生起の場には、「作家主体」の占める位置さえほとんどない。なぜなら、書く主体の意志的な統御をはみ出して文章がひとりでにするすると解《ほど》け出し、言葉が言葉を呼び、イメージにイメージが応答するといった具合に記号が自律的に組織されてゆく間断なきオートマティズムによってしか、この快楽は生成しえないからである。そしてこの自動運動は、二宮尊徳的な勤倹力行・刻苦精励のモラルなどとはむろん何一つ共有していない。

ここまで来て、ようやくあの異色作「風流悟」に戻ることができるだろう。前述のように、ここでの露伴は彼が十分巧みに操れる小説らしい小説の言語態をあえて棄て、「透谷的」と一応形容しておく観念性の駆動だけで言語を走らせており、人はそれを読みつづける間中或る異様な持続のただなかでの宙吊り状態を強いられる。

［…］我は彩色《さいしき》したる護謨《ゴム》の鞠《まり》の中《うち》に在る臭き気を常に嗅ぎ、彼女は棘《とげ》ある薔薇の花の香を常に吸へり。生きたる鶏卵中にも尚ほヂストマの宿れるを我は観ずれば、死し腐つたる蛤《はまぐり》の中《うち》にも時として真珠のあるを彼女は観ずるなり。されば我は天使の魔と化するを目送《もくそう》し、彼女は愚者の昇天を讃歎し、血・汗・涙の世界に我は住して、彼女は善・美・大の世界に逍遥せるなり。是《ここ》を以て多数の人に捨てられ又敢《あえ》て多数の人を捨《すて》たる我も、如何《いか》なる点《ところ》をか彼女に見出され賞美され、而《しこう》して愛されたり、然り実に多少は知らねど真に愛されたり。［…］(12)

この修飾過多の、見るからに作り物染みた散文に、高度な文学的価値があると言うつもりはない。「五重塔」の暴風雨の場面の場合、作品全体のエコノミーの中に置いてみたとき、描写のリアリズムから人工的な修辞学へという文体の唐突な転轍《てんてつ》が一応の劇的効果を上げることに成功しているのは間違いない。それに対して、小説の物語的興趣といったものを最初から度外視している「風流悟」の文章の一種無機的な持続には、読者を情動的にそそり立てるものはほぼ皆無である。とはいえ、全集版で十七ページにわたって繰り広げられるこの観念的作文が誇示している「言語の過剰」に、或る凄みが漂っていることもまた事実である。透谷の文章を特徴づける佶屈《きっくつ》と断裂の代わりに、ここには奔流のように溢れ出す言葉の運動の、いつ果てるとも知れぬ抽象的持続がある。恐らく透谷はこの露伴のテクストの過剰と持続の異様さに感応し、それに唆《そそのか》されるようにして翌年「我牢獄」を構想し執筆したのに相違あるまい。

「と、これ一説なり」

ここに提起されようとしているのは、尽きることなく奔出し奔騰し奔流する言葉の運動に漲る力動感に、露伴のエクリチュールの或る種の「近代」性を認めるという視点である。文学的な表象空間における「近代」とは、言語の透明な表象作用によって担保された自然主義リアリズムの進展のうちにではなく、むしろ表象作用の混濁とともに露呈する言語記号の物質的存在感のなまなましさのうちにあるはずだという、透谷と一葉をめぐってここまで展開されてきたわれわれの命題を、露伴の文章に即してさらに精密化してみたいというのがここでの趣旨ということになる。しかし、もし露伴の言語を丸ごと「近代」性に還元してしまおうと試みるとすれば、それは一方的な暴挙にしかなりえまい。すでに述べたように、露伴の言語は「近代」と「前近代」とのあわいでつねに或る微妙な両義性に取り憑かれており、それを捨象してどちらかの極に還元してしまうとき、読みは粗暴な牽強付会の弊に陥らざるをえまい。

正宗白鳥は、「紅露時代」の紅葉や露伴の小説を刊行と同時に読んでいた青春期を回顧しつつ、「当時の重立つた作家のうちで、露伴氏が最も保守的で、純東洋的で、清新なところがないやうに、私には思はれてゐた。……日本古来の標準から云ふと、名文であるのか知らないが、氏の文章の重苦しさ。兜《かぶと》をかぶつて鎧《よろい》を着て歩いてゐるのを見るやうだつた」(「天《そら》うつ浪」と「大菩薩峠」」『中央公論』一九二八年二月号初出[13])と冷たく言い棄てている。それに対して、新しい文学の息吹きを感じさせてくれたのはやはり尾崎紅葉の作品だったのだと。やがて自然主義リアリズムを代表する文学者の一人になってゆく若者の眼に映ったものが、こうした鎧兜で身を固めたアナクロニックな武者の像でしかありえなかったことは十分に理解できる。が、今われわれは、ここで「重苦しさ」と呼ばれているものを過剰と持続の異様さと読み換えつつ、そこに文学的記号の「近代」性の徴《しるし》をどの程度にまで標定しうるかという問いを提起してみたいのである。ただし、この兜と鎧が日本古来の伝統的な防具でしかないという点に関するかぎり、正宗白鳥の評言は完全に正当である。結局、古臭い甲冑《かっちゅう》で身を鎧ってのし歩く道化《クラウン》の誇示する滑稽が、完全に時代遅れの外見はそのままで、しかしそれが不意に目も綾な脱構築のパフォーマンスの光景へと切り替わる、その唐突な一瞬の与える衝撃を何とか言語化してみたいというのがここでの企図ということになろう。

ところで、「風流悟」と同時期に——正確に言うならその発表のひと月後に発表された露伴のテクストに、「言語」と題する随筆がある（『活世界』第十五号、明治二十四年九月発表。初出時の題名は「形影相語」）。その冒頭の一節は次のようなものである。

多く言ふことなかれ。汝が言と汝が心と是《こ》れ一ならば、汝終《つい》に舌頭に躍り舞ふ底の傀儡《かいらい》となるべし。汝が言と汝が心と是れ別ならば、汝が家裏の児驕《おご》り母嗟《さ》する的の悪光景見るに堪へざらむ。舌に従つて意動かば、芭蕉葉潤《ひろ》ふして風に其《その》幹を折らるゝ時あらん。意を奉じて舌ひるがへらば、鶏鳴狗盗《けいめいくとう》の客を用ゆるもの畢竟《ひっきょう》英雄にあらじと罵られむ。と、これ一説なり。(14)

当時二十四歳の露伴は、初期の代表作の一つである長篇『いさなとり』を新聞『国会』に連載中で（五月十九日—十一月六日）、その終了後同じ『国会』にただちに「五重塔」の連載を開始する（十一月七日—翌年三月十八日）。「紅露時代」の最盛期と呼んでよかろうこの時期、露伴は旺盛な執筆活動の渦中にいて、言語の力動的な運動に衝き動かされるままほとんど一種の流行作家のように書きまくっていた。「風流悟」のような実験的な抽象小説を書き出してみて中途で放棄してしまったのも、そのあり余るエネルギーの余勢を駆ってのことだろう。ところがそのさなか、みずからの筆の勢いを引き留めようとする内なる何かにふと耳を澄ますかのように、「多く言ふことなかれ」と不意に呟いていることの唐突さに、今われわれの視線が繫留される。

実のところ、露伴ほど「多く言」った人も他にいまい。漱石・子規・紅葉と同じ慶応三年生まれの幸田露伴(一八六七―一九四七)は、当時としては格別の長命を得て、明治・大正・昭和の三代にわたって書きつづけ、太平洋戦争の終結まで見届けている。本書でここまで扱ってきた透谷(一八六八―九四)や一葉(一八七二―九六)もやや年少ながらほぼ同時期の生まれで、前者の「我牢獄」に露伴作品が及ぼした影響についてはすでに触れたが、後者の初期作品にも露伴の文章の影響は見え隠れしており、「雷音洞主」の存在は明らかに両者にとって何らかの先行モデルを提示していたと考えられる。ただし、二十代半ばで早世してしまう二人の死を追い越して露伴は生き延び、長い歳月の中で変貌しつづけ、多様な試行を行ない、小説、評論、史伝、考証といった複数領域で巨大な仕事を結実させてゆく。彼は、奔出し奔騰し奔流する言葉の運動とそこに漲る無償の愉悦とわれわれが呼んだものを、長大な時間にわたって持続しえた強靱な作家なのだ。その彼が、明治二十四年夏のこの時点で、「多く言ふことなかれ」という自戒に似た言葉をふと洩らしているのはいったいなぜなのか。

実際、「言語」はわからないテクストである。先に掲げた引用にしても、「家裏の児驕り」「芭蕉葉潤《ひろ》ふして」「鶏鳴狗盗の客」等、比喩の機能がもう一つ定かではない。「鶏鳴狗盗の客』は中国の戦国時代における斉《せい》の孟嘗君《もうしょうくん》の故事から来ており、物真似やこそ泥のようなくだらない技能の持ち主を指し、転じてくだらない技能でも役に立つこともあるということを言うが、ここから露伴が『史記』に親しんでいたことはわかっても、「多く言ふことなかれ」という自戒とこの故事とがいかなる関係にあるかはいっこうに明快ではない。さらに、末尾の「と、これ一説なり」が文意をさらに混濁化している。語り手の真意の在り処が宙に吊られ、「言語」の主題をめぐって露伴が本当のところ何を考えていたのかは意図的に曖昧化されている。こうした仕掛けを凝らすことで、彼はいったい何をやりたかったのか。

三ページ半ほどの「言語」は、このような短い章節の連鎖で成り立っているが、そのどの末尾にもこれは「一説」にすぎないという註記が添えられ、結局何の結論も出さないまま読者を突き放すように中絶している。二つほど任意の例を挙げるなら——

沈黙は愚人の甲冑なり、奸者の城塞なり。明白々の心地、温煦々《くく》の胸廓ならば、千言万語するとも何の不可かあらん。債鬼を怖るゝものは門を閉《とず》る堅く、醜婦を蓄ふるものは窓を開くを忌む。と、是れもまた一説なり。(15)

言を放つ固《もと》より舌を抜かるゝを辞せず、人を屠《ほふ》る何ぞ身を亡《うしな》ふを惜まん。妓を愛すれば銭を費し、酒を喫すれば胃を傷《そこな》ふ。加減乗除し去るに三も無く四も無く、六も空しく七も空し。好快活、風蒼穹《そうきゅう》を渡り濤《なみ》大洋に騒ぐといへども、空に纖塵《せんじん》をも増さず水に一滴をも減ぜず。汝語り汝黙す、依然として是《これ》汝、我語り我黙す、依然として是我。火は潤ほさず、水は焚かず、盤古《ばんこ》氏以来人間奇事なし。汝詐《いつわ》らずんば語も亦好し、黙も亦《また》好し、我欺くべくんば語も亦非、黙も亦非ならん。と、是れもまた一説なり。(16)

「多く言ふことなかれ」と「と、これ一説なり」が誇示しているものが、まず第一に韜晦《とうかい》と諧謔《かいぎゃく》であることは間違いない。では、その韜晦と諧謔は、先に露伴における「言語の表層的な快楽」と呼んだものといかなる関係にあるのだろうか。

41　怪物――幸田露伴（二）

書くことの無償性

「多く言ふことなかれ」と「千言万語するとも何の不可かあらん」との間に存在する明らかな矛盾は、これも一説あれも一説という相対性の観点に立つことで、一応見かけのうえでは解消されている。では、筆者自身はどの「説」を採るのか。それについてこの文章は何も語ろうとしないが、あえて言うなら「語も亦《また》好し、黙も亦好し」「語も亦非、黙も亦非」という判断放棄、ないし是も非もひっくるめた全肯定が露伴の立場といったことにでもなろうか。しかし、その立場自体もまた「と、是れもまた一説なり」でただちに相対化されてしまうわけで、結局この文章は何も言っていない。

大丈夫坐すれば須《すべか》らく孤峯の雲に聳《そび》ゆるが如くなるべし、臥すれば須らく長江の野に横《よこた》はるが如くなるべし。語は雷の鳴るが如く、黙は水の凍るが如くなるべし。と、是も又一説なり。

好男児坐しては酔へるが如く臥しては死せるが如く、語る時我を存せず黙する時他を忘却するが如くなるべし。と、是れもまた一説なり。　（「言語(1)」）

多用される「如く」はどれ一つとっても何も言っていない。韜晦《とうかい》と諧謔《かいぎゃく》の迂路《うろ》を経て、発語と沈黙をめぐるうねうねと続く一見もっともらしい省察の行き着く先は結局、「汝語り汝黙す、依然として是汝《これ》、我語り我黙す、依然として是我」といった同語反復の冗語でなければ、「火は潤ほさず、水は焚かず、盤古氏以来人間奇事なし」といった自明の理でしかない。つまるところは一種の戯文――ただしその文体はあくまで荘重で、声に乗せたらいかにも良く響くだろうと思わせる「漢文訓読体」による対句構成特有の音楽性を誇っている。

こうした奇怪なまでに内容空疎なテクストは、基本的には筋道立った論理性の貫徹した文章を書く露伴において稀である。だが、二十代半ばに至って文筆活動がにわかに活況を呈したこの時期の露伴が、「書くこと」と「書かないこと」という両者ともどもの本質的な無償性に思いを凝らし、あたかも旺盛な執筆活動の余勢を駆るようにしてそれを書いてしまったという事実には、われわれの興味をそそるものがある。このテクストには「意味」がない。「と、是れもまた一説なり」の「と、」に付された読点の作り出す一瞬の「間」によって、「説」は言説主体から突き放され、かくしてあの「説」もこの「説」もことごとく露伴自身から等距離に位置することになる。あえて言うなら、いかなる特定の「説」の特権視をも阻むこの「、」のうちに孕《はら》まれた一瞬のたゆたいの連続継起のうちにのみ、このテクストの「意味」のすべてが存している。

「言語」は、露伴の個人史において、「書くこと」の初発の欲動が沸騰していたこの時期ならではのテクストと言うべきものだろう。また歴史的状況の観点から見ても、種々様々な言語態の試行が競争的に渦巻いていた明治二十年代中期というこの時期に書かれるべくして書かれたテクストであったとも言える。語るべきか語らざるべきかという「書くこと」をめぐる原理的問いが、人倫の問題と絡まり合うかたちで提起され、しかもそれについての複数の答えがことごとく宙に吊られ、全体が一種の戯文という外観を呈しているこの小さな随筆のうちに、「書くこと」の自明性が揺らいでいたこの時代固有の歴史性が内に畳み込まれているように見える。

「語」も「黙」も是でありまた非でもあり、何をどう語ることも可能だが、しかし何をどう語ってもそれは所詮「一説」にすぎず、それと言説主体との間には還元不可能の距離がある、と、語ること。「意味」の充溢《じゅういつ》する主体を前提とせず、「語」も「黙」もことごとく無償であるという一命題をのみ、それ自体無償としか見えない饒舌《じょうぜつ》によって蜿蜒《えんえん》と展開し変奏してゆくこの身振りのただなかで、露伴という作家の核をなす本質的な何かと、日本語の書き言葉それ自体がこの当時潜り抜けつつあった危機的過渡期の歴史性とが、絶妙に共振し合っているように見える。これと同時期、およそ「小説」をめぐる一般通念などまったく顧慮せずに書き起こされ未完のまま中絶した「風流悟」において、言葉の抽象的な自動運動の駆動力になっていたのもまた、恐らくはこの同じ共振現象であった。

そして、そのことに対して露伴は明らかに自覚的であった。伝統的な文芸意識にも新時代の文学的知識にも依拠することなく、単に徒手空拳でエクリチュールの無償の自動運動を愉しんでいるかのごとき「風流悟」や「言語」のような文章をこの時期の露伴が執筆したことの背後には、自他の文学行為を包摂する歴史の大状況を前にした彼の鋭利な批判精神が透視される。実存的必然性と歴史的文脈との間の宿命的な共鳴音ということなら、透谷の『蓬莱《ほうらい》曲《きょく》』(明治二十四年)からも一葉の「にごりえ」(同二十八年)からも聴き取れるわけで、それは本書のここまでの叙述で示してきた通りである。だが、この二人の場合、やや年長の露伴ほどの確固たる歴史意識や批判精神を持ち合わせていたわけでは恐らくなかった。エクリチュールに孕まれた無意識的欲動の凶暴なうねりに、単に無防備に身を委ねることしかできなかったのが透谷と一葉なのであり、むしろそれこそが詩人として、作家としての彼らの文学的営為の真正性の証左であるとも言える。だからと言って露伴は真正の作家ではなかったと言いたいわけではむろんないが、ともあれ露伴の文章行為の核心に、言語の表層的な快楽を補完する透徹した批評性があったことはたしかである。二十代半ばで燃え尽きるように早世してしまった透谷・一葉を尻目に、露伴が傘寿を越える長寿を享受しえたのも、ひょっとしたら一つには彼の堅持し通したこの知識人としての強靱な批判精神のゆえではなかったか。

明治二十年代前半の露伴が同時代の文学状況に対して抱いていた認識は、次のようなものであった。

当時文学界に、和文を罵りて死語を臚《ろ》列《れつ》する貴族的文字なりと為し、自己は好んで通常の語を以て文を作る人あり。又言文一致の文体を罵りて、これ卑語を臚列し、日本在来の文学を破壊せんとするものなりと為し、自己は雅俗折衷体の文を作りて悦ぶものあり。元禄好きは西洋を嫌ひ、西洋好きは元禄を嫌ひ、風来京伝馬琴三馬の熱に浮かさるゝものあり、ゾラ、ユーゴ、トルストイの酒に酔へるものあり。此等《これら》の人々互ひに小執着心を起して相睥睨《へいげい》し、自然自己が悦ばざるところの体をなせる文章を味ふこと無く、全く比較といふことを忘れて、好悪美醜に就て思考するの暇を胸中に有せざるものも有り。

（「犬談義」明治二十二年十一月）(2)

これは一種のイデオロギー批判である。しかじかの人あり、しかじかの者あり……と列挙しつつ、そのいずれに対しても批判的口吻《こうふん》を隠さないこの書きぶりは、随筆「言語」における「と、これ一説」の連禱《れんとう》を思わせるものがある。結局露伴は、そのどの立場もが普遍的真理の域に達しないイデオロギーでしかないと言っているのだ。こうした相対化の思考は、この前々年の明治二十年に刊行された中江兆民『三酔人経綸問答』に通じる批評的身振りにほかならない。単に「小執着心」間の覇権闘争に文壇ゲームの実体を感得し、それに何とか参加しそのプレイヤーとして名を上げることしか考えていない「立身出世主義者」たちの間に露伴を置いてみるとき、当時二十二歳の白面の若者だった彼の明敏には驚くべきものがある。あれも一説、これも一説と現象面のあれこれを薙《なみ》し去ったうえで彼が説くのは、「小執着心」同士の対立角逐《かくちく》から超脱したところに位置する超越論的視座として、釈迦の持っていたような「大執着心」の必要である。

露伴は生き延びる

とはいえ、何ものにも全身でコミットすることなく、決して傷つくことのない中立的な位置に自分を吊って、そこから抽象的正論のご託宣を垂れているだけの者に、具体的な文学作品が創造できるはずはない。文壇に「大執着心に全身の血液を清めたる豪傑君子」出よ、というのが彼の情勢論的処方箋だが、仮りに彼自身がそうした存在をめざすとして、「偏小」でも「固陋《ころう》」でもない執着心、大文字の普遍性を志向する「大執着心」が文学においていかなる形をとりうるかに関して、ここで彼は何一つ語っていない。たしかなことは、彼が同時代に対して苛立っているという一事ばかりである。そしてその苛立ちは、恐らく、書くことに執着するかぎり何らかの特定の立場を選択しそれに就かざるをえない自分自身の文章行為の現場に対してもまた向けられていた。

この苛立ちがもっと激越な調子で表出されているのは、「犬談義」に五か月ほど先立って書かれた「猿小言」(同年六月)においてである。そこでは、「好悪のうつろひやすき人間の夢か現《うつつ》のはかなきありさま」が次のように描写されている。

[…]飛んだり跳ねたり、変ツたり〳〵、昨日までは廉文竹と彫ツてある筆の軸をにぎツて、焉矣乎哉《えんいこさい》と角張ツたる村学究も、楽天東坡《とうば》のから笠をかなぐりすてゝ、ざんぎりあ

たまの今様男、ジェーペン把つて正体のしれぬ英文を口髭と共におつたてゝ書くあり、或《あるい》は聞きねかしわなみこのごろは疝気《せんき》とやらんいへるいたつきにていといたう御無沙汰致し侍りきと、手紙にまで貴君とかくべき所をそもじ〳〵としてのけられし御作者も、馬琴京伝の肩衣《かたぎぬ》はねのけ、言文一致のぽち〳〵、針目《はりめ》の見えたる御手際をも、つゞれのにしきはどでごんすと誤魔化し給ふもあるやうなり。或は一流のともがらに諂《へつら》ひて喝采を博さんと、唯《ただ》さへ弱き腰を折り、いと安直の頭をさげ、或は数人の群に媚びて、どうも俗輩は話せやせんと妙竹林《みょうちくりん》の巣入して、藪蚊《やぶか》を相手にりきむもありとか。噫《ああ》笑止なる事どもかな。(3)

過渡期の言語状況のカオス的沸騰に巻き込まれ、右往左往し右顧左眄《うこさべん》する連中の安手の功利主義を、露伴は辛辣に嘲笑する。「禅天魔」や「露団々」以降、実作者として徐々に名を上げながら、こうしたメタ水準の批評眼を保持しつづけたところに彼の文壇的優位があったことは明らかだろう。

実際、この批評性によって彼は生き延びる。幸田露伴とは、生き延びた作家である。単に、同時代の透谷・一葉亡き後なお長く生きたというにとどまらない。時代は間違いなく「言文一致のぽち〳〵、針目《はりめ》の見えたる御手際」全盛へ向かって進んでゆくが、彼はそうした言語状況の推移それ自体から超然と距離を取り、時代の主流からの乖離《かいり》をものともせずに書きつづけた。たとえ古めかしい鎧兜《よろいかぶと》に身を固めた甲冑《かっちゅう》姿の滑稽を若い世代から嘲られるようなことがあっても、彼の存在自体は誰も否定できなかった。彼が時代遅れの存在であることは自他ともに認めるところでありながら、彼はそのことで萎縮もせず、自嘲的に居直ったりもせず、文壇的にまた大衆的に封殺されもせず、文語体を堅持しながら堂々と生き延びたのである。そうしたエクリチュールの持続において露伴の膂力《りょりょく》を支えたものが、博大な教養に基づく彼の批判精神の躍動であったことは言うまでもない。

もっとも、「風流悟」や「言語」のようなわからないテクストを突発的に書きながらも、明治二十年代・三十年代の露伴が一応は時代の言語状況に身を寄り添わせ、それなりの「近代小説」の体裁を取り繕った作品を書きつづけたこともまた事実である。実際、「紅露時代」の到来を可能にしたものは彼のこの高水準のプロフェッショナリズムにほかならない。だが、「風流仏」「五重塔」から『いさなとり』『天うつ浪』に至る作品群が、彼の群を抜いて鋭利な批評精神に見合った創造的達成になっているかどうかは疑問なしとはしない。『いさなとり』(明治二十四―二十五年)は完結した長篇小説としては彼の唯一の作品であるが、主人公「彦右衛門」の波瀾万丈の半生を描いたこの一種のピカレスク小説において、精彩に富んだ描写として名高い鯨漁の場面は、次のような文体で書かれている。

[…]それと勢ひこんで各々漕ぎ出《いだ》す船矢よりも駛《はや》く、八挺の櫓《ろ》を押切り〳〵水煙立つて四方八面より追取巻《おっとりま》きつ、座頭鯨と見るや印《しるし》を艫《とも》の方《かた》に立て、網代に近くなるまゝに船配り手抜《てぬけ》なく、其間《そのあい》五六十間《けん》ばかりに列《なら》び、長さ大抵二尺有余の丸木の棒を双手《もろて》に持ち

つゝ勢子《せこ》共《ども》一斉に表の舷《ふなばた》を打ちたゝき〳〵鬨《とき》を作つて、狂ひ狂ふ浪にも萎《ひる》まず風にも萎まず、ゑい〳〵声《ごえ》して駆立《かりたつ》れば、親父等は鬢髪《びんぱつ》いつしか風に解《ほど》かせ麾《ざい》を揮《ふる》つて、逃《にげ》まくする鯨の先をば遮ぎりつ或《あるい》は後《うしろ》より逼《せま》り、右を指せば勢子船《ぶね》右を開けて左に廻り左を指せば右へ廻りて、いよ〳〵網代に追寄せたる時、［…］　（「第六十六　浪湧き風腥し」[4]）

鼻をつく潮の香、吹きつけてくる風と飛び散る波しぶきの感触、身体の活劇的な躍動等がきわめて巧みに表出されているのは事実としても、その「巧みさ」とは畢竟《ひっきょう》、意味するものと意味されるものとの間にほどよい均衡が保たれていることの別名にすぎず、ここにあるものはいわば非常に良質な、しかし結局はそこそこ普通の「描写」でしかない。それは練達の物語職人の手になる良心的なメチエの達成といったものの域を出ておらず、そこに「五重塔」の暴風雨の場面のような表層的な修辞法の過剰な沸騰があるわけではない。われわれの意識はテンポ良く繰り延べられてゆく快い言葉の流れに乗せられ、言語記号の表層を透過し、勢子たちと鯨の格闘という表象されたものの現実へじかに赴く。「五重塔」の場合のように、言葉の不透明な現前に繋留され、表象された暴風雨の現実を感得する以前にまず、表象機能を逸脱して荒れ狂う異形の記号群の運動それ自体の暴力に圧倒されるといった事態は、ここでは起こっていないのだ。

だが、「小説」に関する同時代の通念に素直に寄り添い、それに何とかかんとか同調しつつ古風ながらも「小説らしい小説」を書きつづけた露伴が、その最後にして最大の試みである『天うつ浪』(明治三十六―三十八年、『読売新聞』に断続的に連載)を完結させることができなかったという事実は、いかにも徴候的ではないだろうか。この長大な物語を中途で放棄した理由を露伴は、日露戦争の真っ只中にあって「比較的に脂粉の気甚だ多き文字」(5)を綴ることが心理的に憚られたからだと語っているものの、彼の本心が那辺《なへん》にあったかは定かではない。明治三十一年に実際に起きた龍睡丸海難事故に想を得て、遭難した船の乗組員が絶海の孤島に漂着し、文明から隔絶した野生の生活を送る物語を書くというのが彼の当初の構想だったというが、いずれその船に乗り込むことになるはずの野州生まれの七人の青年の前半生から語り起こし、それをいつまでもゆるゆると語りつづける『天うつ浪』は、船出の挿話のはるか以前の時点で中絶している。

「考証」の魔界へ

『天うつ浪』を読むことは、今日のわれわれにとって、或る忍耐を強いられずにはいない陰鬱な体験である。文章の格調は高いし、七人の登場人物の境遇を様々に描き分け、大小のエピソードが次々に継起するプロットの進展に新聞読者を飽きさせないようにあれこれ綿密な工夫を凝らした跡がまざまざと窺われもする。しかし、『天うつ浪』は退屈である。恐らく、露伴自身もまた倦み果てたのではないだろうか――

秋は海楼の垂簾《すだれ》に動きて、ばつと吹き来る沖の風は、夕日の余光美《うるわ》しきが中に、無限の爽涼の気を齎《もた》らせば、白帆明るき遠方《とおく》の船の数々も、鉛色なして漫々たる潮の果に却《かえ》つて物淋しう見え渡りつ、竹芝の浦の浪静かに、増上寺の鐘声《かね》に暮れ行かんとす。

（『天うつ浪』「其一」(6)）

といった「描写らしい描写」にも、また——


「ヘーエ。貰ふ金に好みつて云ふのは聞えて居ますが、払ふ金に好みつて云ふのは？。」

「まあ、当てゝ御覧なさい！、銅貨で無し、銀貨でなし、金貨でなし、無論壱円紙幣《さつ》で無し、」

「ハテネ、五円紙幣でも御嫌ひなさるので、其《それ》で払はうと仰《おつし》あるの？。」

「ホ、、、イ、エ、」

「ぢやあ十円紙幣？、」

「でも無いの！。」

「百円紙幣？。」

「イ、エ。」

「ハテネエ、」

「分りませんか。ホ、、云ひましやうか、もう。」


（同前「其百五十七(7)」）

といった「会話らしい会話」にも。こうしたもっともらしい「描写」やもっともらしい「会話」を、あらかじめ構想した既定のプロットに沿って配置しつづけることに、結局彼は退屈したのではないだろうか。この倦怠と退屈の理由は単純である。こうした月並みな「描写らしさ」「会話らしさ」「小説らしさ」のうちに、言語の表層的な快楽はないからである。以後、露伴は小説としては「土偶木偶」(明治三十八年九月)を書いただけで、小説らしい小説の執筆からは長く遠ざかることになる。その沈黙が破られるのは大正十四年七月に発表された口語体小説「観画談」であるが、老境に入って以降の彼の口語体採用による小説再開の意義については、本書の主題の埒外《らちがい》にあるので詳述はしない。ここでの問題は、『天うつ浪』の中絶とともに小説から離れた露伴が、いかなるジャンルに赴いたのかということだ。

露伴にとって、小説は、若年期の彼の「立身出世」に或る程度貢献したにせよ、結局は余技の域を出なかったと言うべきだろう。彼の筆がもっとも生き生きと躍動し、彼の精神に自由闊達《かったつ》な運動を可能ならしめたジャンルはと言えば、畢竟、「考証」に止めを刺す。

『露伴全集』では「考証」の巻とは別に「史伝」の巻も設けられているが、『頼朝』(明治四十一年)、「平将門」(大正九年)、「蒲生《がもう》氏郷」(大正十四年)などの評伝群の場合も、その執筆の基盤をなすのは広い意味での「考証」の操作である以上、「考証」と「史伝」を厳密に区別する基準は実はないと言ってよい。他方、露伴の最高傑作と評されることもある「運命」(大正八年)は、明《みん》朝の建文帝とその叔父永楽帝との角逐を描いた一種の「歴史小説」とも言いうるものだが、『明史紀事本末』や『明史』の記述の精読によって書かれたこのテクストもまた、むしろブッキッシュな「考証」の実践と呼ぶ方が適切であろう。要するに、何らかの事象――事物、人物、語、観念――の起源や由来や来歴を過去に遡ってアーカイヴ空間の内部に突き止め、それを正確に記述しようとして払われた努力のいっさいが文章の形をとったものを「考証」と呼ぶとすれば、それこそがもっとも露伴的な言語形式であったということなのだ。その理由は、「考証」こそ、言語の表層的な快楽への感性と、歴史や人間性への透徹した批評的知性の、その両者ともどもを、相互に補完させ合いつつもっとも自由自在に解放させることを許す形式だからという点に尽きている。

或る国、或る時代の文学共同体が「いかにも小説らしい小説」のイメージ、「いかにも小説の文体らしい文体」のイメージを漠とした規範として共有しているのは、きわめて自然な事態だろう。それは、或る場合には作品制作を簡易化する便利なツールともなりうるし、別の場合には思考を拘束し冒険や革新を阻む足枷《あしかせ》ともなりうる両義的・両価的な「制度」であり、誰しもその内部に棲まいつつ文学的自意識に目覚めるほかはない。ところで、明治初期・中期はこの規範イメージが不安定化し急速に変貌してゆく過渡期であったがゆえに、規範の正統性に対して揺るぎない信を抱ける作家など誰もいはしなかった（ちなみに二一世紀初頭の今日、日本の文学世界で起こっているのもそれときわめて似通った事態であろう）。その不信と不安によって惹起《じゃっき》された文壇的な葛藤や軋み合いの卑小さ、陋劣《ろうれつ》さを明確に自覚していたのが露伴である。ああも書ける、こうも書けるという本源的な相対性の支配する不安定な空間に誰もが棲まっている以上、自分はこう書くと安易に誇ってみてもそれは所詮、卑小なイデオロギー以上のものたりえない。

「多く言ふことなかれ」も一説、「千言万語するとも何の不可かあらん」も一説であり、いずれを採ろうとその選択を根拠づけるものは何一つない。その認識に達したとき、書く主体は、明確で安定した規範イメージが文学共同体に共有されていた時代であれば視界に浮上しなかったであろう或る恐るべき怪物が、文学空間にゆるりと身じろぎするさまを目撃しなければならない。エクリチュールの無償性という名の怪物が、露伴の筆の運動につれて不気味な蠕動《ぜんどう》を開始するのだ。その怪物のもう一つの名はエクリチュールの無根拠性ともいう。何をどう書いてもいい、すべては無根拠で何によっても支えられておらず、板子一枚下は凍りつくような奈落があるだけだというこの恐怖に、いったいどういう言葉で対応したらいいのか。しかしあくまで楽天的な露伴はこの問いを深刻な実存の深みにまで沈降させることは決してしない。単に怪物の名を、言語の表層的な快楽と呼び換えればいいだけのことではないか、と彼は呟く。実際、かくして恐怖は、豊饒《ほうじょう》きわまる語彙を自在に駆使して紡ぎ出される彼の暢達《ちょうたつ》な文章の字面の下に抑圧され、言語の表層にはただのびやかな快楽のみが漲《みなぎ》ることになる。

ただし、過激な革命家であるよりはむしろ共同体の安定を尊ぶ儒教主義者であった露伴――そこには前田愛の強調する「立身出世主義」のエートスも作用していただろう――は、「もっともらしい小説」をめぐる因習的な申し合わせを無視し去ったわけではない。たとえ仮初《かりそめ》のものであれ、何らかの規範イメージに身を寄り添わせるということがないかぎり作品を書くことは不可能だからである。かくして近代化された戯作といった体裁の作品群が旺盛に産出され、それによって露伴は「紅露時代」とも呼ばれる一時代の将としての自己を確立する。だが、小説という文学形式は、結局、言語の表層的な快楽への感性と透徹した批評的知性との結合という露伴の資質に、その全面的な開花を許さなかった。露伴のエクリチュールへの欲望と小説形式をめぐる一般通念との間には、或る還元不可能な齟齬《そご》があり、当初は潜在的なものにとどまり教養や技術によって弥縫《びほう》しえていたその齟齬は、やがて『天うつ浪』という壮大な失敗作の完成不可能という事態に逢着することで、もはや取り繕いようのない形で顕在化するに至る。そのとき、露伴のエクリチュールは「考証」に活路を求めることになったのである。

『天うつ浪』の最終的な中絶(明治三十八年)と平仄《ひょうそく》を合わせるように、まず「遊仙窟」(同四十年)が書かれる。以後、「梅と菊と菅公と」(同四十四年四月)、「蝸廬《かろ》雑談」(同四十五年二月)、「白芥子句考」(大正十年八月)、「一瓶の中」(同十二年六—七月)、「列子を読む」(昭和二年四月)、「釁《きん》考」(同七年)、「遊副川の訓に就て」(同十一年三月)等、多くの「考証」的な雄篇群が書き継がれてゆくが、それらを読み進めながらあの圧倒的な言葉の奔流に巻き込まれるときわれわれが体験する甘美な眩暈《めまい》にこそ、露伴の文章行為の本質があると断言できる。明治二十年代においては「小説らしい小説」の因習的なエクリチュールの隙間を縫うようにして間歇《かんけつ》的に噴出していたあの言語の表層的な快楽への挺身《ていしん》が、明治四十年代以降の「考証」群の執筆において全面化することになるということだ。

そのとき、時代はもはや自然主義のものとなっている。しかし、その時代に至ってなお露伴が反時代的に生き延びたことの意味は大きい。「考証」の実践とはいわば、自然主義的リアリズムに対する根底的な批判にほかならない。泉鏡花や内田百閒《ひゃっけん》の幻想小説がそうであったのとは別の意味で、露伴の「考証」は自然主義の言語態と真っ向から対立する強力なオルタナティヴの提起だったのである。一見、彼は文学の現在＝現場から遁走し、優雅な隠遁者の趣味的な文筆生活へと撤退したかに見えなくもない。しかし、四十代以降の露伴が全身を賭けた実践とは実のところ、「考証」という「知」の砦に立て籠もり、その内部に自然主義と十分に拮抗する言語の魔界を築き上げるという徹底的にアクチュアルな文学行為にほかならなかった。

42　離脱――幸田露伴（三）

「文を行《や》る快」

たとえば、「白芥子句考」や「爨考」と並んで露伴の「考証」作品の代表作の一つと言ってよい、長大にして重厚な「列子を読む」を読んでみる。この文章の前半は、前漢の劉向《りゅうきょう》の著した「列子新書目録」中の一文の孕《はら》む問題点の指摘と、その解明に当てられている。「列子新書目録」とは、秘府に所蔵されていた『列子』五篇を他の書と校合整理し、八篇の新書へと校訂した劉向が、それを孝成帝に奉上するに当たって校訂の経緯を記し、『列子』の巻頭に置いたとされている文章である。さて、問題の一文とは、「列子は鄭人《ていひと》なり、鄭の繆《ぼく》〈穆音〉公《こう》と時を同じうす」というものだ。

「鄭の繆公」と劉向は言うが、『史記』に拠るかぎり、鄭に繆公という国君は存在しない。ただし、音の上で「繆」に通じる穆公《ぼくこう》ならば存在した。が、もし列子がこの穆公（紀元前六二八―同六〇六年在位）の同時代人であるとすれば、彼は孔子や老子よりも百年も前の人ということになってしまう。『列子』中には孔子の子孫の孔穿《こうせん》をはじめとしてこれよりはるか後代に関する記述が見出されるのに、である。さらにこれはまた、ふつう道家の継承関係が老子

—列子—荘子という順序とされるのにも背馳する。この矛盾をどう解くか。「是《ここ》に於て羣疑《ぐんぎ》蠭起《ほうき》して、衆説紛乱す」(「列子を読む」[1])。いわく、『列子』には列子自身の文章に加えて後人の手になる章節が増補されているのだ、いわく、劉向は「魯《ろ》の穆公」のつもりで誤って「鄭の穆公」と書いてしまったのだ、等々。

それら晋《しん》の張湛《ちょうたん》、唐の柳宗元、宋の高似孫《こうじそん》、清の復堂ら、『列子』の代々の注解者の所説の数々を次々に紹介し、評釈し、論駁《ろんばく》した後、露伴は改めて、「嗚呼《ああ》劉子政［子政は劉向の字《あざな》——松浦註］、博《ひろ》く群書を極むと称せらる。何すれぞ列子は鄭人也、鄭繆公と時を同じうすと記せんや。［…］子政の博学通才を以てして、何ぞ此《こ》の鹵莽《ろもう》の文を為さん」[2]という問いを発する。そして、そのうえで卒然として彼自身の説を提起するのだが、それは次のようなものだ。

> 予之《これ》を思ふこと久しくして乃《すなわ》ち一旦豁然《かつぜん》として悟る、子政初めよりして鄭の繆公と時を同じうすと記せず、鄭の繻公《じゅこう》と時を同じうすと記す、而《しか》して後人伝写の誤《あやまり》、たま〳〵繻を以て繆と為せるのみと。柳柳州先生［柳宗元の号——松浦註］亦《また》たま〳〵察せず、繆穆古《いにしえ》相通ずるの故を以て、直《ただち》に以て穆公と為し、年代の相符《あいふ》せざるを疑ひ、遂に衆議の紛々を致せるのみと。[3]

もともと劉向のテクストには「繻公」と書かれていたのに、後にそれを筆写した者が「繆公」と書き誤ったのだろうというのである。鄭の繻公(紀元前四二八—同三九六年在位)は周の安王の頃の人で、その生涯は孔子の死後数十年を経た時代に当たる。列子がそれと同時代人だと仮定すれば、老子―列子―荘子という系譜にも相応して辻褄《つじつま》が合うだろう。では、そのような誤記がなぜ生じたか。露伴によれば、その原因はまず史書に「繆」の字が多く「繻」の字が少ないことだという。また、「繻」と「繆」は形態的に近いとは言えないものの、篆《てん》書体《しょ》では「繻」と「緤」は近く、また「緤」と「繆」は近い。従って、「緤公の誤りて繆公と為る、疑ふべき無きなり」。その場合、列子の正体をめぐって諸説入り乱れての論議が持ち上がったことの責任は、劉向ではなく唐の殷敬順《いんけいじゅん》が負うべきだと露伴は論を進める。誤写された文字「繆」の下に「音穆」と註記したのは殷敬順以外にないからだというのだが、このように提起された露伴の「誤伝写説」の当否をめぐって、改めて論じ直そうとする場ではここはない。

岩波文庫版『列子』のこの箇所に付された小林勝人氏による註は、『史記』に記載されている「繻公」の方が「繆公」の誤りだとする説を紹介している。(4) また今日の『列子』研究によれば、そもそも出発点となった劉向の上奏文そのものの真偽に疑問が持たれており、さらには、周知の通り、そもそも列禦寇《ぎょこう》(列子)という人物自体、その実在性が完全に確証されているわけでもない。いずれにせよこの問題を然るべく裁断する能力はわれわれにはなく、露伴説の学問的価値如何《いかん》に関する判断は、中国史と中国思想史の書誌学の専門家に委ねるしかない。ここでのわれわれの興味は単に、論理の自然な展開という点ではやや爬行《はこう》気味の印象を与える露伴の論述の流れの特質にある。

露伴はここまで筆を進めたうえで、この「誤伝写説」の傍証(「別に拠るところ」)はあるだろうかと自問する。「曰く、有り」(5)。実際、或る程度の客観的な説得力をもってこの露伴説を補強する史料が実在するのだ。柳宗元に先立つこと二百年、唐の成玄英《せいげんえい》がその『荘子』注解において列子に触れ、「列子は名は禦寇、鄭の繻公の時の人なり」と書いているのである。これは成玄英が参着した劉向の上奏文にはたしかに「繻公」とあったことを証し立てており、もしそうだとすれば、二百年後の柳宗元が観たものはやはり、書き写しの過誤によって「繆公」となってしまったテクストだったのだと考えるほかはない。

寺田透は、「列子を読む」のこの箇所に触れて、「さっき傍証と書いたが、見方によればこれ[成玄英の記述]こそ出発点におくべき証言であり、これが真正なものだということを立証するために、今迄見て来たかれの膂力《りょりょく》は揮われるべきだったのではないか」と書いている(『露伴随筆集(上)』岩波文庫版の「解説」(6))。もっともな指摘と言うべきだろう。まず玄英の証言を冒頭に据え、そこから論を始めれば、張・柳・高らの評釈を、——とりわけ柳宗元の推論が見当外れの方角に発展してゆくさま(鄭に「繆公」はいないから同音の「穆公」のことだろう、しかし「鄭の穆公」だとすると内容に照らして年代上の混乱が生じる、従ってこれは「魯の穆公」の誤りだろう、云々)を、あれほどまでに雄弁に言葉を尽くして論難してゆく部分は、不必要になったはずだからである。

では、結果的には要らざる饒舌《じょうぜつ》にかまけているとも見えるこうした書きかたを露伴があえて採った理由は、いったい何なのか。寺田氏は言う——「露伴は、証明の簡潔明快より文を行《や》る快をとった」(7)のだと。

本書の主題をなす明治年代からはかなり外れた時期に属する露伴のテクスト(「列子を読む」の初出は昭和二年四月)の論述を、ここまで長々と辿ってきたのは、「文を行る快」というこの寺田氏の的確このうえもない評言に至り着くためであった。文を行る快、それこそまさに、言語の表層的な快楽と先に呼んだものの至高形態にほかならない。「考証」における露伴が行なっているのは、他人の文を広く深く読み、読んだものについて考え、考えたことを自分の文として書くという単純きわまる実践である。ただしここで肝要なのは、孜々《しし》として追求されるアカデミックな文献学の禁欲的作業とはそれがいささか異なったものとしてあるという点だ。「考証」という以上、むろんそこには何がしかの命題を客観的に実証するためのかなり大掛かりな論弁的努力が傾注されているのだが、学者の論文とは異なり、実証が成立したか否かは、露伴の文章にとっては実のところ大した問題ではない。読むことと書くことを通じて体験される言語との触覚的な交流に、終始比類のない「快」が漲《みなぎ》っているということ。それこそまさに、露伴のエクリチュールを真に刺激的な文学行為たらしめる本質的な要件なのである。

「中うつろ」の記号

ここでさらにもう一篇、長大な「列子を読む」とは対照的な、ほんの二ページほどの小さな「考証」たる「あわ緒」(昭和十八年一月発表)に一瞥を投げておくことにしよう。(8)これは夕イトル通り、万葉集巻四の紀女郎《きのいらつめ》の歌「玉緒《たまのお》を沫緒《あわお》によりて結べれば在りて後にも逢はざらめやも」に出てくる「沫緒」とは何かを突き止めようと試みた思考の記録である。「沫緒」――実際、奇妙と言えば奇妙な言葉ではある。「沫」のようなはかないもののイメージが、いったいなぜ恋人同士の絆の強さの比喩たりうるのか。その疑問をめぐって展開される露伴の思弁は非常に稠密《ちゅうみつ》で二転三転するアクロバット性を孕んでおり、要領良く要約することは難しい。

まず、「あわ緒」とは「あや緒」の転で、強く縒《よ》った紐という意味だという橘守部《たちばなもりべ》の説がある。しかし、枕草子の「うすこほりあわに結べる紐なればかざす日かげにゆるぶばかりぞ」などを見るかぎり、強く縒っているどころかこれはむしろ「ゆるぶばかり」の紐だというではないか。

では、今の「打紐《うちひも》」のような、「中をうつろにより合せたる」紐であろうという黒川春村《はるむら》の説はどうか。「中うつろ」の観念が「沫」に適合するのはよい。が、これがそのような紐だとした場合、それが先の枕草子の歌意にどう関わるかはやはり判然としない。

それらに比べてもっと妥当性がありそうなのは、「沫緒は今のあはぢ結なるべし」という清水浜臣《はまおみ》の説である。「淡路結び」は、今日なお水引などに広く用いられ、日本人の日常生活でよく見かける飾り結びの一種である。だが、それでは「あはぢ結」とはいったい何なのか。鰒貝《あわび》の形との類似から「あはび結」、それが転じて「あはぢ結」になったというのが伊勢貞丈《さだたけ》の説だが、それを露伴は「あはび貝に似たりとは云ひ難き形なり」と一蹴する。むしろその結びかたが「緒一々《ひとつびとつ》に間を隔つ」ものであるところから、「本は間《あわい》の義によりて「あはひむすび」と言ひけんを音便にて「あはび」と云ひ、終に鰒となり、復《また》転じて「あはぢ結」となりたるならん」。これで一応の納得は行く。では、これをもって「あわ緒」の意味は解明されたと言ってしまっていいのかどうか。

「間は相合の約にして、あはひは必ず両者の中に在り」。紐の両端が互いに互いの上を通り下を潜ることで出来上がるこの結び目は、いったん固く結ばれると解くことは難しい。そう考えれば、この相聞歌の歌意もすっきりと筋が通ることになる。しかし、重要な問題がなお残る。「然れども沫のあわなると、あはひのあはなると、わ、はの仮名の異なるは如何ともしがたし」。「あは緒」ならばよい。しかしこれは「あわ緒」であるから、その語源に「あはぢ結」を見るのはやはりまずかろうと露伴は言うのである。

ところで、菓子の「かくのあわ(香菓の泡)」は、「かくのあわを」の略で、それがさらに「かくなわ」と縮められたりもする。他方、平家物語には激しく動き回りながらの剣戟《けんげき》の描写として「蜘蛛手《くもで》・かくなは・十文字・蜻蜓《とんぼ》かへり・水車」とあり、この「かくなは」は「香しきあはひ結の形」をした「かくなは」という菓子のことと読むほかはない。中世以降、「かくなわ」は「かくなは」となり、「縄《なは》」の字を当てられるようにもなったのである。ただしこれは本来は誤りであり、「猶《なお》正しくは「わ」の仮名なれば、「は」「わ」の仮字違は万葉の歌、平語の文を善解するの障礙《しょうがい》として永く介在すべし」。

かくして、「沫緒」の意味は完全には確定されないまま、「善解」のための「障礙」の滞留のみ確認されたところで文章は唐突に閉じられる。「言語ありて仮名遣生じ、仮名遣ありて後に言語生じたるにはあらず」と考えれば、「万葉集和名抄などの仮名遣必ずしも誤謬《ごびゅう》無きにあらざらん」――これが露伴が最後に下した消極的結論だが、これはほとんど判断放棄にも似た、結論なき結論と言うべきものだろう。

それにしても、たった一語の意味を「考証」するべくこの二ページのうちに凝集された博識の厚みはどうだろう。様々な典拠が呼び出され、検討の篩《ふるい》に掛けられては、採るべきものなしとして棄てられてゆく。最終的に、もしそれが「あは緒」であれば何の問題もなかったはずの畸形《きけい》の記号「あわ緒」は、実質的な意味作用が充塡《じゅうてん》されることなく、ただ「沫」のように「中うつろ」のシニフィアンのまま放置される。結論はない――が、それでいっこう構わないと露伴は呟く。「あわ緒」をめぐって或る質量を備えた手触りのある言葉の群れが召集され、それが織りなされ文の運動として組織された。それで十分ではないか。

この「考証」作業の過程に、厭味《いやみ》な衒学《げんがく》趣味を感じさせる箇所が一行も紛れ込んでいないのは、露伴の知的好奇心が無私で廉直だからである。ただし彼は、彼を衝き動かしてアーカイヴ空間の深みに沈潜させ、和漢の資料体を縦横に踏査させてゆくその好奇心の発動を、万人に認められる揺るぎない学問的真理へと結晶させることには、ほとんど執着していないかに見える。作家露伴にとって本質的な振る舞いとはただ、文を、ほとんど無償の言葉の運動としてテクスト表面に疾走させることだけだ。「文を行る快」――露伴の文業においてそれがもっとも純粋に、またもっとも生き生きと読者に迫ってくるのが、本来何をどう書いてもよい融通無碍《むげ》のジャンルのはずの「小説」においてではなく、主観を越えた史実と史料の、梃《てこ》でも動かない実在に拘束されつつ、それと親密に対話しまたそれと激烈に闘争する中から産み出される「考証」においてであったという事実には、畢竟《ひっきょう》、いかなる逆説も孕まれていない。文学史の通念に従うなら『小説神髄』と『浮雲』がその誕生の途《みち》を開いたということになっている日本の「近代小説」のエクリチュールに内在する諸制度の桎梏《しっこく》は、露伴に、「文を行る快」の自由な発露を許さなかったからである。結局彼は、芭蕉七部集の評釈をその畢生《ひっせい》の仕事として選ぶこととなる。

長年月にわたる露伴の膨大な作品史には大小数多《あまた》の断層線が走っているが、もっとも重要な節目と言いうる転回点は、『天うつ浪』の最終的な中絶(明治三十八年)と最初の本格的な「考証」作品である「遊仙窟」(同四十年)との間のどこかしらの時点に標定されるべきだろう。燃え尽きてしまった透谷と一葉の屍《しかばね》を乗り越えてさらに生き延びることを強いられた露伴は、みずからのエクリチュールに或る変容を導き入れなければならなかった。端的に言ってしまえばその変容は、「小説」からの離脱と「考証」への沈潜という形で現われる。それが彼自身の資質や趣味嗜好に基づく自発的な選択であったことは言うまでもない。しかしそれは同時にまた、彼の言説がその内部で生産され流通し消費されていた「明治の表象空間」の諸制度が、彼のエクリチュールに強いた方向転換でもあったはずである。われわれは、書く主体とそれを囲繞《いじょう》する共同体の表象空間とを相互干渉させ、その双方に変容を強いたこの言説的磁場の実態に、さらにもっと微細な視線を注がなければなるまい。

「明治の表象空間」における幸田露伴という存在の意味を、小説的エクリチュールからの離脱という負の側面において捉えようとしている今、われわれは本書のこの場所に、もう一人の文学者を召喚してみたい。その召喚の理由は単純である。彼もまた、小説を棄てた男だからである。もっとも、この男の小説実作とは、実を言えばほんの手すさび程度の習作にすぎず、「紅露時代」の隆盛を誇ったほどの露伴の小説群の達成とは質量ともに比べものにならないが、とにかく彼は小説を試み、しかしそれを書きつづけようとする意志を或る時点で突然失い、別のジャンルへと赴いてそこで一家をなした。少なくともその点に関するかぎりこの二人のキャリアは相似の軌跡を描いているのだが、ここで興味深いのは、この男が小説を放棄するきっかけになったのが、余人ならぬ露伴がその原稿を読んで示した冷淡な反応にあったらしいという点である。露伴は自分自身小説から離脱したばかりでなく、もう一人の才能豊かな作家志望者に影響を与え、そう意図したわけでもなかろうがその男に小説との離別を強いたようなのだ。ちなみにこの二人はともに慶応三年生まれの同い年である。

「僕ハ小説家トナルヲ欲セズ」

正岡子規(一八六七―一九〇二)が小説「月の都」を脱稿したのは、明治二十五年二月中旬のことである。二月下旬、子規はその原稿を携えて谷中天王寺町の露伴宅を訪れ、批判を乞う。三月一日に再訪し、以後彼は、小説家として世に立つことを断念する。

子規の年譜にはよくそんなふうに記されているが、このとき露伴と子規の間にどのような交渉があったかは実はよくわかっていない。「月の都悉皆《しっかい》拝読いたし了《おわ》り候」で始まる露伴の子規宛書簡が発見されており、(9) その短い文面には「月の都」をめぐって幾つか改良すべき点が指摘されているものの、全体としては子規がそれですっかり意気阻喪《そそう》してしまうほどの否定的な内容ではない。他方、「子規に関し露伴翁に聴く」と題する露伴インタヴューが『俳句研究』昭和十年一月号に掲載されており、(10) そこでは河東碧梧桐《かわひがしへきごとう》が「月の都」をめぐる当時の子規とのやりとりを露伴から根掘り葉掘り聞き出そうと努めている。しかし露伴は、この小説の出版を斡旋してやれなかった理由をもっぱら当時の出版事情に帰して説明しているだけで、「月の都」の内容自体について実のあることはほとんど語っていない。「その時分の標準以下のものぢや決してなかつた」というのが彼の洩らしたほぼ唯一の評言であるが、これは批判ではないにせよ積極的な褒め言葉とも言いがたい。故人とその弟子に対する気遣いの蔭に隠された彼の真意は、結局よくわからない。

ともあれ、露伴に出版斡旋を断られた子規が或る挫折感を味わい、「僕ハ小説家トナルヲ欲セズ詩人トナランコトヲ欲ス」(明治二十五年五月四日付虚子《きょし》宛書簡)(11) という心境に至ったことは事実であるらしい。露伴と子規、この二人は、ともに数え十九歳のとき『小説神髄』を刊行直後に読んで深く感動しており、ほぼ同じ教養的風土から養分を汲み上げて新しい作品を創り出そうとしていた同年生まれの文学青年である。「風流仏」に感銘を受けた子規は、早く世に出た同世代の才人に対して尊敬と嫉妬と伎癢《ぎよう》を感じていただろう。だからこそ、勢い込んで書き上げた力作をまず露伴に認めてもらいたかったに違いなく、その大きすぎた気負いの反動で、露伴から熱い反応が返ってこなかったときに味わった失望感もひとしおだったのだろう。

もっとも子規は、そこで完全に小説を放棄したわけではなく、その後も数篇の実作を試みている。この「月の都」自体、全面的に改稿したうえでみずからが「主任」を務める新聞『小日本』に掲載しており(明治二十七年二月十一日付の創刊号以降三月一日まで十三回にわたって連載)、子規は子規なりに小説家としてのみずからの才能に恃《たの》むところがあったとおぼしい。ただ、文体にせよ主題にせよプロットにせよ「月の都」が「風流仏」の影響下にあることは明らかであり、これを読んだ露伴が何やら擽《くすぐ》ったい気持になりこそすれ、勇んで江湖の読者に紹介してやりたいという気分に誘われなかったであろうことは十分に想像できる。露伴が読んだはずの草稿(12)と『小日本』に発表された決定稿との間には甚だしい異同があるが、改善の跡が明瞭な後者から冒頭部分を引用してみる。

三十一《みそひと》文字《もじ》の徳は神明に通じ十七文字の感応は鬼神を驚かすといふめるを花に寄せ鳥に寄せては詠み出づる歌に恋の誠《まこと》をあらはし月に比《たぐ》へ雪に比へては口すさむ句に世になき美人の面影を忍ぶことゝに何年、斯《か》くても猶《なお》出雲の御神玉津島明神をはじめ八百《やお》万《よろず》の神々は知らず顔にうしろ向き給ふは如何《いか》にぞや、[…]

(「月の都　上巻」「第一爻　用拯馬壮吉(13)」)

定型律へと調音された詩的言語の持つ超自然的威力への賛美と花鳥風月という因襲的トポスへの殊更《ことさら》な言及とから書き起こされる「月の都」は、その悲恋の主題のまとうブッキッシュな観念性を劈頭《へきとう》から誇示している。花見の宴に際し緋鯉《ひごい》の戯れる池の汀《みぎわ》での美青年「高木直人」と美少女「浪子」との電撃的な出会い。二人の気持がすれ違って成就しない恋。母の死をきっかけに俗世を棄て、「月の都へ旅立ち候」と書き残して放浪の途につき、高僧との出会いを機に僧籍に入ってしまう「直人」。一方こちらもまた世をはかなんで入水自殺を試み、いったん船頭に救われたものの報われぬ恋心に苦しみながら痩せ衰えていき、「月のみやことやらんにおはし候はんには十五夜の清光をたよりに月に一度のあふせなりともいかばかりうれしかるべくとはかなき事のみ力に此世《このよ》の御暇《おいとま》こひ……」(14)云々といった文面の遺書を残して息を引き取ってしまう「浪子」。

「浪子」の死後の「直人」の錯乱の描写にはかなりの迫力が漲ってはいるものの、この大袈裟で不自然で人工的なロマン主義に、文学的価値という観点からはさしたる取り柄はとうてい見出せない。ただ、作中、息継ぐ暇なく次々に持ち上がる悲劇的事態の連続継起で織りなされてゆく破滅的な悲恋の筋立てのメイン・ラインからはやや逸脱したところで、子規がかなりの行数を費やしてその自然主義的な描写に耽溺《たんでき》している或る細部が存在する。二人の出会いの場に設定された池に泳ぐ緋鯉の群れがそれであり、読者の眼はそこにどうしても留まらざるをえない。明らかにここが作中もっとも光っている部分だからである。

緋鯉四五尾稍《やや》白み勝ちなる斑入《ふいり》の大きなる鯉一つ黒き鯉十余尾上下左右に重なりて池のかなたより群れくる目あては、水の真中に蹲《うずくま》る大石一つ、石の鼻に来れば群鯉《ぐんり》二つに割れ一群《ひとむれ》は右より一群は左より石を廻《まわ》つて再び勢《せい》を合せ左に曲りて松の木陰に頭《かしら》をあつめ一二遍くるり〳〵と廻る其《その》輪おのづとはぢけて又長き隊を組み渚に沿ふて遠く去りぬ。見る〳〵再び寄せくる隊伍整々一直線に大石を目がけてアハヤ突き当らんとする途端何に驚きてかはつと隊を崩して横へ散り底へ潜みし鯉群《りぐん》再び水面へ浮び出づれば自《おのずか》らなる鶴翼《かくよく》の姿を為してもと来し方へ帰る道すがら両翼少しづつ縮まりてもとの隊伍整々敗軍を収めて帰り行く自然の妙機一心に見とれたる直人は『あゝ面白《おもしろ》と叫びぬ。

（同前「第二爻　渙奔其机悔亡[15]」）

作品全体を支配するペダンティックな観念性やパセティックな昂揚のトーンを欠落させた、これは唯一の箇所である。そしてそれは、そこに露伴調がないということと同義でもある。興味深いのは、明治二十五年の草稿には存在していなかったこの部分を書くように促したのが、ほかならぬ露伴であったとも考えられるという点だ。先に言及した露伴の書簡には、「波子《ママ》と男と花のかけにて応対の場は今一応御勘考あらまほしく存《ぞんじ》候」という批評が見出されるからである。草稿には鯉の描写はなく、その代わりに「直人」と「波子《ママ》」の間に長々と会話が交わされるが、それは、

「［…］待つ人もこぬ者故《ゆえ》に今手折りしこの一枝折るがなさけか折らぬかなさけか［…］波「さりとて手をふれ給ひたる君の薄情は妾鶯《しょうおう》ならは恨に思ふべきを［…］直人「風にのみやはと思ひたるそれが薄情か　波「よその梢にかけ給ふお心それがおなさけか　直人「ちりぬれはこふれとしるしなしとは思ひしものから折りし人の気に入らずはなさけ許し給へ。［…］」(16)

――等々、無用に気取った修辞法のコードに乗って進行する、底の浅い戯作調でしかない。決定稿で子規はそれを一掃し、二人の唇から言葉を奪って、代わりにただ、泳ぐ鯉の視覚像を置いた。それをしたとき子規の念頭に露伴の示唆がなかったはずはあるまい。

この鯉の描写には、露伴調の小説を去って別の言語態へと入ってゆく子規の変貌が予告されている。露伴が露伴となるために「考証」の実践が必要だったように、子規が子規となるためには「写生」の概念が導入されなければならなかったのである。

43 リアリズム —— 幸田露伴(四)

「写生」の提唱

「月の都」決定稿で、「群鯉《ぐんり》」の描写は、それに続く一尾の「大鯉《おおごい》」の描写と対をなす。鯉の群れが去った後、「いづくよりとも無く薄桃色の大鯉唯独《ただひと》り悠然として現はれたり」。

右へ廻り左へ返し高く浮《うか》み低く沈みのの字に泳ぎ巴に遊び序破急と次第にはやめて再び序に戻り全く静かに体を定めてしんとする時忽《たちま》ち其《その》尾に力を入れて一掉《ひとふ》り掉れば真一文字に一間許《ばか》り進み勢よわる処を尾を右に軽くひねれば石に添ふて左に曲り渚に近よれば急がしく尾を揺《うご》かして杭《くい》の間を潜りぬけ遠く廻りて池の真中《まなか》に浮み出づる時颯《さつ》と吹く風にさそはれてもろくも散る桜の花一かたまり空に舞ひて少女《おとめ》の鬢《びん》を掠め池の上にひら〳〵と落《お》つる影に驚きけん、きやぶんと音して忽ち深く沈みし大鯉静かに浮みて水に漂ふ落花一片《ひら》ぱくりと飲み込みて少し沈み再び浮き上りてさゝ波と共に吐き出す花片《はなびら》、其まゝ身を返して彼方《かなた》の岸に行き止まり忽ち頭《かしら》を沈めて底へと潜めばしばし水面に動く尾も終《つい》に隠れうせし後《あと》には散りうく花幾片《いくひら》水と共に渦巻くけしき、少女は我知らず漏らす玉音『あゝ美し　　　　　　（「月の都　上巻」「第二爻　渙奔其机悔亡(1)」）

「群鯉」＝「直人」＝「あゝ面白」から「大鯉」＝「浪子」＝「あゝ美し」への流動感が小説技法として水際立った効果をあげているが、その点を始めとしてここになお、作り込まれた人工的趣向が残留していないわけではない。桜の花びらの落下による縦の空間の導入。その花びらが「少女《おとめ》の鬢を掠め」る瞬間のうちに彼女の「あゝ美し」の歎声の予告が胚胎《はいたい》されるというサスペンス。「落花一片《ひら》」はいわば「浪子」の身体の換喩《かんゆ》であり、最後にそれを「ぱくりと飲み込」む男根象徴としての「大鯉」の奔放な泳ぎ（「急がしく尾を揺《うご》かし」ながらの精子のような運動）は、「直人」の欲動の奔騰《ほんとう》の端的な表象とも読める。呼応し合う「あゝ面白」と「あゝ美し」との形式的シンメトリーが最終的に、恋愛感情の発生の瞬間の比喩として機能することになるというわけだ。

こうしたすべてを凝り過ぎのプレシオジテと見ることもできないわけではない。ただしここでの鯉の描写の文体それ自体には、そうした人工的な修辞性の配慮を越えたところで、散文的な正確さを旨とする「リアリズム」への志向が貫徹していることは否定できない。実際、ここで形式上のプレシオジテがそれなりに効果的な物語的興趣として成立し、それによってこの出会いの場面に小説的虚構としての何がしかの強度が充塡《じゅうてん》されえているとすれば、それはひとえに、「リアリズム」の透明性の支配するこの数十行ほどの鯉の描写の効験によると言うほかはない。

文章の面白さにも様々あれども古文雅語などを用ゐて言葉のかざりを主としたるはこゝに言はず。将《は》た作者の理想などたくみに述べて趣向の珍しきを主としたる文もこゝに言はず。こゝに言はんと欲する所は世の中に現れ来りたる事物(天然界にても人間界にても)を写して面白き文章を作る法なり。

(「叙事文(2)」)

子規によるいわゆる「写生文」(という言葉を彼はここでは用いていないが)の提唱のマニフェストとも言うべき「叙事文」(『日本附録週報』明治三十三年一月二十九日―三月十二日発表)は、こう書き出されている。短い時日のうちに急速に自身の言語態を変容させ、古文雅語も文飾も抽象理念もマニエリスティックな趣向もすべて棄て、ただ「事物を写す」ことを旨とするという方向へ一挙に突き進んだ子規は、自作「月の都」が何によって救われているかを正確に判断し、その方向へ自己のエクリチュールを特化させることを選択したと言ってよい。「月の都」にほんの数十行だけ挿入されていた鯉の描写が、いわば彼のエクリチュール全体を「ぱくりと飲み込」むことになったのだ。かくして彼は、世に称される露伴の「理想主義」から完全に訣別するに至る。

この方法論的提唱を文芸思潮としての「自然主義」へと軽々に短絡させることは慎まなければならないが、口語による(「文体は言文一致か又はそれに近き文体が写実に適し居るなり」——子規、同前(3))「写生」の手法が、明治四十年代から大正以降の日本の近代小説の文体と方法を主導することになったのは事実である。そのことを明快に主張しているのは、江藤淳「リアリズムの源流――写生文と他者の問題」(『新潮』一九七一年十月号初出)である。俳壇総評として書かれた「明治二十九年の俳句界」(明治三十年)以降、まず俳論として唱道された「写生」概念の画期的意義に江藤氏は注目する。この時期の子規は、「ものに直面し、それをとらわれぬ眼で認識することの必要性を、極論しなければならぬと感じていた」[傍点原文、以下同]。そして、江藤氏は言う――

> おそらく彼の眼には、世界は同時代者の眼に映じているのとは、よほどちがったかたちに見えはじめていた。それは時代の急速な転換のためだったかも知れず、死が彼に近づきつつあるためだったかも知れない。いずれにせよ、重い、名づけようのないものが、彼の六尺の病床を取り囲みはじめていた。このものを描かねばならぬと、子規は感じたのである。(4)

子規自身の個人的モチーフをめぐるこの心理的推察の当否はともかく、『ホトトギス』の「写生文」の運動に近代小説の「リアリズムの源流」を見るという江藤氏の判断はおおむね正鵠《せいこく》を射ていよう。

もっとも、江藤論文は後半ではむしろ高浜虚子に焦点が絞られてゆく。「嘗《かつ》て子規子と二人道灌山の茶店に休んで居つた時である。だん〳〵夕暮になつて来て、茶店の下の崖には夕顔の花がしろ〴〵と咲き始めた」と始まる虚子の回想がある（明治三十七年三月『ホトトギス』に発表された「俳話（二）」[5]の一節）。夕顔の花なら夕顔の花が眼前にあるとして、そのものにどのように対面すべきか。ひたすら「写生的の趣味」とともにそれに向かい合うべし、すなわちそれをただありのままに写すべしとするのが子規の主張だが、対して虚子は、花の美の一半は「源氏以来の歴史的連想即ち空想的趣味の上に在る」はずだと反対意見を述べたのだという。道灌山の茶店での子規との議論を回想するこの文章で、虚子は、たとえそれによっていかに「殺風景」と化そうがそうした「空想的趣味」の彩りはことごとく排斥すべしと強弁し煽動する子規と自分との間には意見の食い違いがあったと証言しており、子規の「極論」を窘《たしな》めるこの虚子の立場に江藤氏はむしろ好意的評価を下している。

　言葉には歴史的記憶が滞留しており、書く主体の恣意《しい》によっては改変されえないということ。いかに「写生」が客観的だと言ってもそこには対象の選択が行なわれざるをえず、従ってそこには作者の想像力の作用が否応なく介入するということ。言葉という共同体の装置を使用する以上、書き手はものとだけ孤独に対座しているわけにはいかず、その表現は必然的に他者と社会に向かって開かれた行為とならざるをえないということ。虚子の論をその三点に敷衍《ふえん》したうえで、江藤氏は、修正を施されたこの虚子型「写生」論と虚子自身によるその実践が、「偶像破壊的な革新家として極論しようとしていた」[6]子規の、その行き過ぎのイデオロギー性を、そこに言語の物質性と表現行為の社会性――この両者がつまりは江藤論文の表題に言う「他者」である――を再導入することで抑制し常識化し、かくして俳句における

「写生」を「写生文」へ、さらに「リアリズム小説」へと発展させてゆく駆動力になったと見る。これもまたきわめて説得力のある文学史的展望であろう。

それにしてもしかし、「写生」概念がその源流をなすという「リアリズム」とは、文学においていったい何なのか。通念に従うなら、感覚され経験される現実界のものをそのまま言葉で表現することが「リアリズム」ということとなろう。だが、今そこに在る「このもの」とは、そしてそれをそのまま写すというこの「そのまま」とは、いったい何なのか。

このものの廃棄

ヘーゲルは、『精神現象学』の第一章「感覚的確信——「目の前のこれ」と「思いこみ」」で、人がみずからの前に確信とともに立ち現われている「このもの」を言葉で捉えようとするとき、表現されるのは「このもの」それ自体ではなくその一般観念にすぎず、それが「存在する」とは実は、否定と媒介を本質とする「存在する」でしかないという事態をめぐって、精密な記述を展開している。

> わたしたちは感覚的なものを一般的なものとして表現してもいるわけで、わたしたちのいう「このもの」は「一般的なこのもの」であり、「それがある」というのは一般的な「ある」をいっているのである。むろん、その場合、わたしたちが頭に思い浮かべている[vorstellen＝表象している]のは一般的な「このもの」や一般的な「ある」ではないが、

表現する[aussprechen＝言葉で言い表わす]ものは一般的なものである。ということは、感覚的確信のもとに思いこんでいることをそのまま表現してはいない、ということだ。が、いうまでもなく、ことばと感覚的確信を並べたとき、真理はことばのほうにあるのであって、ことばに身を寄せれば、自分の思いこみ[Meinung]はきっぱり否定するしかない。そして、一般的なものが感覚的確信の真理であり、ことばが一般的な真理だけを表現するものとすれば、わたしたちの思いこむ感覚的な「ある」を、そのつどいいあらわす[sagen]のは不可能だということになる。[7]　[[　]内は松浦による補足、以下同]

五感に立ち現われてくるこのものに関して、アリストテレスの「第一実体」、ドゥンス・スコトゥスの「ヘッケイタス」、カントの「物自体」等々をめぐる煩瑣《はんさ》な議論を辿り返し、西欧哲学の藪だらけの迷路にさまよい込む必要はさしあたり今はない。当面のわれわれの課題にとっては、「ことばとは、頭に思いうかぶものに方向転換を迫り、それをなにか別のものに仕立てあげるので、そのままで自分のうちにとりこみはしない、といった神聖不可侵の力をもつもの」(同前)[8]であるという、われわれが日常的な実感としてごく自然に首肯しうるこのヘーゲルの命題のみを呼び起こしておけばそれで十分である。このものを言葉でいかにありのままに言い表わそうとしても、表現された記号の連なりは話者の「思い(Meinung)」を必ず裏切り、そこには空無しかないことを経験させずにはおかないとヘーゲルは言う。そして、このものの真理はむしろ言葉の側にあり、逆に言えば或る絶対的な否定性の契機を介することによってのみ、このものの真理は出現しうるのだと。その場合、道灌山の崖に白々と咲く夕顔の花を前にそれを「写生」することの必要を説く子規を、次の引用文中の「かれら」の一人と見なしていいだろう。ヘーゲルは言う――

かれら〔感覚的事物に執着する人びと〕が執着する外界の対象の存在とは、より正確にいえば、現実的で、絶対に個別的で、まったく個性的で、個体的なもの――それとまったく同じものを見つけられないようなもの――と定義される。それが絶対に確実で真なる存在だというのである。かれらが考えているのは、たとえばわたしがいまこの字を書いている、あるいは書いてしまった、この紙きれのことである。が、考えているものをそのままことばにするわけにはいかない。かれらの考えるこの紙きれのことを現実にいおうとしても――かれらは実際にいおうとしているが――、それは不可能なのだ。かれらの考えるのは感覚的な物なのだが、それ自体が一般的であるような意識に帰属することばにとって、感覚的なものは到達不可能なのだ。実際に感覚的なものについていおうとすれば、感覚的なもののほうが腐ってしまう。[9]

もしこの「腐敗」を免れたいのなら、人はこのもの自体からは離れ、言葉による裏切りを受忍し、表現された一般観念の側に就いて、それ自身ではないこのもの、廃棄《アウフヘーベン》されたこのもののうちに、このものの空無と否定それ自体のうちに、このものの真理を見出すほかはない。

際限のない文体彫琢《ちょうたく》に籠められたフローベールの狂気が端的に示す通り、「リアリズム小説」の逆説の全体はこのヘーゲル的な否定と空無の周囲を旋回していると言ってよい。子規の「写生文＝叙事文」の概念や、それに良識的な修正を施すことでそれに安直な汎用化の途《みち》を開いた虚子によるその改良ヴァージョンが、この逆説に対して無感覚を決め込むことの楽天性に支配されているのは否定できない。そして、もし江藤淳の言う通り子規と虚子の「写生」論に「リアリズムの源流」が見出されるとすれば、自然主義以降の日本近代文学における「リアリスティック」な散文の総体は畢竟《ひっきょう》、この素朴な楽天主義に汚染されているということになりはしまいか。そのことの当否を、その楽天主義のもたらした功罪ともども検討することは、しかし本書の問題機制の埒外《らちがい》にあり、ここではこの問題を自然主義以降の日本の近代小説史の読み直しの可能性として示唆するにとどめる。

もちろん江藤氏も、記号(言葉)とその指向対象(このもの)との間の差異を当然の前提としてはいる。が、彼は、そこに介入せざるをえない「空無」と「否定性」の契機を単に心的な快感という印象のうちに解消してしまう。河東碧梧桐の「赤い椿白い椿と落ちにけり」をめぐる子規の評言に触れて、江藤氏は、「描かれた紅白の椿は、すでにもの、すなわち実体ではない。それはまったく言葉の次元に転移された虚体であるのに、人はなぜこれに「満足」し、よろこびをすら感じるのだろうか。ここにはおそらくリアリズムの、つまり人がものを認識し、かつ表現するということの、深く豊かな意味が隠されているはずである[10]」と言うのである。しかし、本当にそうか。その「満足」や「よろこび」は逆に、ものと言葉の間に開いた深淵に潜む還元不可能な「空無」と「否定性」の奈落を隠蔽《いんぺい》してしまうのではないだろうか。「リアリズム」の問題を解明するに当たって、読み手の快を云々するこうした素朴な心理主義的アプローチはほとんど無力と言うべきではないだろうか。

江藤淳によって好意的に評価(恐らく過大評価)された虚子の修正主義的「写生」論は、ヘーゲルが一般観念の真理性を見たところに、それに代わって言語に内包される歴史的含意の豊かさや、他者へと開かれたコミュニケーション性の広がりを見て、そのうえでこの豊かさだの広がりだのでもって子規的「写生」の「殺風景」を補おうというものだ。しかし、ヘーゲルがその真理性を、「空無」と「否定性」によってのみ可能となる何かとして、つまりは五感の捉える個別的・個性的・個体的なこのものそれ自体へのラディカルな裏切りとして認識しており、豊かさや広がりのような価値概念が付け入る余地などそこにはないという点は、決して看過すべき瑣末事ではあるまい。後年の数多《あまた》の「私小説」作家が熱中して行なったようにいかに生の悲惨――病苦であれ貧窮であれ、父との葛藤であれ無分別な女出入りであれ――を描こうと、このものを aussprechen(表現)する行為それ自体に固有に内属する「空無」と「否定性」に無感覚な「写生文」や「リアリズム小説」のエクリチュールは、その本質において度しがたい楽天性に支配されてあるほかはない。「〈言文一致〉のはてなるところ」に出現したものは結局「幻想の近代」でしかなかったのではないか、という山田有策氏の切実な慨嘆がここでもまた改めて甦ってくる。[11]

ただ書くこと

露伴の「考証」も子規の「写生」も(さらに言うなら対西欧コンプレックスをはじめとする漱石の抱え込んだ問題機制のすべても)、本書の主題である「明治の表象空間」の外部にあるというのがわれわれの立場である。ではなぜここまで長々と「考証」と「写生」について語ってきたのかと言えば、その理由は、露伴が露伴となり子規が子規となるために彼らは「考証」と「写生」を必要とし、それによって彼らは「明治の表象空間」の外に出たのであり、逆に言えばそこからの離脱を彼らに強いたものこそこの表象空間の諸制度にほかならなかったという点を明らかにしたかったがゆえにほかならない。

二人の行程が懸け離れた方向に分岐したのは事実である。そして、来たるべき時代に支配的となる、言うところの「近代文学」のエクリチュールを基礎づけることに貢献したのが、明治三十五年に享年三十四で早世してしまう子規の予言者的な提言とその萌芽的な実践の方であったこともまた、紛れもない事実である。そこで決定された「近代文学」のメイン・ストリームに対して、古めかしい甲冑《かっちゅう》を着込んでいるがごとき露伴のエクリチュールはほぼいかなる影響力も行使しえなかった。

しかし今われわれはむしろ、現実的な影響力を持ちえなかった露伴のエクリチュールのマイナー性にこそ、言説における「近代性」の真の可能性が胚胎されていたと考えたい。露伴の転身は、そのマイナー性に彼の知的膂力《りょりょく》のすべてを捧げようとする方法的決断であった。

それによって彼は「明治の表象空間」の圏域からその外に出る。が、それは到来する新時代の制度と同期しそれに同調するべくみずからのエクリチュールを再編成し、かくしてそこに新しさを導入するというのとは、まったく無縁の身振りであった。繰り返すなら、新時代の文学にエネルギーを充塡したのは、若書きの小説の試作を露伴から拒まれ、それが原因となってのことかどうかはともかく、馬琴や西鶴の痕跡をとどめる「雅俗折衷文体」からみずからを未練なく切断し、一気に「偶像破壊的な革新」(江藤)を敢行した子規の「写生」論の方である。本書「第Ⅲ部　エクリチュールと近代」で北村透谷・樋口一葉・幸田露伴をめぐってここまで展開されてきたわれわれの考察は、この「革新」の一撃が覆い隠してしまったものを再度視界に浮上させ、歴史の遠近法の内部に位置づけようとする試み以外のものではなかった。

子規による「偶像破壊的な革新」以後に全面化してゆく新時代の記号の布置の内部に、露伴は当然、反時代的隠遁者《いんとんしゃ》としての場所しか占めることができない。そして、この辺縁性によっていよいよ際立つことになる頑ななマイナー性こそが彼の栄光だったと言える。透谷の「内部」が「言文一致体」によって表象される「内面」とは異質であったように、一葉を侵す「決定論の狂気」がいかなる「写生」論的な「リアリズム」とも無縁だったように、露伴における「言語の表層的な快楽」もまた、現実界のこのものへの感覚的確信によって成立する自然主義以降の「近代小説」のエクリチュールの中では十全な開花を見ることのできない何ものかであった。それを開花させるためにこの「言語の魔王」は、あえて時代に背を向け、秘密の小部屋や隠し扉や巧緻《こうち》なトラップに満ちた広大な地下迷宮のごとき、あの「考証」の魔界に閉じ籠もる。

露伴にとってのこのものとは、感覚的確信など最初から徹底して拒絶し、そこに孕《はら》まれた「空無」をあからさまに誇示しつつ、否定と媒介をその本質として「存在」するほかない対象の謂《い》いであった。凧上げ遊戯の起源(「日本の遊戯上の飛空の器」)、芭蕉の発句「しらけしにはねもぐ蝶の形見かな」での助詞「に」の使用(「白芥子句考」)、鐘に釁《ちぬ》る(血塗る)という祭事を名指す「釁」の一字(「釁《きん》考」)、柿本人麻呂の長歌に現われる「遊副川」の訓音(「遊副川の訓に就て」)、「しま」の一語における島と縞の交錯(「しま」)、等々、それらはすべて「描写」の、つまり「写生」の対象とは絶対になりえない何かとして「存在」している。露伴はそれらに関する感覚的な「思いこみ(Meinung)」を「きっぱり否定」(ヘーゲル)し、むしろその一般観念としての「真実性」を剔抉《てっけつ》しようとした。それが「考証」である。

「考証」とは、現実を言語で「表象」しようとする行為からはるかに隔たり、アーカイヴ空間の深みに沈潜して、そこにおいてただ言葉に言葉を重ね合わせ、言葉を言葉へ送り返してゆく際限のない営みのことである。言葉の偏執的な重層化の、到着地点の見えないテクストの送付と回付の、果てしない反復実践のことである。現実と言語との間に一見もっともらしい対照表を作成し、それによって両者をほどよく和解させ理性的に結合しようと試みる「表象」作用の占める位置は、そこにはない。「リアリズム」の基盤をなす「表象」信仰から身を遠ざけることで、露伴には、「文を行《や》る快」を思うさま汲み尽くし、それを文章行為の全域に行き渡らせることが初めて可能となったのだ。

「写生」の一語の導入によって、俳句や短歌のみならず「リアリズム小説」の方法の「革新」までをも遠く準備した予言者子規の天才的な慧眼《けいがん》が、驚くべきものであったことは言を俟《ま》たない。だが他方、その「革新」とともに、明治の表象空間のうちに沸き立っていたマグマ状の混沌やカオス的な混雑の複数性が、「リアリズム」という単一の貧しいトポスの下に整序されていってしまったこともまた事実である。以後、犇《ひし》めき合っていた可能性の芽はことごとく潰され、言語はいよいよ均質化し、選択の余地は狭められてゆく。そしていったん成立するや、制度は強烈な呪縛力を発揮する。潰された可能性を惜しむ者はもはやなく、その不在自体がただちに忘却され、固定した制度によって可能となった文学の財産の豊かさばかりが楽天的に謳歌される。何しろ今や、眼を外に向けるなら世界の諸事物は「写生」によっていくらでも把捉できるし、眼を内に向けるなら「漢文体」によっては表象しえなかった「内面」も「言文一致体」によっていくらでも精緻に観察しうるようになったのだ（本書〈中巻〉「35 不可能――北村透谷(四)」参照）。以後、近代文学者たちは雪崩《なだれ》をうつようにこの制度の側につくことになる。というか、彼らの眼にこの制度はもはや、それを受け容れそれに従う以外の途はない唯一無比の自然としか映らない。

かくして、日本の近代小説史はきわめて単調な風景で覆い尽くされることになる。実際、極論するなら『破戒』も『ねじまき鳥クロニクル』も、『それから』も『燃えつきた地図』も、『或る女』も『半島を出よ』も、『旅愁』も『夢の木坂分岐点』も、若松賤子訳『小公子』も亀山郁夫訳『カラマーゾフの兄弟』も、おおよそのところ似たり寄ったりの文章で書かれているのだ。これは驚くべきことではないか。それらの間の差異は、同一作者の手になる、しかも執筆時期にほんの数年の差しかない「月の都」(明治二十七年)と「墨汁一滴」(同三十四年)とを隔てる甚だしい距離に比べてみれば、取るに足りないものである。

この均質性の孕む政治的含意は明らかであろう。日清戦争への従軍体験に表徴される子規のナショナリズムと彼の「写生」論との間に、内的連関が存在することは否定しえない。眼前のこのもの──たとえそれがいかに「重い、名づけようのないもの」(江藤)であろうが何であろうが──に向かい合い、それを「写生」するとは、万人に開かれた営みである。知識や教養があろうがなかろうが、ましてアーカイヴ空間に沈潜などせずとも、「写生」は誰にでもできる。それは、他者性の一撃で亀裂の入った「内部」を抱えているわけでも「決定論の狂気」に取り憑かれているわけでもないごく普通の文学好きの誰彼が容易に実践しうる、汎用化された方法なのである。『ホトトギス』が一般読者に参加を呼びかける投稿誌であり、また先に引用した「叙事文」が新聞『日本』紙上での叙事文募集に当たっての「注意」として書かれた文章であることを忘れてはなるまい。子規は要するに、日本語の書き言葉のリテラシーの国家的水準を高めることに貢献した優秀な教育者でもあったのであり、その創意と努力によって、普通の書き手の前に平準化された表現の可能性の途が開かれた。そして、この「普通」の概念こそ、近代的な「国民《ネーション》」の創出という政治的出来事に不可欠の要素にほかならなかった。

そのとき、一見したところでは「前近代」的教養の豊饒《ほうじょう》を身をもって体現し、日本の共同体文化の深層に滞留する記憶の持続と連続性を丸ごと肯定しつづけたかに見える露伴の文業の総体が、逆説的にも、ナショナリズムに対抗する抵抗線として立ち現われてくることになる。二十代半ばで斃《たお》れた透谷と一葉は、或る種の認識論的切断の可能性を萌芽的に示唆しながらも、その生物学的死によって「明治の表象空間」の内部にとどまらざるをえなかった。他方、生き延びた男である露伴は、その延命の歳月を支える特異なエクリチュール戦略を洗練させていかなければならない。その徹底的な「反時代性」とマイナー性の戦略は、平準化された教養に基づいて平準化された文章を書く普通の人々の共同性によって担保される教育勅語以降の近代的ナショナリズム——わたしはきみのように、きみはわたしのように、わたしたちはみんなのように書く、日本人として——に、ラディカルに抗う異物として機能せざるをえない。

たとえば「外発的開化」(漱石)といった「問題」をめぐってあれこれ悩んだり批評的言辞を弄したりする以前に、露伴は「文を行《や》る快」に任せてただ書いた。イデオロギーに抗する文学の批判的機能とは、このただ書くという愚直な行為によってのみ実現されることを鮮烈に実証しているのが、露伴の文章である。何かを主張するためにでもなく、何かを表現するためにでもなく、何かを言うためにですらなく、ただ書くために書くこと。その無償の行為の持続にもっとも間近から寄り添おうとするとき、われわれ読者は、ベンヤミンならば「神話的」ならざる「神的」という形容詞を付すであろう或る鈍い暴力を、精神にというよりもむしろ身体に蒙らざるをえない。

われわれは本書(中巻)「22 革命――システム(四)」において、「いっさいの法的問題の最終的な決定の不可能性という、異様な、さしあたっては人を意気阻喪させる経験」というベンヤミンの言葉を引き(「暴力批判論」)、それが「なお未完成の言語の中の「正」と「誤」を適切に決定することの、不可能性」に譬《たと》えられていることを見た。一見、言語において何が「正」で何が「誤」かをめぐって、あたうるかぎり厳密に思考しようとしているかのごとく見える露伴の「考証」の文章群には、にもかかわらず、「正」と「誤」を分かつ境界が不意に掻き消え、奔出し奔騰し奔流する言葉の運動に身を委ねることの無償の愉悦――その愉悦こそが先ほど暴力と呼んだものの同義語にほかならない――の中にすべてが溶け入ってしまうといった瞬間が、いたるところに仕掛けられている。「いつの日か人類は、法でもって遊び戯れるようになるだろう」とアガンベンは言ったが、ちょうど日本語が「言海システム」の内部に整序されようとしていた、その同じ時期に、ただ書くこと、すなわち「国語でもって遊び戯れる」ことを通じて、システム化にも合理化にも徹底的に逆らう言語の力学の、愉悦漲《みなぎ》る作動のさまを鮮烈に示しているという点に、幸田露伴の仕事のもっとも刺激的な意味が存しているように思う。

44　現在――福地桜痴（一）

「今・ここ」の閃光

われわれは誰しもみずからの生の現場において時々刻々の「今・ここ」を生きている。しかし、その「今・ここ」は深さも広がりもない抽象的な一点として孤立しているわけではなく、絶えず時間的な垂直軸に貫かれ空間的な水平面に定位され、かくしてつねに接続されたた相の下にある。ヒト以外の動物にさえすでに、限られたものながらこの接続の深さと広がりはある。単に点的な「今・ここ」の継起の連なりとしてしか生を体験できない人間は病者ではあろう。われわれは過去を振り返り未来を計画し、他者と交渉し遠近の生活空間を組織しつつ、かくして立体的な厚みを備えた生の時空を潜り抜けてゆくのだ。

そうした時空に築き上げられてゆく自己のアイデンティティにネーション・ステートの一員としての属性が加わるのは、一方で「今・ここ」を貫く時間軸が「国史」の記憶――たとえそれが捏造《ねつぞう》されたファンタスムであろうと――と共振し、また他方で「今・ここ」を包摂する空間の広がりが「国土」の地理的境界――これもまた現実にそれがどうかということより重要なのはむしろそれをめぐって形成されたイメージの効果の方であろう――によって分節化されるということが起こるからである。

「国史」の深層と「国土」の境界が内面化され、かくして個人が「国民」として成型されることになるのだが、このメカニズムにおいて決定的な役割を演じる装置は、言うまでもなく「国語」である。この「国語」という観念のイデオロギー性をめぐっては、『「国語」という思想——近代日本の言語認識』(一九九六年)に始まるイ・ヨンスク氏の仕事が夙《つと》に周到な批判を加えている。[1] 開校間もない東京府第一中学で幸田露伴の同期生であった上田万年《かずとし》が、やがてドイツに留学し当時の最新の学知で武装した言語学者となって、この「国語イデオロギー」の生成と強化にいかなる政治的関与を行なったかといった問題に、本書ではあえて詳しく触れることはしまい。

ところで、たとえ「今・ここ」が幾何学的な一点のように存在するわけではなく、絶えず接続の相の下にあるにはせよ、その一方で、生きることのなまなましい現場としての単独的な「今・ここ」の鋭利な突出が、それ自体或る価値性を帯びるということもないわけではない。ボードレールの詩篇「通りすがりの女《ひと》に」(一八六〇年発表、『悪の華』所収)で謳われているのは、そうした「今・ここ」の唐突な突出ぶりと、その瞬間世界に迸《ほとばし》り出る目を射るような閃光の輝きである。パリの賑やかな雑踏のただなか、喧騒《けんそう》に疲弊した「私」の眼前を、「丈高く、細《ほっ》そりした」喪服姿の女が不意に通り過ぎる。その一瞬、「私」は「嵐が芽生える鉛いろの空、彼女の眼の中に飲んだ、／金縛りにする優しさと、命をうばう快楽とを」。

きらめく光……それから夜！　――はかなく消えた美しい女《ひと》、
その眼差しが、私をたちまち甦らせた女《ひと》よ、
私はもはや、永遠の中でしか、きみに会わないのだろうか？(2)

この十四行詩《ソネ》が語っている「内容」と言えば、この一瞬の煌《きら》めきだけである。その煌めきは歴史の持続にも地理の広がりにも接続していない。というかむしろそれは、世界の他の残余から明確に切断されてあることの、孤絶と屹立それ自体によってこそ初めて「今・ここ」が放ちうる輝きなのだ。光はただちに掻き消え、昼日中なのに「私」の意識に夜が訪れる。「私はもはや、永遠の中でしか、きみに会わないのだろうか？」と「私」は自問するが、その「永遠」はこの「一瞬」に比したとき単に貶毀《へんき》的な意味しか帯びえない。それはもはや、「もう決して《ジャメ》」と同義でしかない。「違う場所で、ここから遥か遠く！　もうおそい！　おそらくは、もう決して！」〔傍点原文〕。

この「一瞬」の輝きは、ボードレールが「現代性《モデルニテ》」の核心をなすものと考えていた「うつろい易さ」の概念の、至高表現と言ってよい。美術評論「現代生活の画家」（一八六三年発表）の、「現代性」と題された第四章に書きつけられた、「現代性とは、一時的なもの、うつろい易いもの、偶発的なもので、これが芸術の半分をなし、他の半分が、永遠なもの、不易なものである」(3)というあの名高い定義において、彼の真意の重点はもちろん前半部分にあった。後半の「他の半分」云々は形式的配慮から添えられた蛇足でしかなく、彼は万古不易の不動

性のうちにではなくたちまち移ろい過ぎてゆくもののはかなさのうちに「現代」的な美を見出していたのだ。

われわれはすでにボードレールの散文詩「二重の部屋」に拠りつつ、一九世紀の産業化された文明社会における「時間の支配」と、明治日本におけるその発現形態について考察している(本書〈中巻〉「31　快楽 ― 無意識」)。しかし、「現代性」をめぐる時間論ということで言えば、均質化された時間が人間に加える圧制と表裏一体をなす、このただちに移ろってゆく「今・ここ」の特権化という側面にも触れなければ片手落ちということとなろう。言説にとって「現在」とはいったい何なのか、言説は「現在」をいかに主題化し、その主題化はいかなる政治的効果を波及しうるのかという問題を、ここで改めて検討しなければならない。

「時間の支配」の反措定としての「時間の無化」のファンタスムに関しては、国府津《こうづ》の浜辺での北村透谷の恍惚に焦点を絞って、本書ですでに多少の言及がなされている(「32　牢獄 ― 北村透谷(二)」)。退屈な日常的時間からの不意の逸脱という出来事の詩的表現という意味でなら、透谷の随想「一夕観」とボードレールの詩篇「通りすがりの女に」との間に、とりあえず或る並行関係を見ることもできないわけではない。ただし、「我れ「我」を遺《わす》れて、飄然《ひょうぜん》として、襤褸《らんる》の如き「時」を脱するに似たり」というこの透谷の恍惚は、「浪白ろく万古の響を伝へ、水蒼々として永遠の色を宿せり」[4][傍点松浦]とあるように、「今・ここ」の膠《こう》着《ちゃく》的な永遠化という主題に収斂《しゅうれん》する魂の麻痺状態の記述であって、それは「通りすがりの女に」に語られている「一時的」で「うつろい易」く「偶発的」な遭遇体験がもたらす鋭い覚醒とは、やはり少なからず異質な主題と言うべきものだろう。灰色の単調な持続として分秒を刻む均質時間からの一挙の離脱という共通項はあるものの、透谷の夢想は、時間的にも(「万古」「永遠」)空間的にも(「茫々乎《ぼうぼうこ》たる空際」)無際限に伸び広がってゆく拡張的性格を帯びており、そのかぎりにおいて、「通りすがりの女に」の「きらめく光……それから夜!」という瞬速の一行に結晶している鋭利な切断性とは、むしろ正反対の対極に位置する宇宙観の産物なのである。

では、「一時的」で「うつろい易」く「偶発的」な現在の特権化というこのボードレール的主題は、「明治の表象空間」においてはいかなる形態をとって現勢化しているのだろうか。この問いは二つの局面に分けて考察しなければなるまい。

まず、文学的形象という観点に立つかぎり、われわれの扱ったテクスト群の実例から言えば透谷よりもむしろ、裏町にさまよい出た「にごりえ」の「お力」の夢遊病的彷徨《ほうこう》がこの主題の圏内にあることは自明だろう。そこから出発し、日本近代文学における「今・ここ」の特権化という主題系の系譜学を構築する作業が必要となろうが、その場合、「リアリズム」の概念がこの主題系といかなる関係を取り結んでいるのかという大きな問題が、当然のように迫《せ》り上がってくることとなろう。国木田独歩の短篇「忘れえぬ人々」(明治三十一年四月発表)で次々に語られてゆく一期一会の遭遇の記録は、この主題系の発展形態の一つとして読みうるのか否か。子規の近代短歌「瓶にさす藤の花ぶさみじかければたゝみの上にとゞかざりけり」(同三十四年)や虚子の近代俳句「流れ行く大根の葉の早さかな」(昭和三年)における写生主義的な即物性を、この「今・ここ」の主題系との関連でどのように位置づけるべきなのか。これらの問いには後段の「46 情報 — 福地桜痴《おうち》(三)」でもう一度立ち戻り、詳論を試みることにする。それに先立ってまず考察してみたいのは、「一時的」で「うつろい易」く「偶発的」な現在の特権化という主題のもう一つの側面についてである。

巴里《パリス》の福地桜痴

というのも、「今・ここ」の特権化という「現代性」の問題系は、以上のような文学的・芸術的表象の領域における独創的な創造行為という局面で語られるのとは別に、一般民衆の生活意識の近代的変容というごくありふれた社会的主題としても語られうるものだからである。端的に言って、人々が「今・ここ」で何が起きているかに過敏に神経を尖らせ、自分が現在体験していることと他人が現在体験していることとの間の同質性と異質性に、絶えず意識を研ぎ澄ますようになった時代こそ、近代＝現代だからである。人々が配達されたばかりの新聞を毎朝開き、その紙面に「今・ここ」で起きていることの最新報告《ニュース》を貪り読むといった時代が、或る時点を境に始まったのである。

そこにおいて問題となるのは、他ならぬその瞬間の唯一無二性、貴重でかけがえのない「忘れえぬ」瞬間の結晶性ではない。どうでもよい諸瞬間——どれがどれとも区別がつかず、互いに交換可能でさえあるような凡庸な諸瞬間の連続継起と、移り過ぎてゆくそれらの溶融してゆく流動的持続が問題化されることになるのである。近代以後、そうした連続継起は年ごとに、月ごとに、日ごとにますます間隔を狭めつづけ、また流動的持続はひたすら加速しつづけ、刹那の瞬間の連鎖交替に近づいてゆく。深さも広がりも欠いた「今・ここ」の問題化というこの「現代性」の主題を司る、今日における最先端の情報典礼装置がたとえば「ツイッター」や「フェイスブック」のようなウェッブ上のコミュニケーション・サービスということとなろう。一方に選ばれた貴重な瞬間の一回かぎりの結晶化があり、他方に凡庸な諸瞬間のとりとめのない連続継起があって、その両者ともどもが人々の欲望と執着の対象となるということだ。

「今・ここ」の特権化という「現代性」の主題が提示するこの二局面は、かつてわれわれが「無人」と「蝟集《いしゅう》」の二項対立というかたちで論じた問題機制とほぼ重なり合う（拙著『平面論――一八八〇年代西欧』一九九四年）[5]。空虚、不在、鏡、書物、距離、消滅、無意識、断片化、解体、砂漠といった主題群が旋回する「無人空間」が一方にあり、ファシズム、大衆社会、宣伝、消費、複製技術、再現性、仮面、シミュラクル、物語といった主題群が増殖する「蝟集空間」が他方にある。これら両者間の排斥と相互補完の力学によって開かれたものこそ表象文化史の「近代」的地平であるという命題がそこではすでに詳述されているので、ここで改めて屋上屋を架すことはしまい。その地平の黎明期に立つフランスの詩人マラルメが存在としてきわめて徴候的なのは、「-yx のソネ」のような後期の難解な詩篇で読解不可能性の閾《いき》にぎりぎりまで接近した秘教的言語を練り上げる一方、『最新流行』というあまりにもあけすけなタイトルを掲げるモード雑誌を創刊し、ファッションから社交界から料理から園芸からレジャーから、とにかく雑駁《ざっぱく》にして軽薄な話柄に相渉《あいわた》る多くの記事の執筆と編集を独力で行ない、八号まで刊行するといった酔狂に身を投じてもいるからである。「無人空間」の極北を指し示す詩人と、大衆社会の「蛸集空間」に向けて言説を発信するジャーナリストとを同じ一つの肉体に棲みつかせたマラルメは、その二重性のパフォーマンスによって言説の「現代性」を体現する限界例の一つたりえているのだ。

「今・ここ」でいったい何が起きているのか。そう呟きながら、政治における、文化における、風俗における「最新流行」に人々が熱烈な関心を寄せる時代が到来する。その関心に応えるべく出現した言説装置こそ、ジャーナリズムにほかならない。従って、ここでわれわれは、言説にとって「現在」とはいったい何かという問題を、明治初期における近代ジャーナリズムの誕生という挿話のうちにやや微細に透視してみることにしたい。そのとき、この挿話のもっとも重要な登場人物の一人として視界に浮上してくるのは、福地桜痴(一八四一―一九〇六)であろう。

通弁御用として幕府に仕え、維新後は新政府の大蔵省御雇《おやとい》となり、『東京日日新聞』の主筆に、次いでその社長になり、東京府会議員になり、多くの論説文を書きまくり、大小幾つもの醜聞を背負い込み、文学界に転身してあまり冴えたところのない政治小説や諷刺小説を書き、演劇界にも接近して歌舞伎座の脚本を書き、晩年になって衆議院議員に当選するものの任期途中で没してしまうという彼の有為《うい》転変の経歴から浮かび上がってくるのは、関心の赴くまま様々なことに手を出しては中途で放り出すことを繰り返し、結局いかなる領域においても大成しえなかった器用貧乏の一才人の生涯である。時代の激流に翻弄され、ずば抜けた才智の持ち主であったにもかかわらず、あるいはむしろまさにそのゆえに、「才を役《えき》せず才に役せられた」(徳富蘇峰「明治の大記者福地桜痴居士」)結果に終るほかなかった二流知識人の人生を、柳田泉は「畢竟《ひっきょう》一種の性格悲劇」と呼んでいる(「桜痴居士すけっち」一九三五年二月発表)(6)。

ただ、機を見るに敏でそのつど有利に立ち回ろうと画策する――人々からの信望の薄さのゆえにその画策はしばしば失敗するのだが――福地の処世に、社会の「現在」に絶えず密接に相渉ろうとする熾烈《しれつ》な意志が一貫していることはたしかである。激変しつづける時代の「現在」につねに同調していたいというこの志向にもっとも適した領域は、政治でも文学でもなくやはりジャーナリズムであったかもしれない。同時代の美術と文学の動向に関して多くの透徹した時評を遺したボードレールが、傑出したジャーナリストでもまたあったことを思い出すべきだろう。

むろん福地桜痴はたとえば蘇峰のように大ジャーナリストとしての成功したキャリアを築き上げることもなく終った。しかし、福地が、「近代」の黎明期にあって、「現在」をめぐる言説――「現在」を主題とし、それと同調し、またそれへの同調を人々に促す言説――を社会へ向けて発信する必要をもっとも早く感得し、その実現の途《みち》を模索した日本人の一人であったことは事実である。文久元年十二月(一八六二年一月)―同二年十二月(一八六三年一月)、二十歳の福地は、兵庫新潟開港・江戸大坂開市の延期交渉のために派遣された遣欧使節団に通辞として参加し、初めてヨーロッパの土を踏む。この旅の途次、「巴里《パリス》」滞在中に得た一体験を、後年の回想記「新聞紙実歴」で彼は次のように記述している。数種の新聞をホテルに送ってもらったが、フランス語が読めないので何が書いてあるかわからない。だが、数日後、英字新聞を入手したので「之《これ》を閲《けみ》したるに」――

> 現に我使節の一行の挙動を記し、或《あるい》は其《その》来意を説き、或は其談判の趣意を論じたる個条を見て、的面《てきめん》我身の上の事なれば其興味を覚え、如何なれば新聞記者は斯も我等の事を詳細に知り得るものなる乎、然のみならず昨日の事を今朝すでに其紙上に載せたる迅速さよと驚嘆したりき。
>
> （『懐往事談　附　新聞紙実歴』明治二十七年、圏点原文、以下同）[7]

共同化される「現在」

ここには二つのことが語られている。一つは情報メディアの速度に対する素朴な感銘である。昨日の出来事が今朝にはもう言説化され、その言説が社会の成員に共有されてしまう――何という「迅速さよ」！　この感慨は、世上の事件を「ツイッター」でもっとも早く知ったと誇る今日の人々と、すでにして同型の精神の姿勢に属するものだ。速く速く、もっと速く――加速への渇きという近代人の神経症に日本人が初めて罹患《りかん》した決定的な瞬間が、この回想記に刻印されているのだ。

もう一つは、公共化された言説のうちに自身の「現在」が表象されていることへの驚きである。「今・ここ」で読まれつつある言説に何と「今・ここ」にいる自分自身が登場し、姿の見えない第三者がその「わたし」の正体、意図、旅の目的、さらにはその目的の正当性や実現可能性までをも論じているではないか。「わたし」は言説を読む主体《サブジェクト》であると同時に、その言説が扱う主題《サブジェクト》自体にもなっているというこの衝撃的な二重性が、若き福地にかつて味わったことのないような眩暈《めまい》をもたらす。「今・ここ」に焦点を結ぶ社会的言説というものがあり、そこに設《しつら》えられた公共的な遠近法の内部に、それを「今・ここ」で読みつつあるパーソナルな「わたし」自身さえもが登場し、然るべきかたちで位置づけられてしまうという爽快な啓蒙性が、福地の心を捉えたのである。

「新聞紙実歴」はさらに続けて、その後ロンドンに渡り、新聞社を訪ねたり記者に会って話を聞いたりするに及んで、「其組織の概略を聴得《ききえ》て欣羨の情を起したりき」[8]云々という回想を語っている。またその後、英国軍艦が鹿児島を砲撃した文久三(一八六三)年の薩英戦争に関して、英国の新聞の論説が自国政府の「非挙」を批判するさまを読み、「大に其議論の正大なるに驚き、直言して憚る所なきに感じ、更に欣羨の情を加へたりき」と付け加えている[9]。民間にあって堂々と体制批判の論陣を張り、輿論《よろん》さえ左右しうる英国ジャーナリズムの力を目の当たりにして、権力の中枢で実務に当たるといった不言実行の官僚的実直さには乏しくむしろ野党的な批判精神の旺盛な福地としては、羨望の念を掻き立てられずにいなかったのだ。

このとき彼が感じた「欣羨《きんせん》の情」は、戊辰《ぼしん》戦争に際しての『江湖新聞』の発刊としてまず現実的な帰結をもたらす。これは木板に文字を彫ったものをバレンで刷るという原始的なメディアであったが、福地はそこに佐幕派の立場から開国・立憲論を展開し、その挙げ句に薩長への攻撃の激しさが筆禍を招いて投獄されるということも起こった。江戸開城がすでに成った後の江戸に身を置きつつなお「非恭順論者」[10]を自称して佐幕を主張するというあたりに、福地の「性格悲劇」の悲劇的たるゆえんが認められるだろうか。

明治三年、日本最初の日刊紙である『横浜毎日新聞』が創刊され、以後、『東京日日新聞』(同五年)、『郵便報知新聞』(同)、『読売新聞』(同七年)、『朝日新聞』(同十二年)など新聞の創刊が相次ぐ。明治七年の民撰議院設立建白書の提出以降、民権派の議論の媒体としての性格が強まり、それに対する弾圧として新聞紙条例や讒謗律《ざんぼうりつ》(ともに明治八年)が発布されることにもなるのだが、日本におけるジャーナリズム史の沿革を辿り直すべき場ではここはない。われわれの興味の焦点は、言説にとって「現在」とは何かという問いが「明治の表象空間」においてどのように提起され、それがいかなる応答を惹起《じゃっき》したかにある。そこにおいて注目されるのは、西南戦争に際して福地桜痴が『東京日日新聞』に連載したルポルタージュ「戦報採録」であろう。左に掲げるのはその部分的な引用である。

一昨九日の夜は久留米駅に一泊せり。其景状は既に同夜に書送りしが如し。凡《およ》そ福岡より以南は都《すべ》て軍国の治に属するの状ありて、往来如織《おるがごとく》、甚だ平時の観に異なり。十日朝九時に久留米を発し、相替らず二人押の人力にて南ノ関の方に向ひたり。一条村羽犬《はいん》塚《づか》村等を過ぎしに、其道路は、前日経過せし福岡より久留米に比すれば稍《やや》佳なり。一時、瀬高駅に達す。此《この》駅は川を挟みて市を成し、相応に大なる駅なり。人民は概《おおむ》ね其地を立除《たちのき》たりと見え、何れも戸を鎖し、廂《ひさし》を卸し、中には畳をも上げたる等も見受たり。此処《ここ》には一中隊の兵ありて固めを成す。

（『東京日日新聞』明治十年三月二十三日付。なおこの第一回のみ「戦地採録」の題名で掲載。翌日付の第二回以降「戦報採録」となる(11)）

蓋《けだ》し賊は官兵の来襲を待つが如し。去れども此の間に賊の小銃弾（賊は此所に大砲を有せず、其二門は先に木ノ葉にて官兵に奪はれたり）は時々ヒウシウと鳴りて達し、僕の頭上及び耳辺を過る、両三弾に及べり。双眼鏡にて能々《よくよく》見れば、賊が掘道《ママ》の間をヒラ〳〵と歩行し或は砲台の下を歩行するも能《よ》く見ゆるなり。既に僕が見たる内に賊も官兵も斃《たお》れるもの数人ありき。双方の砲台の凹き処に敵味方の死骸数個横《よこた》はりぬ。又刀剣の類と見え夕日に輝くも見えたり。此死骸を取入れんとて味方出れば敵より之を撃ち、敵より出れば味方より討つ。ゆゑに両三日以来互《たがい》に其まゝにていまだ取入も出来ずと云へり。

（同前、三月二十四日付(12)）

福地は戦地に実際に赴き、そこで取材した対象の「現在」と、それを取材する主体としての彼自身の「現在」（「戦報採録」の連載記事にはタイトルに添えてつねに「福地源一郎報」の署名がある)とを、合体させたセットにしてともども言説化する。この「今・ここ」に漲《みなぎ》るなまなましい臨場感が情報資本主義的な商品価値を持っていることに、彼はむろん十分意識的である。「一昨九日の夜は……」「扨《さて》本日は……」といったかたちで彼は絶えず言説主体としての自身の「今・ここ」を強調し、速報性の価値を謳い、迫真的な臨場感の昂揚を情緒的に増幅する。短い文を畳み掛けるようにして事実を簡潔に記述してゆくこの文体の清潔な現代性は、画期的なものと言ってよい。「たり」「き」という過去性を示す助動詞も使われているが、読者が文章全体から受ける印象は、現在進行形の事態がそのつど逐一、矢継ぎ早に報告されてゆく実況中継に立ち会っているといったものだ。「ヒウシウ」「ヒラ〳〵」といった擬音の描写的効果もめざましい。これはかつて若き福地の心を震わせた、「昨日の事を今朝すでに其紙上に載せたる迅速さよ」と同一の感銘を読者に与えるべく発信された言説なのである。

言葉によってヴィヴィッドに浮かび上がったこの「今・ここ」の観念＝情景を、定期的刊行物の紙上で読者公衆が共有する。その情報共有によって醸成される共同性は、これもまた「国民」主体の形成に資するものである。言説主体の「今・ここ」への現前に媒介されて、読者公衆は、鹿児島で進行中のいくさの現況とその行く末を、固唾《かたず》をのんで、わが事のように見守りつづける。それは「現在」に関する記述であるが、同時にまた「現在」の共有へと読者を誘う言説でもある。単に「現在」の観念の共同化へ誘うばかりでなく、さらには実際に「現在」のシーンへの読者自身の登場を促す言説でもあると言わなければならない。では、西南戦争の現場に、読者公衆はいかなる存在として想像的に登場することを促されているのか。「国民」として登場することを、である。

ここで問題となっているのは、歴史的記憶や地理的境界によって、つまり「今・ここ」が接続する時空の深さや広がりの観念によって形成される「国民」意識ではない。そうではなくて、福地が速度感溢れる文体で時間的順序に忠実に矢継ぎ早に提示してゆく「今・ここ」自体——深さも広がりもない点的な「今・ここ」それ自体を、即時に、かついっせいに共有することによって生まれる「国民」的連帯感なのである。

『幕府衰亡論』(明治二十五年)のような史的叙述や外交問題をめぐる提言など、「今・ここ」に深さを賦与《ふよ》し広がりを開くことを目的とした文章もまた、福地は数多く遺している。しかし、「今・ここ」を歴史と地理に接続することをもって知識人の使命とするなら、知識人としての福地の存在を明治日本がどれほど必要としていたかは疑問である。それらの論説文は、扱っている主題の現在性《アクチュアリティ》の劣化とともにただちに風化し、知識人の言説のまとうべき「永遠性」とは無縁のまま、アーカイヴの片隅で埃にまみれて無価値化してゆくほかない言説ばかりである。「明治の表象空間」にとって真に重要な意味を持っていたのは、「戦報採録」における「報道」の文体の発明者としての福地の方なのだ。迅速に連続継起してゆく「今・ここ」の流れを裸形の姿で定着する、透明で清潔な散文の可能性がここで初めて開示されたからである。

45　浅薄——福地桜痴（二）

では、「啓蒙」思想家は、たとえば福沢諭吉は、「今」をどのようなかたちで思考の対象としていたのか。実は福沢もまた、「今」という概念の重要性への注意喚起を行なっている。「此《この》今の字は特に意ありて用ひたるものなれば、学者等閑に看過する勿《なか》れ」(1)〔傍点松浦、以下同〕という警告が現われるのは、『文明論之概略』の「第十章　自国の独立を論ず」の或る箇所においてである。それは直接には直前の「国の独立は目的なり、今の我文明は此目的に達するの術なり」という命題への註記として書きつけられた一行であるが、しかし、今のというこの限定になぜ留意しなければならないというのか。

「文明論」対「巷説」

> 本書第三章には、文明は至大至洪にして人間万事皆これを目的とせざるなしとて、人類の当《まさ》に達す可《べ》き文明の本旨を目的と為して論を立《たて》たることなれども、爰《ここ》には余輩の地位を現今の日本に限りて、其《その》議論も亦自《またおのず》から区域を狭くし、唯《ただ》自国の独立を得せしむるものを目して、仮に文明の名を下だしたるのみ。故に今の我文明と云ひしは文明の本旨に

は非《あら》ず、先づ事の初歩として自国の独立を謀り、其他は之《これ》を第二歩に遺して、他日為す所あらんとするの趣意なり。(2)

「文明」は人類のめざすべき普遍的理念であり、その「本旨」は「第三章　文明の本旨を論ず」で夙《つと》に詳説されている。他方、同一の語を用いるとしても、あえて議論の「区域を狭く」して明治日本におけるネーションの創出の途《みち》を探る「第十章」のこの箇所で自分が提起するのは、「自国の独立」という目的を達成するために用いられる手段としての「文明」の概念にすぎないのであり、「議論の本位」(これは同書「第一章　議論の本位を定る事」での方法論的定礎である)に照らした場合、これら両者を混同してはならない、と福沢は言うのである。

普遍的な人間精神の無限の進歩を称揚する楽天的な理想主義者福沢が一方におり、また、今の日本が「外国交際」の荒波をかい潜りつつ主権国家としての「独立」を達成してゆくための現実的方策に思いを凝らす愛国的な戦略家としての福沢が他方にいる。その両極の間に張り渡された鋭い緊張と類稀《たぐいまれ》な平衡感覚が『文明論之概略』の思想書としての魅力の核心をなしていることは言うまでもない。実際、福沢は、「人類の約束」の前では一国の独立云々など「細事」でしかないと大胆に言い棄てる高邁《こうまい》な理想主義を堅持し、それを決して手放そうとはしない。「人或《あるい》は云はん、人類の約束は唯自国の独立のみを以て目的と為す可《べか》らず、尚別に永遠高尚の極に眼を着す可しと。此《この》言真に然り。人間智徳の極度に至《いたり》ては、其期する所、固《もと》より高遠にして、一国独立等の細事に介々たる可らず(3)」。

とはいえ、「今の世界の有様に於て、国と国との交際には未だ此高遠の事を談ず可らず、若《も》し之を談ずる者あれば之を迂闊《うかつ》空遠と云はざるを得ず。殊に目下日本の景況を察すれば、益事の急なるを覚へ又他を顧るに遑《いとま》あらず。先づ日本の国と日本の人民とを存してこそ、然る後に爰に文明の事をも語る可けれ[4]」。こうした意図から、「理論の域を狭く」するというプラグマティズムをあえて採り、自国の独立という当面の緊急時を目的とし、それを実現するための文明開化という視点を出すのだと彼は言う。「此議論は今の世界の有様を察して、今の日本のために謀り、今の日本の急に応じて説き出《いだ》したるものなれば、固より永遠微妙の奥《おう》蘊《うん》に非ず[5]」。

かくして福沢の「今」は、火急の重要性を持つ決定的なトポスでありながら、しかし同時にまた、「啓蒙」的視点からは絶えず過渡的にして非本質的な「細事」としての相対化を蒙りつづけるといった、両価的二面性を孕《はら》むことになる。「今」を歴史に（その歴史は福沢の場合むろん「文明史観」に基づくそれである）、「ここ」を地理に（地理に関しては福沢にはむろん『世界国尽《くにづくし》』〈明治二年〉がある）、いかに接続するかという課題を考え抜いたところから、こうした懐の深い相対主義や複眼的なプラグマティズムが醸成されたのだ。しかし、福地桜痴の「今」はこうした相対主義とも複眼的思考とも無縁である。

福地が言説化しようとした「今・ここ」は、単なる「今・ここ」以外の何ものでもない。そして、深さも広がりも欠いたその単なる「今・ここ」の表層性に、福地の言説の「現代」的意義があり、また同時代人たちにとってのその魅力もあった。『文明論之概略』における

「今」の相対性への注意喚起は、射程の長い思考をなしうる知識人の備えた認識論的遠近法によって要請された身振りだが、「戦報採録」における福地の「報道」の言説は、その遠近法を見事なまでに欠落させており、「今」は「今」、「ここ」は「ここ」でしかない。歴史的・地理的接続を断たれたこの単なる「今・ここ」の、同時性と臨場感の快楽に読者を目覚めさせたことが、あえて言えば彼の言説に孕まれた歴史性そのものであろう。

『東京日日新聞』で福地は、「戦報採録」に先立ち、西南戦争のかなり詳細な報道をその初期段階から行なっているが、その過程で、弁解ともつかぬ次のような口吻《こうふん》をぽつりと洩らしている(ちなみに「吾曹《ごそう》」とは福地が愛用した特殊な一人称で、そこから彼は「吾曹先生」などと呼ばれることもあった)。

> 鹿児島ノ動静ニ関リテ吾曹ガ報道ヲ得ルニ随ヒ、其報道ハ一歩ヲ進ム毎ニ愈々《いよいよ》変動ノ形《けい》迹《せき》ヲ現ハシ、昨日マデハ信偽ノ間ニ措《お》キタル巷説《こうせつ》モ、今日ニ至レバ既ニ信拠スルニ足ルベキガ如ク、前夕マデハ虚伝ナリトシテ棄タル風説モ、翌朝ニ至レバ全ク流言ニ附ス可カラザルガ如キ情勢ト成リ、其ノ反状ハ正《マサ》シク分明ニシテ之ヲ疑フ所ナキ程ニ到レリ。
>
> (明治十年二月十四日付)[6]

これを前置きとして、彼はすぐに続けて(その次の次の段落で)「虚実ハ固ヨリ吾曹ガ得テ保証スベキ所ニ非ザレドモ巷説ニ聞ク所ニ拠レバ……」と語り出し、川村海軍大輔《たいふ》と林内務少《しょう》輔が尾道まで帰艦したのは、先に「問罪ノ旨趣ヲ帯ビテ」鹿児島に赴いたにもかかわらず内地に入れなかったので引き返したのである云々といった情報を伝えている。「今」とは、「巷説」「風説」が「虚伝」「流言」から事実へと半ば変容しかけ、しかし未だ変容を完遂しきれずにいるとでもいった危うい閾《いき》のようなトポスである。そこには、「分明ニシテ之ヲ疑フ所ナキ」事実と化して確定することなく、結局は虚偽だと判明して霧散してしまうであろうはかない泡のような風説も当然いくばくか紛れこんでいるだろうが、それでもなおとりあえず紙面に「報道」するのだと福地は言う。そのリスクを冒すことの見返りに獲得されるのは、速報性の価値である。事実と虚構との間で揺れている危うさといかがわしさをあえて引き受けることなしにはこのなまなましい「今」を言説に取り込むことはできない、というのが彼の主張なのだ。これは一見、消極的な弁明と見えるが、見方を少し変えれば報道人としての自己の姿勢の昂然たるマニフェストとも読める。パリやロンドンのジャーナリズムに触れて感じた「欣羨《きんせん》の情」の帰結するところにあくまで忠実に、彼は「報道」の言説を組織しようと試みているのだ。

「官兵」対「賊兵」

実際、戦況の推移に従って「今」が刻々変容する西南戦争は、情報の危うさといかがわしさにどう向かい合いそれをどう処理するかが絶えず「報道」の主体に試される、特権的なトピックであったと言える。それは、その「今・ここ」がどうなっているかに向けて大衆の興味を焦点化させるジャーナリスティックな事件として、新聞の創出以後日本において初めて出現した、極めつきの「報道」対象だったのである。その「今・ここ」をあたうるかぎり正確に記述しようとする試みに関して、福地が報道人としての職業的良心を発揮していることは否定できない。と言うのも、彼は「巷説」「風説」を活字化することに満足せず、実際にみずから事件の「今・ここ」まで足を運び、現場に立ち会ってみずからの眼で見届けたものを「報道」しようと思い立つからである。

　福地の「現地取材」は最初は「京信採録　二月二十八日発　福地源一郎報」というタイトルで載り（明治十年三月五日付）、やがて「戦地採録」（同二十三日付）・「戦報採録」（同二十四日付以降）として継続的に掲載されてゆく。そのどれもが「福地源一郎報」という署名原稿であることに注意しておきたい。福地は後年、「余が日々新聞に署名して公然筆を新聞紙に執りたる挙動は、果して世間を驚したり。少なくも学識文才あるの名士をして新聞紙に筆を採る事を愧《はじ》ざらしめたりき」（「新聞紙実歴」）[7]と回想し、一流知識人の意見発表の媒体とは当時見なされていなかった新聞にあえて署名原稿を載せた勇気を自讃するとともに、ジャーナリストとしての職業意識とアイデンティティを誇らしげに主張している。ただし、『東京日日新聞』に掲載されていたのは実際には、主筆（後に社長）であった福地の手になることが明らかであっても取り立てて署名が付されていない文章の方がむしろ多い。筆者が誰かは自明なのでわざわざ署名を冠するに及ばないということであったかもしれない。

　しかし、この戦地ルポルタージュに限っては、「報道」の言説主体を明示する「福地源一郎報」の強調された署名がどうしても必要とされた。「書く主体」が戦地の「今・ここ」に実際に身を置き、そこから戦況の真実を発信しているという、そのこと自体は言説内容の外部をなしている読者の了解の枠組みこそが、この「報道」の真正性を保証し、それを「巷説」でも「風説」でもない事実として価値化しているからである。本格的に開始されたルポルタージュの第一回のみ「戦地採録」のタイトルが掲げられているのも、その「戦地」の「今・ここ」性の強調であろう。

では、この「採録」の文章は、完全に客観的な、すなわち価値判断において中立的なルポルタージュなのか。実のところ、それを「今・ここ」のリアリスティックな描出のみで完結し「意味」の次元へはまったく接続されていない文章と呼ぶことは難しい。福地が『東京日日新聞』で行なった戦争報道は、鹿児島での蜂起軍を当初は「暴党」「暴徒」と批難し、やがてそれを「賊兵」「国賊」と呼び棄てるようになってゆくからである。

これはむろん「御用評論家」の姿勢である。それに関して福地の内心に忸怩《じくじ》たるものがなかったわけでもないようで、弁明めいた口吻がちらりと洩らされてもいる。「然リト雖《いえど》モ、鹿児島ヲシテ果シテ共ニ立ツベカラザルノ国賊タリトシカヲ極メテ之ヲ排撃スルヲ見バ、読者ハ吾曹ヲ以テ今ノ政府ノ施政ニ心酔シ、政府ハ更ニ瑕瑾ナキノ美玉ナリトナス者ト思惟スルヤ乎。吾曹ハ未ダ決シテ此ノ如クナラザルナリ」(同三月二十二日付、傍点原文)(8)。彼の原体験として、英国の新聞が自国政府の「非挙」を批判する論陣を張ったことへの感動があった以上、この程度の弁解が為されるのは当然と言えば当然であろう。

ただし、これに続けて書きつけられているのは「政府」と「鹿児島」を比べてどちらの方が善を為すかで判断したのだといった程度のお為《ため》ごかしでしかなく、出来事の「意味」をめぐってまともな議論を展開しようという姿勢は福地にはない。「啓蒙」知識人たちの野党的な批判精神はそこでは意図的に回避されており、福地の論説は政府支持の善玉悪玉論に終始している。「官報」としての機能を果たすことを福地自身切望して毎号巻頭に「太政官記事」を掲げ、任官や条例布告等政府のお達しを掲載する『東京日日新聞』が、当時そう呼ばれていたように紛れもない「御用新聞」であったことは、後年の福地のいかなる自己弁護やアリバイ作りの試みにもかかわらず否定しがたい。

実際、西南戦争を政府が「国賊」薩軍を征伐する正義のいくさであるとする立場からの戦地ルポ「戦報採録」が『東京日日新聞』で開始されるのは、この弁明ないし弁解が掲載された翌日、三月二十三日のことである。本格的な「国賊」指弾にいよいよ乗り出そうとしていた福地は、その直前に、とりあえずまずイデオロギー的な準備工作をしておいたわけだ。こうした周到な自己正当化の配慮それ自体に、彼の小心な小者ぶりが透けて見えると言えなくもない。

「採録」が正義の「官兵」による不義の「賊兵」の征伐という勧善懲悪のプロットに無批判に乗っかっていることのイデオロギー性は、連載中に挿入された天皇謁見の一幕に端的に示されている。福地は戦地からの帰途、大阪滞在中に木戸孝允から「上京し、参内の上にて備《つぶさ》に戦地の有様を言上あれ」と慫慂《しょうよう》され、四月五日汽車で京都へ行き、その翌六日御所の御学問所で「聖上」に謁見している。木戸と三条実美《さねとみ》の立ち会いの下、天皇に拝謁し鹿児島の戦況の実情を直接つぶさに説明したという体験の詳細は、四月十二日付の『東京日日新聞』に掲載されるが、「日報社長　臣福地源一郎」が「此の無限の光栄に浴し、望外の恩遇を被る」ことの感激から語り起こされるこの文章(これもやはり一種のジャーナリスティックなルポルタージュである)は、福地による戦地からの実況報道の全体がイデオロギー的に偏向したプロパガンダであるという事実自体をあからさまに誇示するメタ言説とでも言うべきものだ。「官兵」たちの担う正義の価値の超越的源泉として「聖上」の存在を提示するというこの身振りが、善玉悪玉論のプロットを支える堅固な骨格をなすことになるのである。[9]

このわかり易い勧善懲悪的プロットが、福地の「報道」文に一種の娯楽性を賦与《ふよ》していることは明らかである。福地は、単に「今・ここ」性をテクストの表層に露出させることだけで新聞の言説に商品価値が生まれると考えるほどナイーヴではなかった。客観的な事実性を謳う「ニュース報道」だけでは新聞は売れない。日々の戦況の進捗《しんちょく》を伝える戦記の連載を通じて読者の興味を繋ぎ留めつづけるためには、たとえば滝沢馬琴の読本《よみほん》におけるそれのような、「善玉」対「悪玉」といった物語的図式性が有用であろう。そして、その図式の正当性をメタレヴェルで担保する特権的挿話として、天皇への奏聞という出来事の報道が登場することになるのだ。これもまた、福地自身がその現場の「今・ここ」に立ち会い、自分の眼で見届けたことを報告するという了解の枠組みによって初めて成立しうる言説行為であることは言うまでもない。自分は、新聞紙上で数多《あまた》の読者に向かって行なっているのと同じ戦況報告の身振りを、或る特定の日、或る特定の場所で(紙上にはこの奏聞が行なわれた御学問所の広間で人々がいかなる配置で座を占めたかを克明に示す図も掲げられている)、唯一無比の聞き手たる天皇に対してもまた演じたのだ、と福地は語るのだ。

［…］我が　聖上の深く此度の戦争に付き兵士の死傷と人民の疾苦を思し召され宸襟《しんきん》を悩まさせ給ふの切にあらせらるゝが故に、親しく戦地の実況を詳知する輩ならば、設《たと》ひ新聞記者にもあれ平民にもあれ、親しくその言上を聞し召すべしとの広大なる　聖意に出たるに非ずや。誠に然り、然らば則ち此事を諸君に報道し、兼て諸君が此の原因を推して　聖意の蒼生を思はせ玉ふの如此《かくのごとく》に到れるを明知せられん事を冀望《きぼう》するなり。（同前[10]）

福地は新聞読者に向かって、自分はあなた方に報告するように、天皇にも報告したのだ、と報告する。律儀に闕字《けつじ》が反復されるこの「報告された報告」のまとう聖性のオーラが、連載されつつある「採録」の全体を脱＝リアリズム的に磁化し、イデオロギー的に正当化する。一日も早く国賊討伐が成って宸襟(天子の心)を安らかならしめなければならない、というのが福地の「報道」文の基底に横たわる政治的メッセージなのである。

「即智」対「深慮熟考」

「官兵」と「賊兵」をそれぞれ善と悪へ振り分ける身振りが、「報道」文に「意味」の次元を賦与する一種の物語論的行為であることは事実である。とはいえ、その「意味」とはせいぜいのところ、「御用新聞」が最初から誇示しているイデオロギー的立場に寄り添う単純にして原始的な善悪二元論の埒《らち》を越え出るものではない。それは実のところイデオロギーなどと呼ぶにも値しない軽佻浮薄《けいちょうふはく》な図式性であり、つまるところは「今・ここ」をめぐる記述の持続を興趣豊かに彩る装飾的要素にすぎない。一介の平民にして新聞記者にすぎない自分が天皇に親しく奏聞しえたという福地の感激に籠められた真率な誠心を疑うわけではないが、最大級の敬語で飾り立てられつつ報告された天皇謁見の逸話によって「報道」文の「意味」の正当化を図るという手口は、単に身も蓋もなく通俗的と言うほかはない。要するに、ジャーナリストとしての福地桜痴の文章は底が浅くて軽薄なのである。

　だが、その深さのなさ、その重さのなさを、彼のテクストの欠陥と呼ぶべきではあるまい。それらは、逆に、「報道」文において「今・ここ」性をヴィヴィッドに浮き彫りにするための必須の条件と呼ぶべきものであり、そのことを恐らく福地は明晰に認識していたはずだ。一種の図式性が物語には有効であるが、ただしそうだとして、それは真偽や善悪の価値をめぐるラディカルな懐疑に人を誘うほどの深い「意味」や重い「思想」を孕んだものであってはならない。文章はあくまで浅く、軽く、「今・ここ」から「今・ここ」へと滑走しつづけなければならない。そして、京都御所に滞在中の天皇の動静自体もまた、こうしたジャーナリスティックな「今・ここ」をめぐるトポスの一つをかたちづくることになるのだ。単なる

「今・ここ」を焦点化しつつ、とどまることなく疾走しつづけるこの浅く軽い文体を創り出したところに、このテクストの史的意義があるという点はすでに触れた通りである。

「自国の独立」は「文明開化」によって成ると福沢諭吉は考えていた。のみならず、彼のヴィジョンはさらにそれを越え、その「独立」があってこそ、すなわち「先づ日本の国と日本の人民とを存してこそ、然る後に爰に文明の事をも語る可けれ」というところまで届いていた。後者における「文明」とは、その「本旨」における「文明」——「人間智徳の極度」とともに実現されるべき「高遠」な普遍性の境地としての「文明」である。他方、福地桜痴の「報道」文には、「文明開化」もなければ「高遠」な「文明の本旨」もない。そこにはただ「今・ここ」があるだけなのだが、しかし、刻々変動する「今・ここ」の物語性を日々共有するという軽佻浮薄なジャーナリズムのゲームが、これもまたそれなりの仕方で「国民」の創出に一役買ったことは否定できない。

「戦報採録」の主題(西南戦争)はたまたま国家主権の正統性の問題と深く関わる歴史的出来事であり、だからこそ福地はそれをみずからの署名を冠しつつ意気込んで、また力を籠めて書き、迅速にして簡潔な——しかし浅くまた軽い——「報道」の文体の創出という画期的な達成を遂げることができたのではあろう。ただ、ひとたび新聞紙上でこの文体が試されるや、ただちにそれは教養も識見も福地にさえ届かないジャーナリストや新聞記者にとっての汎用ツールとなり、権力闘争や内戦のような国家の大事とは無縁の、日々泡のように湧き立っては弾け散って消えてゆくどうということもないトピックの言説化にも活用されるようになってゆく。そして、そうした浅く軽い「今・ここ」が全国的に共有されることで醸成される近代的な共同体意識に支えられて、「日本の国と日本の人民」が「存し」(福沢)はじめることになったのである。

岩倉使節団に随行している間中、自分は大久保利通から冷遇されていると感じつづけていた、という思い出が後年の福地桜痴の回想記中に見える(「維新の元勲」[11])。やがてロンドンの宿舎でたまたま大久保と雑談する機会があり、「余は事に当りて直に意見を吐露し、即智あるを以て得意なりとす、公の僕を信ぜざるは、此即智を以て危険なりとし給ふに在り」と糺《ただ》すと、大久保は微笑して、それがわかっているならなぜ改めないのかと反問し、「卿は尚ほ壮年にして他日に大志を懐くの俊秀なり、今よりして才に誇り智に驕《おご》るの弊を矯《た》め、勉《つと》めて深慮熟考の習慣を養ふべし」と懇々と諭したという。

大久保が「政治家としては最上の冷血たるに似ず、個人として懇切なる温血に富まれたることを知」ったと、一応福地は大久保の人間性へのオマージュとともにこのポートレートを締め括っているが、ただ、「即智は即ち僕の天与の才なり、苟《いやしく》も公の知を求めんが為に、僕は天与の才智を韜晦《とうかい》して、愚を粧《よそお》ふを屑《いさぎよし》とせず」と彼が大久保に言い返したということの返答の言葉には、いかに懇切に窘《たしな》められようと、自分は自分で、「深慮熟考の習慣」を欠いたみずからの資質に忠実に生きるほかないという頑なな自負が表明されている。そして、「今・ここ」を焦点化する知性＝感性としての「即智」は、少なくとも「戦報採録」のような言説の発信においてはその最上の結実を見たのである。

とはいえ、「即智」という「天与の才」を恃《たの》みつつ紆余《うよ》曲折を辿ることになったみずからの生涯の達成に、最終的に彼がどれほどの満足を感じていたかはまた別の話ということになる。「噫々《ああ》余が旧友福沢諭吉君終に逝けり」で始まる「旧友福沢諭吉君を哭す」（明治三十四年二月発表）で、このときすでに還暦を過ぎていた福地はこう回想している――

幕府の末路に際し、余は時勢に憤激して頻《しき》りに議論を以て当路を犯せしに、福沢君は平然として書を読み、時勢に感ぜざる者の如くなりき。余は求めて事務を執り才を試みらるゝに熱心なりしに、君は勉めて事務に遠ざかり、曽《かつ》て当路の門に出入せざりき。已《すで》にして戊辰の騒乱に際し、余は四方に奔走し禍を買ふに至りしに、君は塾を開きて書生を教授し、更に時変に関係する所なかりき。［…］明治七年、余が東京日々新聞を主宰するに当り、君は余に告げて曰く、足下が新聞事業に従ふ太《はなは》だ好し、唯々慎みて政府と提挈《ていけつ》すること莫《なか》れ、提挈せば必ず足下を誤らんと。果して然り、余は君の忠告を恪遵《かくじゅん》せざりしが為に、我を誤りたりき。(12)

右引用の前段で語られているのは、彼と福沢の時間意識の差異である。一方は「今・ここ」の時勢に単に「即智」でもって反応し、他方は「今・ここ」などに眼もくれず、はるか未来を見据えて自己と若者たちの精神に地道な投資を行なっていたというのである。後段では、直接には「体制順応」対「体制批判」、「与党派」対「野党派」の対立が話題になっているかの如くであるが、福沢が福地に忠告したのは、「今・ここ」に利を求めても長い時間のスパンで見れば結局それは利を取り逃す途でしかないという教訓であり、これもまた最終的には「時間」に対していかなる姿勢で臨むかという問題に帰着すると言ってよい。

紆余曲折に満ちた人生の収束期に至っていた福地桜痴は、旧友の死に際してこれらすべての場面を回顧し、正しかったのはことごとく福沢の方であったと潔く認めている。この告白に漲《みなぎ》る真率な声調は、われわれを或る感動で包みこまずにはいない。福地は、「今」はただ「今」であることで意味と価値を持つという世界観と連動しつつそのつどそのつど短兵急に発動しつづけた彼のめざましい「即智」が、なるほど「今」とは喫緊の重要事ではあるがにもかかわらず同時にそれは結局は単なる「今」でしかないとする福沢諭吉の複眼的思考と柔軟な相対主義の前に、端的に敗北したのだと率直に認めている。そして、亡き旧友の精神の射程の大きさに脱帽しつつ、自身の生への慙愧《ざんき》の念をも含むそれらの思いのすべてを、真心から発する深い哀悼のトーンで包みこんでいる。ジャーナリズムからも政界からも撤退し、一時期、歌舞伎座の座付作者となって「即智」の横溢《おういつ》する――しかし凡庸な――数多の脚本を書きまくっていた彼は、「旧友福沢諭吉君を哭」する気持もその動因の一つとして働いたか、やがて時代の「今・ここ」に応答すべく最後の転身を図り、もう一度政治の世界に回帰しようとする。が、彼の生に残された時間はそのときもはや尽きかけていた[13]。

46　情報――福地桜痴（三）

「情報」の出現

「戦報採録」で報告される内容は、日々出来《しゅったい》する最新の出来事によってそのつど更新され、絶えず読み捨てられてゆくものであり、その筆者は「今・ここ」をめぐって紡ぎ出される言説に普遍性や永続性を賦与《ふよ》しようなどとはいかなる意味でも企図していない。そこでの企図として最優先されるのは、現実界での出来事の生起とそれを報告する言説の新聞紙上での公表との間に介在しうる時間差の最小化である。「報道」の言説が夢見るユートピアは、出来事が起こると同時にそれが天下に周知されるということだ。その周知が言説作成者の認識フレーム（この場合は「正義の政府による不義の賊の討伐」というそれ）に基づいて実現されることが望ましいが、それはあくまで副次的な要請であり、理念的に言うかぎり「報道」の本質はあくまでその内容の伝播の即時性にある。

即時性を旨として読者大衆に伝達されるその内容は、歴史と地理に接続され深さと広がりを備えるに至った「知識」ではないし、まして真理としての普遍性を標榜《ひょうぼう》する「学知」「学識」でもない。読者はいかなる欲望からそれを読むのだろうか。むろん彼らはそれを知りたいと思って読むには違いない。明治六年政変で下野した西郷隆盛が数年の雌伏を経てついに軍事的な蜂起を企てているとすれば、それは政府それ自体の存亡に関わる、従って読者一人一人の実生活にも甚大な影響を及ぼしかねない重大事であることは自明だからである。

だが、大部数を誇る新聞を「読む」という行為は、単に掲載記事の内容を「知る」というだけのことを意味していない。読者はそれを、自身の生身の身体を通じて見て、あるいは聞いて知るのではなく、大量印刷が可能な規格化された活版活字で組んだ新聞紙面の記事を通じて知る。そのとき彼は、彼がそれを知るのと同時に、その同じものを世間の人々皆が知ったこともまた知る。それを知ると同時に、それが知られたことをも知る――メディアによって媒介《メディエート》された認知行為は、つねにこうした二重の水準で遂行される。そして、新聞の出現とともに人々が知ったメディア的言説の「現代性」とは、まさにこの二重化された認知の戯れに存している。

実際、この二重の水準の間には相互交渉がある。新聞が「報道」するものが必ずしも客観的事実であるわけではないという点は、新聞自身によって明言されている。だが、たとえそれが「虚実」の保証されない「巷説《こうせつ》」「風説」であるにせよ、少なくとも読者は、それが今や人々皆が知るところとなった言説であることだけは知っている。つまりそれは共同化された言説なのであり、その共同性が言説に一種特有の心理的リアリティを賦与することになる。たとえ読者がその内容自体の真偽に関して半信半疑であろうと、そうした確信の不在とは別問題として、その言説は読者の意識にとって実在するに至る。言説が実在するとは、それが真偽不分明なまま、同じく真偽不分明な大小複数のサブ言説を社会の様々な場面で産出し、流通させ、かくして実際に何がしかの政治的機能を果たすということだ。この二次的なサブ言説の産出と流通のネットワークが言説の共同性ないし共有可能性をますます強化し、かつ、その強化された共同性がまた翻って言説のリアリティをますます堅固ならしめ、かくして言説の効果はとめどなく冪乗《べきじょう》化されてゆく。

とはいえ、前述の通り、メディア空間の「今・ここ」は日々更新され、古いものは絶えず読み捨てられてゆくので、瞬間的に肥大した言説のリアリティは、いかなる普遍性をもまとわぬまま同様に瞬間的に霧散消失し、新たに出現した言説のリアリティがそれに取って代わり、それが次々に繰り返されてゆく。その場合、読者の意識にとって、昨日の「今・ここ」と今日の「今・ここ」はしばしば心理的に不連続で、その間の論理的・因果的連関は綿密に検証されることがない。

メディア空間を飛び交う言説の帯びるこのようなリアリティを、或る特異な信憑性と言い換えてもよい。人は、それを知るというよりむしろそれを信じるのだ。ただし、それを真であり正であると信じるのではない。その真偽、その正誤を宙に吊ったまま、ただその言説が実在するということだけを信じるのであり、翻ってその信がまた言説をさらにいっそう強固に実在させることにもなる。

奇妙な信憑性ではある。この信は徹底して空虚なものだ。そこには言説が真であるがゆえに信じるという合理的な論理の回路はなく、ただ言説が在ることだけが信じられ、そしてその信によって言説はさらにいっそう在らしめられるという堂々巡りのトートロジーが君臨するばかりだ。それを読んだ読者はみずからに向かってこう呟く——わたしもきみもそれを知っている、当然彼らも知っている、つまりわたしたちみんなが知っている、そしてわたしたちみんなが知っているということをわたしは知っている、だからわたしはその言説のリアリティを信じよう、その真偽はともかくとして、と。知識でも学知でも学識でもない、この非常に特殊な言説断片——それがいかなる名で呼ばれるべきか、今や明らかだろう。われわれはここで、「情報」の誕生に立ち会っているのだ。

　内容の真偽は宙に吊られたまま、共同体内に広く共有され反復され変奏され、しかしたちまち古びて霧散し新たなものに次々に取って代わられてゆく言説断片、それが「情報」である。「情報」をこのように定義した場合、たとえば劉向《りゅうきょう》が列子の同時代人だと述べた「鄭の繆公《ぼくこう》」とはいったい誰なのか、あるいは紀女郎の歌に現われる「沫緒《あわお》」とはいったい何なのかといった問いをめぐって織りなされた幸田露伴の根深く懐疑主義的な「考証」が、「情報」とはまったく無縁の、というよりむしろあらゆる点において「情報」とは逆立する言説実践であったことは明らかだ。そして、今や「情報」は、露伴の言説の孤絶した屹立ぶりなどをはるか遠くに置き去りにして、二一世紀の表象空間を制覇するに至ったかに見える。

　「戦報採録」以降およそ一世紀半が経過した今日、「情報」がいかなる速度、いかなるネットワークを獲得し、またいかなる魅力と活力で「知」の諸領域を覆い尽くすに至ったかを論じる場ではここはない。それが学知や学識の領野までをも浸食し、あるいは学知や学識の概念自体に本質的な変容を迫り、「知」のヴィジョンのみならずさらには人間観や世界観にまで影響を与えるに至った、その過程を逐一跡づける作業は本書の主題の範囲を超えている。本書のここまでの記述で試みられたのはただ、『東京日日新聞』における福地桜痴の言説発信のうちに、近代日本の表象文化史に「情報」が出現したその淵源の一点を指し示すというささやかな身振りに尽きている。とはいえ、「情報」をめぐるこの新たな表象意識が明治の言説空間の諸記号の布置の内部でいかなる政治的力学にさらされていたかという点に関して、なおいくばくかの考察を補っておく必要がある。そのために、文学の領域に今ひとたび立ち戻り、そこにおいて「今・ここ」がどのように表象されていたのかという問題に一瞥を投げておかなくてはならない。

自然主義とジャーナリズム

もともと初出の『国民之友』には「今の武蔵野」という題で発表され（明治三十一年一月・二月）、短篇集『武蔵野』に収録されるに当たって現行の題に改められた国木田独歩「武蔵野」は、冒頭から「今」の概念への強い執着を誇示している。

［…］それほどの武蔵野が今は果していかゞであるか、自分は詳《くは》しく此問《このとひ》に答へて自分を満足させたいとの望を起したことは実に一年前の事であつて、今は益々《ますます》此望が大きくなつて来た。

さて此望が果して自分の力で達せらるゝであらうか。自分は出来ないとは言はぬ。容易でないと信じて居る、それ丈《だ》け自分は今の武蔵野に趣味を感じて居る。多分同感の人も少なからぬことゝ思ふ。

それで今、少しく端緒をこゝに開いて、秋から冬へかけての自分の見て感じた処を書て自分の望の一少部分を果したい。先づ自分が彼《かの》問に下すべき答は武蔵野の美今も昔に劣らずとの一語である。(1)［傍点松浦］

右引用文中に見出される五つの「今」のうち、第一と第三と第五は書かれる対象の「今」、第二と第四は書く主体が身を置く「今」を指す。「武蔵野」をめぐる独歩の描写と観照が、これら二種の「今」の正確な一致というイデオロギー的前提に支えられていることは明らかであり、また、その二重化された現在性の表出が「言文一致体」に多くを負っていることもまた言を俟《ま》つまい。

冒頭近く、文語体で書かれた明治二十九年九月から翌年三月までの日記の抜粋が、「変化の大略と光景の要素とを示して置」くためという趣旨で挿入される。文語体の日本語の簡潔さと凝縮力を誇示しているこの日付入りの文章(「十月十九日——「月明かに林影黒し。」」等、圏点原文)は、文の終末は現在形に置かれているとはいえ、すでに過去となった一時期を完結した総体として回顧的に提示するものであり、これとの対比で、残余の部分の「言文一致体」の特権的現在性がよりいっそう際立つこととなる。日記の引用が終って地の文が「言文一致体」に戻るや、書くものの「今」と書かれるものの「今」とがようやくぴたりと同期し、言葉が同時進行形の現在において書き継がれてゆくという印象が作り出されるのである。「言文一致体」の選択がこの作品の核心をなすという点は、日記の引用の直後、二葉亭訳のツルゲーネフ「あひゞき」が引かれていることからも明らかだ。これを独歩は「落葉林の美を解する」ことを教えてくれた文章として挙げているのだが、彼が学んだのはむしろ、それがいかなる言語態によってもっとも効果的に表現されうるかという点だろう。「言文一致」こそ、表象主体の「今」と表象対象の「今」とを「一致」させ、かくして日本語の散文に「今・ここ」のなまなましいリアリティを創出する力能を備えた装置だったのである。

こうしたエクリチュールの仕掛けを経て、ここに、「今の武蔵野」が写生的に現前する。注意すべきは、この写生の実践において重要なのは「風景」の問題系それ自体ではないという点だ。その「風景」の「今・ここ」が語り手の「今・ここ」とぴたりと同期しおおせているという点にこそ、問題の核心はあったのである。とはいえ、かくして成功裡に写生されたその「今」の現前が、日本文学史において非常に革新的な何かだったと言えるかどうか。生彩豊かに描写されたこの「今の武蔵野」＝「武蔵野の今」が、加藤周一が日本文化を底流する時間意識において特徴的だとする「現在主義」をどれほど超えるものであったかどうかは疑問である。

加藤氏によれば、「日本文化の中で「時間」の典型的な表象は、一種の現在主義である。現在または「今」の出来事の意味は、それ自身で完結していて、その意味を汲み尽すのに過去または未来の出来事との関係を明示する必要がない」(『日本文化における時間と空間』)(2)。実際、加藤氏の言う通り、『枕草子』も『徒然草』も『玉勝間』も「現在」にしか関心を抱いていないわけで、「今の武蔵野」に対する独歩の執着は、結局、そうした随筆文学の系譜の末端にきわめて居心地良くその位置を得て、そこから逸脱するいかなる出来事性も孕《はら》んでいない保守的にして伝統的な心的態勢にすぎないように思われる。「日本では人々が「今＝ここ」に生きているようにみえる」(3)と加藤氏の言う、その「今・ここ」を、福地桜痴は「情報」の発信と受信の相互作用のゲームとして組織したのだし、国木田独歩は「今の武蔵野」とそれを描写しつつある「今の自分自身」との完璧な同期・同調として叙述したのである。

「今・ここ」への焦点化に関わる近代文学の試みとして、これより興味深いのはむしろ、名前を持った登場人物のドラマが稀薄ながらも素描されているという意味ではむしろ「武蔵野」より物語的な「忘れえぬ人々」(『国民之友』明治三十一年四月発表)の場合であろう。溝口の旅籠屋《はたご》で偶然同宿の客になった「大津」と「秋山」の対話という形式をとるこの短篇小説の眼目をなすのは、過去に出会った「忘れえぬ人々」をめぐって展開される「大津」の回想である。「恩愛の契《ちぎり》もなければ義理もない、ほんの赤の他人であつて、本来をいふと忘れて了《しま》つたところで人情をも義理をも欠かない」が、にもかかわらず「終《つい》に忘れて了ふことの出来ない人」というものがいるのだと「大津」は言う(4)。たとえば、「十九の歳の春の半頃《なかごろ》」帰郷のために瀬戸内海を航行する汽船に乗っていたとき船上から目撃した、小さな島の磯で「何か頻《しき》りに拾つては籠か桶かに入れてゐ」た男。また、「今から五年ばかり以前」に二人連れの旅の途次、阿蘇の裾野の道で橋の欄干に凭《もた》れて休んでいたとき、馬の手綱を引き馬子唄を歌いながら彼らの方を見向きもせずに通り過ぎていった若者。

これらは、記憶の中に頑なに滞留しつづける或る特権的な「今・ここ」の表現にほかならない。そこで重要なのは、その特権性を正当化するものが何一つないという点である。或る時・或る場所でたまたま立ち会ったどうでもよい(フランス語で言えばquelconqueな)瞬間としての「今・ここ」が、何の理由もないまま「忘れえぬ」体験として結晶する。それを言葉で表現したものが自分にとっての文学なのだと「大津」は——すなわち独歩は——主張しているかのようだ。

なるほどこれらはかない「一期一会」の連禱《れんとう》は、一見、ボードレール的な「うつろい易さ」とほとんど同じものであるかに見える。だが、「大津」が回想の締め括りとして、これらの人々が「油然《ゆぜん》として僕の心に浮むで来る」とき、「我れと他と何の相違があるか、皆な是《こ》れ此生《この》を天の一方地の一角に享けて悠々たる行路を辿り、相携へて無窮の天に帰る者ではないか、といふやうな感が心の底から起つて来て我知らず涙が頰をつたうことがある」(5)云々といった感慨を洩らすとき、これらの偶然の邂逅《かいこう》の記録は結局ありきたりの心理主義の裡《うち》に回収されてしまう。読者は、体験から、一瞬の偶発性のみの放ちうる特権的光芒が見る見る剝ぎ取られ、すべてが鈍重な「共感幻想」の通俗的な彩りにまみれてゆくさまを目撃して、辟易《へきえき》とせざるをえない。

ボードレールがパリの路上で行き会った「通りすがりの女《ひと》」は、死の禍々《まがまが》しい耀《かがよ》いを帯びたエロスの体現者として詩人の前を一瞬通過し、たちまち形而上的な闇の中に消えてゆく。独歩の「忘れえぬ人々」にそうした絶対的な他者性は皆無である。あの人この人の思い出が「油然として」浮かんできて陶酔をもたらす「大津」の抒情的内面は、他者のいない(従って当然、本当の意味での自己もない)空間、言い換えれば共同体の空間である。彼は単に、「我もなければ他《ひと》もない」というコギト不在・他者性不在のファンタスムに浸って慰撫のひとときを持ちたいというだけの理由で、これらの「人々」――意図的に下層民や共同体の周縁的存在が選ばれている――の映像を記憶のデータベースから喚び出すだけだ。「一時的なもの、うつろい易いもの、偶発的なもの」はここでは、無限抱擁の共同体意識を核とする安易な心理主義で混濁しており、真に「近代的」なものはそこには結局何もない。

加藤周一は、先に触れた彼の日本文化論において、「全体に対する部分重視傾向」「部分が全体に先行する心理的傾向」に日本文化の伝統の本質を見るとしたうえで、そうした「傾向」の「時間における表現が現在主義であり、空間における表現が共同体集団主義である」と述べている。(6)「共同体集団主義」とは、「八紘一宇《はっこういちう》の大理想」の旗を振られればその方向へ一億火の玉となって突進し、「一億総懺悔《ざんげ》」と言われればあなたもわたしも頷き合って何かを漠然と悔い改めてみせ、かくして誰一人個人としての責任をとらなくて済む、そんな「我れと他と何の相違があるか」といった心的態勢のことである。「忘れえぬ人々」は、この「現在主義」と「共同体集団主義」のアマルガム――加藤氏は両者を併せて「今＝ここ」文化と呼ぶ――の、カリカチュア化された類型以上のものを提示していない。たしかに当時、

「言文一致体」でのこうした語りが一種の清新さを発散していたことは事実だろう。しかし、その目新しさも結局、万葉集と古事記以来の日本の言説空間に綿々として底流する「現在主義」と「共同体集団主義」の表現の、人口に膾炙《かいしゃ》し易い新ヴァージョンを作成することに貢献するものでしかなかったのである。

ここで注目すべきはむしろ、「忘れえぬ人々」で文学的な「今・ここ」への執着を言説化している独歩が、他方、ジャーナリスト＝編集者として「情報」空間の組織化にも精力的に携わっていたことの意味の方であろう。明治二十七年、蘇峰の国民新聞社に入社した二十三歳の独歩は、西南戦争に際しての福地桜痴の身振りそのままに、『国民新聞』の記者として日清戦争に従軍し、弟・収二に宛てた手紙の形式で戦記ルポルタージュを発表して好評を得る。その後も、『報知新聞』記者を経て、政治家星亨《とおる》の機関紙『民声新報』編集長、月刊のグラフ雑誌『東洋画報』(後に『近事画報』と改題)編集長などを歴任する。日露戦争開戦に際しては、『近事画報』の発行を月三回に増やし、誌名も『戦時画報』に変更、戦況の速報に力を入れ、リアルな戦場写真の掲載や誌面の大判化を打ち出すといった才覚を見せた。晩年の数年間も新しい雑誌を次々に創刊し、矢野龍渓《りゅうけい》が顧問を務めていた近事画報社の解散後は、みずから独歩社を創立して雑誌刊行を継続した。独歩社の破産と肺結核による病没(享年三十六)によってそのジャーナリスト＝編集者としてのキャリアが断たれる直前まで、彼は旺盛な「情報」発信を展開していたのである。

政治小説の問題

日々更新されつづけるジャーナリズムの片々たる「今・ここ」と、凝固した不変の姿で記憶の中に滞留する極めつきの「今・ここ」と――その間にはむろん鋭い対立がある。しかし、恋愛や貧窮に生涯苛まれつづけた国木田独歩ではあるが、この対立自体が彼の精神を引き裂いて神経症状を誘発した気配はない。「情報」空間と「自然主義」的観照とは、彼の中では対立的と言うよりむしろ相補的な関係にあって、両者が釣り合うところに生まれた平衡と調和が彼の精神の安定に寄与していたのだろう。独歩は、「情報」空間の「うつろい易さ」に疲れたとき、その美が「今も昔に劣ら」ない武蔵野の風物の眺めだの、時間の経過によって色褪せることのない「忘れえぬ人々」の鮮烈な思い出だののうちに逃避し、そこにひととき の安息を求めたのだろう。また、いつまでも不易なるものを感傷的に観照しつづけることに退屈したとき、日々目新しい出来事が持ち上がる「情報」空間のスリルへと戻っていったのだろう。ジャーナリストと文学者は彼の内部で統合されていたのである。

「忘れえぬ人々」において、「大津」の回想の聞き手――すなわち彼の思いを知る者――は、同宿の「秋山」ただ一人であり、しかも作中登場する、「大津」の手になる「忘れ得ぬ人々」と題する原稿自体は、「秋山」はもとより最後まで誰にも読まれないままで終る。むろん独歩自身はこの小説「忘れえぬ人々」を不特定多数の読者に読まれるべく、つまりは知られるべく、出版マーケットに放出したのではあるけれども、そこに描き出されているものは、たった一人にしか(ないし誰にも)知られない非知のユートピアであった。あの二重化された認知の戯れの最前線に身を置きつづけた独歩は、「情報」空間とは無縁の私的閉域への隠遁《いんとん》をふと夢想し、そこに彼の詩人・作家としてのアイデンティティを求めようとした。選ばれた少数者しか知りえない「わたし自身」の「告白」や「観照」や「心境吐露」は、そこでは「情報」――人々皆が知るもの――の専制に対する抵抗線として機能しているのである。以後、それら「告白」「観照」「心境吐露」の言説は、独歩を超え、「言文一致体」の汎用化と手を携えて或る大きな流れをなし、日本的に変形された「自然主義」思潮をかたちづくってゆくこととなる。

西欧においてと同様に日本においても、「近代」は、「情報」の出現と同時に、それに抵抗し、それを批判し相対化する言説ジャンルを活性化させた。健忘症的な「情報」空間に対して、そこから思いきり懸け離れた忘れえぬ「今・ここ」の永続的な滞留を対置し、その無時間的なたゆたいの内部へ沈潜すること――それを「文学」と呼ぶことは、「情報」空間とはまったく無縁のまま古風な文語文によって決定的な仕事を成し遂げた透谷や一葉や露伴のエクリチュールに照らした場合、やや躊躇《ためら》われるものがあるが、ともあれ独歩にとっての「文学」がそうしたものであったことは否定できない。「情報」と「文学」は「今・ここ」をめぐって相反するアプローチを実践し、互いに互いを牽制し合いつつ、しかし一人の書く主体の内部で平穏な和解と均衡を達成している。

「情報」とそれに抵抗する疑似「文学」との葛藤という観点に立って、「武蔵野」や「忘れえぬ人々」からやや時代を遡り明治十年代へ視線を戻すとき、そこで隆盛を見た「政治小説」の多くがジャーナリストの手になる作品であったという事実が、改めて徴候的と映る。『佳人之《の》奇遇』(明治十八―三十年)の東海散士は政治家であるが、『経国美談』(同十六―十七年)や『浮城物語』(同二十三年)の矢野龍渓も、「鬼啾啾《きしゅうしゅう》」(同十七―十八年)の宮崎夢柳《むりゅう》も、『雪中梅』(同十九年)の末広鉄腸《てっちょう》もジャーナリズムの現場にいた人々である。福地桜痴自身、『もしや草紙』(同二十一年)のようなさして面白くない「政治小説」に手を染めている。彼らは、「情報」が日々更新されるメディア空間の整備と活性化に奉仕するだけでは満足できず、そこから半ば逸脱し、単なる「情報」とは異なり何らかの普遍性と永続性をまとっている言説を産出しようと試みた。そうした言説の主題となったものが、後年の独歩にとっては「わたし自身」の生のかけがえのなさとそれをめぐる抒情的想念であったとすれば、明治十年代のジャーナリストたちにとってのそれは、ナショナリズムと自由民権の「思想」ないし「理想」であった。

「政治小説」が文学の「近代性」と触れ合うものを何一つ持っていない馬琴的な言説形式でしかなかったという点は、ここで改めて強調するには及ぶまい。しかし、それが思想と理想のプロパガンダとして一定の社会的機能を果たしたことは事実である。「政治小説」は、同時代の日本の政治的・文化的状況に働きかけることを目的としていたという意味では、これもまた「今・ここ」に焦点化する言説の一種であった。もちろんアイルランドの独立運動やスペインの政争(『佳人之奇遇』)も、古代ギリシャのテーベ勃興の歴史(『経国美談』)も、帝政ロシアのアレクサンドル二世暗殺事件(「鬼啾啾」)も、当時の日本の平均的読者の「今・ここ」

からははるかに隔たった他人事でしかなかった。が、彼ら野心的なジャーナリストたちは、自身の思想と理想を表現するために比喩としてそうした「他処」と「往古」を利用したのであり、その迂回路を経て彼らの思考がめざしていた目的地はあくまで同時代の日本の「今・ここ」であった。

彼らが比喩的＝物語的に語ることを選んだ理由の一つは、それによって讒謗律《ざんぼうりつ》や新聞紙条例による政府の弾圧を搔い潜ろうとしたからである。また、好奇心をそそる新奇な題材で組み立てた娯楽読み物のプロットの中に溶かしこむことで、自身の思想と理想を読者大衆にとって嚥下《えんげ》し易いものに仕立て上げようという意図もあったろう。それはみずからを「真」にして「正」であると積極的に主張する言説にほかならず、そのかぎりでは「政治小説」は、一種の正論の主張である（「正論」の問題に関しては本書〈上巻〉「14 正論――中江兆民(三)」参照）。

書き手の側の心理を忖度《そんたく》するなら、「福地源一郎報」などと胸を張ったところで、「巷説」「風説」と五十歩百歩でしかない「情報」の発信者ふぜいに、言説空間において深い尊敬が捧げられるわけでは決してなく、時代の水準を抜いた知性の持ち主だった彼らにはそのことに一種のフラストレーションがあったはずである。「政治小説」の執筆を彼らに唆《そそのか》したモチーフの一つは、権力性をまとった言説形態としての正論の発信者へと自分を仕立て上げることで、そのフラストレーションを解消したいという欲望だったのではないか。しかし、真偽正誤の判定が宙に吊られていることをもってその本質とする「情報」空間の「今・ここ」に、いきなり正論を接ぎ木するという操作には、或る倒錯が孕まれている。明治十年代のジャーナリストたちは、空虚な信憑性が稀薄に瀰漫《びまん》する「情報」空間に、普遍的にして永続的たるべき「知」を密輸入しようとした。それは、知ることと信じることとを、そのどちらもが中途半端な状態のまま混ぜ合わせたところに形成される、倒錯的な「知」とでもいったものだ。メディア(情報空間)とイデオロギー(民権論＝国権論)の不意の野合から生まれ落ちた畸形児《きけいじ》としての「政治小説」は、畢竟《ひっきょう》、この倒錯を物語性によって隠蔽《いんぺい》している過渡的な言説形式にほかならない。

「情報」の専制の全面化を押しとどめる抵抗線として機能すべく期待されたのは、ここでは、正論の標榜する正義と啓蒙である。「情報」と「文学」が国木田独歩のうちで共存し平衡を保っていたとすれば、明治十年代から二十年代初頭にかけて夥《おびただ》しく書かれた「政治小説」において同様に共存し互いに互いを補塡《ほてん》し合っていたのは、「情報」と「正論」である。自由民権運動の挫折が「政治小説」の季節を終結させたとする通説はもちろん正当なものだ。が、この特殊な物語的言説形態が長く続かず一過性の流行に終ったのは、「情報」と「正論」とは実は本来相容れない二つの言説形式で、なのにそれらを強引に混合し、「情報」を「正論」で染め上げ「正論」を「情報」で基礎づけようとする企図自体に無理があったからではないのか。そこでは「情報」と「正論」とはいきなり相互嵌入《かんにゅう》し合っており、その操作に孕まれた倒錯は、波瀾万丈の「ロマンス」の筋立ての、彩り豊かな有為《うい》転変によって辛うじて隠蔽されている。これに対して、後年の独歩においては、「情報」と「文学」は截然《せつぜん》と分かたれた二様のテクスト実践として並行的に(混淆的にでなく)共存しており、だからこそその間に或る平衡状態が達成されえたのである。

たしかなことは、「正論」も「文学」も、結局「情報」には抵抗しえなかったということだ。「政治小説」は短命に終り、独歩の観照的・内省的な作文は彼の私的なアジールを超えない。「正論」によっても「文学」によっても歯止めをかけられなかった「情報」空間は、以後、とめどなく肥大し加速し怪物化し、「正論」とはまた異なった種類の権力性を帯びるようになってゆく。しかしその過程の記述は、繰り返すが、本書の主題の埒外《らちがい》にある。

終章——総括と結論

47　セリーⅠ＝理性

「明治の表象空間」の探査の最終局面にさしかかった今、ここまでの叙述の全体を受け、一種の集約及び総括として、以下に「理性」「システム」「時間」という三つのセリーを提示し、それらの絡み合いをめぐっていささかの言葉を費やすことにする。

共犯関係の回路

「啓蒙」のプロジェクトの挫折から「非理性」的な天皇制イデオロギーの専制へという形でよく語られる明治初期・中期の精神史のプロットに、一定の説得力があることは否定できない。それに従うなら、「啓蒙」的言説の自壊の後、大日本帝国憲法(明治二十二年発布)と教育勅語(同二十三年発布)の出現とともに「理性」は「非理性」に決定的な敗北を喫し、その「非理性」の制覇は最終的には昭和十年代の「国民精神総動員」体制にまで至り着く。他方、なおそれに抗しつづけるマイノリティの合理主義――主にそれは知識人の良心としてのマルクス主義によって担われる――は特別高等警察(特高)の弾圧に遭って徹底的に芽を摘み取られていったという図式が出来上がる。昭和二十年八月十五日こそ、「非理性」の専制から人民が解放され、「理性」が覚醒(ないし再覚醒)した記念すべき日付だというわけだ。たとえ「国体」が、占領米軍の協力の下に結局は温存されたとしても、である――カミであることをやめ人間化した天皇ならば、その「象徴」性の審級はまだしも「理性」の範疇《はんちゅう》のうちに回収可能で、「平和」と「民主主義」の理念とも十分共存しうるからである。

現象の推移の説明として一応口当たり良く綴られたプロットではある。しかし、「明治の表象空間」の立体的な深層に視線を届かせるとき、「理性」と「非理性」はもっと錯綜した絡み合いを演じているさまが見えてくる。たとえば、「理性」の弾圧に当たったとされるその特高――大逆事件(明治四十三・四十四年)を受けて警視庁に設置された特別高等課に端を発するこの保安機関が、地方長官や警察部長などを介さず内務省警保局保安課によって直接指揮された組織であったという事実に注目しよう。先のプロットで「理性」に敵対したとされるのはつまるところ内務省なのだが、法学部出身の抜きん出た秀才たちが結集していたそこでの官僚システムは、言うまでもなく「非理性」などからははるかに遠く、高度の効率性に基づいて設計されそのシステム運用は、むしろ徹底して合理的な秩序に統べられていた。「大きな正論」を掲げるマルクス主義は、「小さな正論」のシステム化された集積としての警察官僚制に抑圧されつづけたということだ。一方も他方もそこに貫徹する原理は「理性」である。マルクス主義の掲げる「革命」の理念自体がまとっている形而上的超越性にはここでは触れないとしても、ともかくここでの闘いが一つの「理性」ともう一つの「理性」との間で演じられるものであったという点は重要である。

われわれは本書(上巻)の「第Ⅰ部　権力と言説」を、明治以降に創設された近代国家日本の核心をその警察官僚制の側面に見るという視点を提起するところから始めた。「国ノ国タル所以《ゆえん》ノ根元」たるべき内務省の創設を発議している伊地知《いじち》正治の「内務省職制私考草案」が出されたのは、既述の通り明治六年である。そして、命名に示される通りこれと同じ年、「啓蒙」思想家たちは〈明六社〉に結集し、翌年『明六雑誌』が創刊される。要するに、「国家理性」を貫徹する制度の創出と「啓蒙的理性」の宣揚は、同期した出来事なのである。民権から国権への福沢諭吉の「転向」といった事態が仮りにあったとしても、彼はむろん「理性」から「非理性」へ転回したわけではなく、単に一方の「理性」から他方の「理性」へ重心移動を行なっただけだと言うべきなのだ。この「理性」とあの「理性」との間の通底性は、〈明六社〉同人のほとんどが国家の機関で重責を果たした在官者であったという点に明らかであり、天皇制への苛烈な批判を表明した西周《あまね》が、後年さしたる心的葛藤の跡もとどめず軍人勅諭の起草者になるという事実は、そのもっともドラマティックな一症例にすぎない。

このことに関して事柄の本質を衝いた問題提起を行なっているのは、例によって福沢である。「学者の職分を論ず」(『学問のすゝめ』四編、明治七年一月)は、われわれの言葉で言い換えるなら要するに、知識人(彼のいわゆる「洋学者流」)が「国家理性」に仕えることへの懐疑と批判の表明であり、加藤弘之、森有礼《ありのり》、津田真《ま》道《みち》、西周が『明六雑誌』にただちに反駁《はんばく》を載せたが、それらの反駁はどれも結局、彼らにおける二つの「理性」の間の往還可能性の意識の在り処を証言しているだけのものである。もっとも福沢自身、たしかに「民」に、かつまた「私」にとどまるという処世を生涯貫いて一応筋を通したとはいえ、『通俗国権論』(明治十一年)で「国家理性」の側に就き、『帝室論』(同十五年)で天皇を肯定することで言説上の位置移動を行なっているという点は既述の通りだ。

このことを逆の側から見れば、明治政府が最終的に採用することになったプロイセン流の立憲君主制が「非理性」的な個人崇拝と不可分だとした場合、「非理性」はすでに明治初年から強烈に実在しており、帝国憲法と教育勅語は単にそれにもっとも実効的かつ整合的な表現を与えただけだとも言える。そもそも天皇という「非理性」的存在を統合のシンボルとすることで維新は成ったのだし、たとえ「五箇条の御誓文」の冒頭に「広ク会議ヲ興シ万機公論ニ決スベシ」が掲げられていようと、それを当為として権力的に命じている主体がその天皇以外の何ものでもないという事実は残る。

従って、まず「理性」のプロジェクトとしての自由と民権の主張があり、その挫折後、民衆の欲望が「非理性」的な天皇主義に収斂《しゅうれん》してゆくという時間軸に沿ったリニアな定式は、事柄をあまりに単純化しすぎていると言わなければならない。「非理性」は明治中期に事新しく登場して「理性」を扼殺《やくさつ》したわけではなく、終始在ったし今なお在る。要は、その「非理性」は、近代国家においては、「理性」の司る諸装置の中継回路を経ることによってしか現実界において機能しえないという点なのである。そして、入念な注意とともに精錬し遂げられたそうした装置の代表的なものこそ、帝国憲法や教育勅語といった言説にほかならない。われわれが後者をやや詳しく論じて前者にはあえて触れなかったのは、西欧の憲法学の基礎のうえに整合性と無矛盾性に配慮しつつ理知的に組み立てられた帝国憲法が、一種の「理性」的言語で書かれた言説であることは、最初からあまりにも自明だからである。それに対して、単に情緒的な修身のお説教とのみ受け取られうる教育勅語の本文の練り上げに、「啓蒙」的知識人井上毅のきわめて「理性」的な言説戦略が凝らされているゆえんを分析することにはいささかの意義があると思われた。

「神聖ニシテ侵スベカラ」(帝国憲法第三条)ざる「非理性」の化身が国の「統治権ヲ総攬《そうらん》」(同第四条)するという形で絶対主義が明文化されるに当たって決定的な役割を演じた伊藤博文や井上毅ら「エタティスト」が、むしろ「啓蒙」の側に就く合理主義者であったというこの逆説に、実のところアイロニカルなものは何もない。伊藤や井上は、内務省を創設した大久保利通や「行政警察(＝公安警察)」を創設した川路《かわじ》利良《としよし》の仕事を言説の水準で承継し、その徹底化を図ったにすぎない。「非理性」の化身を主権者として機能させるには「理性」の諸力のネットワークが必要とされるし、国家事業の「理性」的運営に向けて国民を組織するには「非理性」の超越的審級による「総攬」が要請される。この共犯性をもっとも無矛盾的に、もっとも合理的に包摂する解として起草された作文が、帝国憲法と教育勅語であったということだ。

そして、翻ってこのことはまた、明治初年の「啓蒙」のプロジェクト自体、実はこの「理性」と「非理性」の隠微な共犯関係に汚染されていなかったわけではないという事実を逆照射するだろう。理性的秩序の論理(合理主義)は、単独では機能しえない。それはイデオロギー(非理性的なドグマ)と一体となったかたちでしか実効的に作動しないのであり、われわれの意図は結局、この「理性」と「非理性」の相互依存性ないし相互補完性の回路を見定めようとする試みにあった。「非理性」的イデオロギーは「理性」の諸力の回路を潜り抜けて初めて有効化するのだし、他方、「理性」の言説もまた「非理性」的な倍音を響かせることで初めて現実的な影響力を持つことができる。実際、「理性」的諸理念を高唱した自由民権運動が、政府の枢要を独占した薩長への怨念《おんねん》をはじめ「非理性」的パトスにどれほど磁化されていたかに関してはすでに多くのことが語られている(1)。

ここで犯してはならぬ過誤は、この共犯関係を「理性」の未熟、すなわちその進化の度合いが未だ中途半端であることの証左と捉え、そこに日本の後進性を見るという、まさに「進歩史観」そのものの視点を採ることだろう。ここでは詳述する余裕はないが、「啓蒙の世紀」と呼ばれるフランスの一八世紀において啓蒙哲学者《フィロゾーフ》たちに担われた合理主義思想がいかなる彫琢《ちょうたく》を経ていかなる洗練を遂げたにせよ、フランス革命の原動力は階級間格差をめぐる血腥《ちなまぐさ》い憎悪にほかならなかった。そこで高唱された〈ラ・マルセイエーズ〉のルフランは「武器を取れ、市民よ／隊列を組め／進もう、進もう！／汚れた血がわれらの畑の畝《うね》を満たすまで！」というもので、それは理性的な「大義」の主張とはほど遠い情念の昂揚を謳い上げている(そもそもこの歌は元来、対オーストリア戦争に際して防衛的な愛国主義をモチーフに工兵大尉ルージェ・ド・リールが作詞作曲した軍歌である)。

血みどろの戦闘にいつでも身を投じる用意のあるそこでの攻撃的な「市民」イメージは、

今日一般的に用いられる、情念の激発を脱色された「市民」像——何やら「みんな」のために「みんな」して良いことをしているといった思い入れとともに語られる、「市民運動」「市民社会」「市民小説」といった諸観念における乙に澄ました「市民」像からははるかに遠いものだ。フランス革命が掲げた理念が「自由」「平等」という理性的な大義だけでは足りず、「友愛」という第三項が不可欠であったことにはそれなりの意味があった。世界の近代史の激動期にはつねに「理性」と「非理性」の共犯関係があったのであり、それは後年のロシア革命においても変わるところはない。

卑小な権力

「啓蒙」的合理主義とはそれ自体一つのイデオロギーにほかならず、このイデオロギーこそまさしく、内務省創設をはじめとする官僚制の整備においても、新律綱領から旧刑法へという刑罰規定の改革においても、小説言語に先導された「言文一致体」の汎用化においても機能した本質的原理であるという点は、すでに詳述されている。維新以来徐々に徹底化されていったこのイデオロギーの専制は、天皇制国家が公的にその姿を整えて以降も持続し深化してゆく。合理主義の核心をなす「理性《ラティオ》」の行使自体は、日清戦争以降のナショナリスティックな絶対主義の進展にもかかわらず、抑圧や弾圧を蒙ったわけではいささかもなかった。

その間抑圧されていったのは、「理性」それ自体ではなく、或る種の「理性」——「大きな正論」の普遍性として自己を表象する大文字の「理性」であった。内務省主導の警察官僚国家としての明治日本の破綻なき運営にむしろ「理性」は不可欠だったのであり、それは「小さな正論」のシステム化された集積を通じて機能しつづけた。ここで「小さな正論」と呼ぶものが、カント的に言うなら、「ある委託された市民としての地位もしくは官職において、自分に許される理性使用」すなわち「理性の私的使用」によって発話された言説を意味するという点も、ここで繰り返すには及ぶまい。今この場所で補っておくべきは、そこに孕《はら》まれる権力の問題である。

カントは、無制限な自由を享受すべき「理性の公的使用」とは異なり、「理性の私的使用」は極端な制限を受けても構わないという。従って後者はいわば「理性」のごく慎ましい使用、言ってしまえば、そのけちな使用でしかない。そして、近代日本で猖獗《しょうけつ》を極めたのはまさにこの「理性のけちな使用」として現勢化する権力の行使にほかならなかった。権力の猖獗を唆《そそのか》したもの、その民衆制圧のエネルギーの源泉となったものとは、逆説的ながらまさにこの卑小性それ自体であったと言えるのではないか。

兆民の言う通り、「恢復《かいふく》的の民権」を「下より進取する」のではなく「恩賜的の民権」を「上より恵与」されることで代表制の政体を獲得したわが国の人民は、上意下達の警察官僚制のシステムに易々と馴致《じゅんち》された。福地桜痴の報道によって、「賊兵」が「官兵」に退治されたという事実を、さらにまたその経過自体を福地の奏上によって「聖上」御みずからが把握するところとなったという事実を知悉《ちしつ》するに至って以降、メディア空間の内部に取り込まれた民衆は、共同体の攪乱者《かくらんしゃ》として批難されることを恐れ、地位や官職を楯にとってお上が発案し上から押しつけてくる「小さな正論」の数々に唯々《いい》諾々《だくだく》と従うことになる。そして、そうした積極的順応のエートスは、昭和二十年八月十五日で消滅したわけでは恐らくない。「1968」という符牒《ふちょう》で呼ばれる一過性の叛乱の季節が遠い過去の記憶として風化し、感傷的に回顧される胡乱《うろん》な英雄伝説と化した二一世紀初頭の今日の日本で、権力による馴致をむしろ積極的に受容しようとする心身的な態勢は社会の種々様々な場面でますます強化されつつあるかに見える。

ここでは「理性」は、抑圧されたり弾圧されたりするどころか、むしろ逆に積極的に抑圧し弾圧する何かとして立ち現われる。本来、人間を動物性から離脱させ、その自由を増大させる貴重な権能であるはずの「理性」それ自体は、自己に対して懐疑や批判を差し向ける能力を備えており、盲目的な権力意志をその本性とするわけではないはずだ。なるほど「理性」自体が恫喝《どうかつ》的な効果を持つ場面もありえよう。たとえば仮りに、過誤や悪徳や不快にみずからの生の意味や可能性を見出す個人がたまたま存在すると仮定する。その場合、「理性」が下す真なり善なり美なりの判断がその個人の実存に抵触し、それを脅かすといったことが起こるかもしれぬ。しかし、その生の私的な領域で、真や善や美の反対物を志向することの自由は個人の権利であり、それを認容すること自体もまた、「理性」の公共的機能の一つでなければなるまい。他者の権利と抵触せず、他者の自由を損なわないかぎりで、またみずからの社会的不利益を覚悟で、過誤や悪徳や不快に執着しようとする個人の「非理性」的な私的空間は、いかなる形によっても侵害されるべきではない。それが「大きな正論」――「理性の公的使用」によって下される判断というものだ。

しかし、みずからの正しさに疑いを持たず、その正しさの自明性への信を自他に向けて誇示している言説として――すなわち「小さな正論」として「理性」が現象するとき、そうした言説の発信はあからさまな権力の発動たることを免れず、その受信者を否応なしに抑圧する。「明治の表象空間」で起きたのはそれであり、またその抑圧はわれわれが身を置く現在とも決して無縁ではない。「大きな正論」の機能不全と「小さな正論」の猖獗の対比は、明治中期で言うなら社会進化論の「左」旋回の敗北と「右」旋回の勝利という構図にほぼ対応していると言ってよい。

「小さな正論」はなぜそれほどの猛威を揮いえたのか。実際、人々は明らかに「小さな正論」による抑圧を好んでいるかに見える。それは恐らく、「小さな正論」の受容が共同体への自身の所属感を強化してくれるからというだけの理由によるものではない。それにもましてまず第一にあるのは、「大きな正論」への厭悪《えんお》――本能からも感情からも自己を切り離して屹立する「理性」それ自体がまとう理念的な威圧感への、ほとんど本能的な忌避感情なのではないか。あくまで普遍的たらんとする「大きな正論」が突きつけてくる抑圧を厭《いと》うあまり、それならむしろこちらの方がまだしもと感じ、消極的な選択肢として「小さな正論」の方を受け入れてしまうということだ。「理性のけちな使用」であることの卑小性があまりにもあからさまであるがゆえに、それによって発せられた言説は受信者にとってむしろかえってたやすく受容し嚥下《えんげ》しうるものと化す。結果的に、それに易々と屈してしまう自身の個としての弱さに人はいかなる罪障感も覚えず、無自覚なまま翻ってみずからけちな権力主体と化し、その同じ恫喝的な「小さな正論」を身近な他者へつい回付したりもしてしまう。

他方、言説の発信者の側はどうか。「委託された市民としての地位もしくは官職において」語っているだけでしかない以上、発せられた言説の帰趨《きすう》に彼の責任が彼自身の個人名において問われるわけではない。それは普遍的な真理の主張といったご大層なものでないのはもとより、発信者が自身の署名の下で行なう個人的な意志や願望の表明でもない。「小さな正論」とは、それら両者のちょうど中間の曖昧な境位を漂う、ほどほどに公的《オフィシャル》ではあっても徹底して公共的《パブリック》であるわけではない当為や命令の言説にすぎず、その発信者は終始、地位や官職という仮面の蔭に自分の素顔を隠したままでいることができる。誰も彼もが嬉々としてそれを口にするのは、その内容に個人として責任を取る必要がなく、かつまたそれを発話するたびけちな権力者としての自己を確認しけちな権勢欲を満足させることができるからだ。彼は普遍性への通路を持った知識人ではむろんなく、従って「大きな正論」を発することの責任には耐ええない。他方、「理性のけちな使用」による「けちな正論」ならば何の抵抗感も覚えず、いくらでも恬《てん》として無造作に発信できてしまう。たとえば丸山眞男の古典的論文「軍国支配者の精神形態」（一九四九年五月発表）[2]が描き出しているのは、こうした光景にほかなるまい。

かつて、「非理性」の形而上学を、具体的な現実を衝き動かす諸力の起源として措定し聖別し温存するために——それを隠蔽《いんぺい》しつつその隠蔽自体によってそれを特権化するために、ありとあらゆる「正論」が動員された時代があった。しかし、「非理性」という高次の目的に奉仕すべくけちな「理性」が単に手段として利用されたとのみ考えるのは、事態の理解の半面でしかない。繰り返すなら、権力はむしろ「正論」それ自体のうちに胚胎《はいたい》されていたと考えるべきである。「非理性」はたとえ崇拝や信仰の対象であったにせよ、権力の主体であったためしはない。権力を揮ったのは、そして「非理性」の権威がもはや権利上は消滅しているはずの今日の日本で今現に権力を揮いつつあるのは、卑小であるだけにいっそう悪質で始末に負えない「小さな正論」の群れであり、その正しさの根拠をなし準拠枠をなす小文字の「理性」──私的に使用された「理性」──の非人称的な集合体である。悪名高い日本の官僚制の病弊の根本をなすのは、みずからが行なっているこうした卑小な権力ゲームへの無自覚と無反省以外のものではない。

懐疑とエクリチュール

では、こうした「正論」の権力の恫喝にいかにして対抗したらよいのか。正しさを僭称《せんしょう》する言説に単に過誤や虚偽、やつしやパロディを差し向けて嘲笑するというのは、気の利いた遊戯ではありえても本質的な批判とはなりえない（たとえば、一種の批評的見識がなかったわけではない斎藤緑雨《りょくう》が得意とし量産した小洒落《こじゃれ》た江戸的戯文などがその一例だろう）。また、「理性」からの逸脱としてのちょっとした「狂気」を演じてみても、そんな擬態を「理性」はただちに視野から一掃し抹殺してしまうだけだろう。新律綱領には「若《も》シ瘋癲《ふうてん》ヲ仮リ〈ニセキチガヒ〉、人ヲ殺傷スル者ハ、謀‐故‐殺‐傷ニ依テ之《これ》ヲ科ス」という一条がある(人命律)。「非理性」と共犯関係を取り結んで機能する「理性」の秩序は、生半可な「狂気」の遊戯など予《あらかじ》めその内部へ取り込み済みなのであり、それに然るべき位置を与えたうえでその対処法も念入りに推敲されている。

ならば、真偽も正誤も宙に吊った「情報」によっては対抗できないか。「情報」空間の無方向的なアナーキーが「正論」への批判として機能するというのは大いにありうることだ。が、そのてんでんばらばらな沸き立ちが或る瞬間一挙に何らかの絶対主義へ向かうレールの上に整序され、安手のポピュリズムへ雪崩《なだ》れ落ちてゆくというのもよくあることだから、決して楽観視はできまい。絶えず軽薄に浮動する「情報」のいかがわしさの魅力は、ここでは諸刃の剣といったものだろう。ただいずれにせよ、本書で扱った明治期に限って言えばメディア空間は──少なくとも今日の途方もない進化のさまと比較するなら──まだ原初的な生成過程の途上にあり、「情報」の無秩序な乱舞が「理性」そのものの存立条件を根本的に脅かすといった事態が到来するのはまだ遠い未来の話である。

かくして二つの解が残る。懐疑によって、あるいはエクリチュールによって──これが「理性」批判の二つの方途である。

まず確認しておくべきは、デカルトを引くまでもなく、懐疑それ自体は「理性」に本来的に備わった一機能──恐らくもっとも重要なものの一つ──にほかならないという点である。従って、懐疑の可能性を排除することによってのみ成立する「正論」に改めて懐疑を差し向けるというのは、実は「理性」にその全体性を回復させるという身振りにほかならない。それはいわば真正かつ完全な合理主義へ向けての、「理性」の徹底化の試みなのである。

「正論」の権力性を批判しえた言説主体としてわれわれが繰り返し立ち戻ったのは中江兆民であった。それは、兆民が「言文一致体」の安直な合理主義にあえて背を向け、時代遅れの佶屈《きっくつ》した「漢文体」で終生書きつづけたテクスト群こそ、「理性」の全体性の復元を視野に入れた強力な懐疑の模範的な実践であると思われたからである。兆民の思想には二つの軸があり、一つは超越性の審級を拒否しない特異な唯物論、もう一つはアイロニカルな懐疑主義であって、思想の内実としての前者とその方法論としての後者は、内在的な補完関係にある。

『三酔人経綸問答』の三つの声の循環的な相互批判は、演劇的な演出によってこの懐疑主義を舞台にのせた、きわめてラディカルな「正論」批判の実践であった。「嗚呼《ああ》、民主の制度なる哉《かな》、民主の制度なる哉」と歎声を発しつつ登場する「洋学紳士」の場合、表明された意見の内容はことごとく「理性」的でありながら、そこには懐疑だけが欠けている。だから彼の言うことはすべて「正論」であり、かつまた「正論」でしかない。兆民はこの理性の権化をカリカチュア化し、他の二人からのアイロニカルな批判にさらすことで、「理性」が身に帯びうる恫喝的な権力性を中和し解体しうる方途を示した。他方、『一年有半』のいたるところに鳴り響く「呵々《かか》」というシニカルな笑いは、「理性」それ自体の外部へ向けて、あくまで快活な自由の逃走線を引いているように見える。

しかし、「理性」の外部――それは「理性」と共犯的に狎《な》れ合うあの制度的な「非理性」ではむろんない――というなら、その限界的なトポスを指し示すもっとも強力なテクストを書いたのは、やはり透谷、一葉、そして露伴であろう。ここでもやはり「漢文体」への反時代的な執着が際立つこれらの作家・詩人は三者三様の仕方で、ひとことで言うなら「理性」批判を行なったのである――一人は「内部」という特異な実存的トポスの粘着的な素描によって、一人は狂気と境を接した「お力の独白」の容赦ない一撃によって、さらに一人は真偽の判断を宙に吊りながら遂行される根深く懐疑主義的な「考証」によって、しかし三者ともども結局は彼らの身体的無意識となまなましく共鳴するエクリチュールによって。「理性」が及びえない領界を凶暴に侵犯しうる権能を備えた言語の駆動装置、それが文学のエクリチュールである。

エクリチュールとは何か。初発においては「理性」の促しによって発動する言葉が、連続継起するうちに、言葉が言葉を呼び、言葉が言葉を誘い、追い追われ、殺し殺され、活かし活かされ、交響し合い反撥し合い重層し合い、「理性」の統御を脱してとめどなく加速してゆく自動運動、それがエクリチュールである。エクリチュールとは、自分自身の皮膚を織り上げつつある作者主体の手へと跳ね返って苛酷な非人称化の力学を波及させ、継起する記号の流れを裸形の物質として露出させ、沈黙と空隙と死を指し示しつつ「理性」の外部の広大な沙漠にまで侵入し、その不毛性と稀少性それ自体から糧を得て生成し自己更新しつづける、異形の言葉たちの演じる昏《くら》い祝祭にほかならない。言葉がそこに孕まれた意味として「理性」批判というメッセージを運んでいるわけではないし、「理性」を批判し去ってやろうとわざわざ企図してその外部へ超脱を試みるのでもない。エクリチュールはただ、否応なく、宿命的に、我にもあらず、「理性」の外へ超脱する。その超脱が期せずして、「理性」の専制に対するもっとも尖鋭な批判として機能することになるのだ。

　われわれはここまで、透谷・一葉・露伴のエクリチュールにしばしば近代的(現代的)という形容を付してきた。それはただ端的に、こうした「理性」批判のエクリチュールが近代以前には存在しなかったからであるが、「理性」への批判はまた同時に「近代」それ自体への批判でもあるという点をここで改めて強調しておく必要があろう。「理性」の専制に懐疑を差し向けるとは畢竟《ひっきょう》、「近代」を再審に付すことにほかならず、そして「近代」とは、この再審の試練を潜り抜けつづけることによって辛うじて「近代」たりうることができる何ものか――「反＝近代」のヴェクトルを必然的に内包し、それによってのみ十全に「近代的」たりうるような何ものかの謂《い》いなのである。従って、文学における「近代性」の核心には、その不可欠な構成要素として「近代批判」が必然的に組み込まれざるをえない。

　「言文一致体」の汎用化以後、作者は人間的に充実した個的主体として発話し、その発話を自身の耳で確かめつつ、あたかも外界や内面をそのまま透明かつ即時的に表象しうるかのような錯覚が瀰漫《びまん》してゆく。この透明性と即時性は、作者から人称性を奪いもしないし、書きつけられてゆく言葉の流れ自体がそのまま「理性」と「近代」への批判と化すこともない。「言文一致体」はそれ自体「理性的(合理的)」にして「近代的」な言語行為と信じられ、その胡乱な近代合理主義を無邪気に歓迎する安直なオプティミズムに作家も詩人もあっさりと染まり、それに酔い痴れてゆく。必然的にこれ以降、エクリチュールは文学の舞台で稀薄化の一途を辿らざるをえない。個人の才能によっては如何《いかん》ともなしがたい日本語の制度の壁が天才の前に立ちはだかる。たとえば萩原朔太郎の『氷島』（昭和九年）における突然の文語回帰――語法の誤りの多い、あのひ弱で痛々しい「漢文体」に孕まれた悲劇性と喜劇性――の問題なども、この文脈で捉えられなければなるまい。

ラディカルな懐疑と野生のエクリチュールとを兼ね備えた凶暴無比な思考として、一九世紀後半の西欧に出現したのがニーチェである。その根底的な「理性＝近代」批判は、最終的には彼自身の「理性」の崩壊という形で実人生上の代償を彼に支払わせることになるのだが、こうした巨大で徹底的な「理性」批判がなぜ近代日本に出現しなかったのか。むろん、西欧では一八世紀の問題機制であった「啓蒙」が日本に輸入されたのがようやく一九世紀中葉になってからのことだったという遅れの問題がある。もっと言えば、ニーチェにのしかかっていたのは古代ギリシャ以来の西欧形而上学の総体であり、彼はそれを懐疑と笑いのエクリチュールのアクロバット的力業で撥ね除けなければならなかった。しかし、それだけだろうか。

これはそれ自体巨大な問題で、ここではとうてい展開しきれないが、さらに一点だけ敷衍《ふえん》的に指摘しておくなら、ニーチェが相手取っていたのがキリスト教の至高神であったのに対して、明治日本において神格化された超越的「非理性」（天皇）が、擬似的な超越性ないし超越性の擬態にすぎなかったという差異が決定的だったのではないか。天皇はむしろ「理性」

批判の協力者として隠微に回帰し、批判的意志を予め甘美に宥《なだ》め、尖鋭化する以前に矯《た》めてしまうのだ。しかしこの点については「49 セリーⅢ＝時間」で後述する。

48　セリーⅡ＝システム

強制と抵抗

しかじかの事象・主題・領域に関して、それを構成する諸要素を一定の秩序の下に統合し、相互間を有機的に連関づけつつ、それらが個々ばらばらの状態であった場合には身に帯びようのない機能を全体として実現しうる構造体、それを「システム」と呼ぶ。この定義に従うかぎり、江戸期日本の幕藩制の政治秩序も「システム」であり、幕府内の大老・老中以下の役職のヒエラルキーも「システム」であり、また朱子学の「理気」二元論や木火土金水の「五行」の組み合わせによる万物生成論もまた、一種の「システム」化された世界観といったものであるには違いない。

「近代」以降の「システム」がこれらと区別されるのは、諸要素の統合秩序の基盤に、公共化された「理性」的原理を据えている点であろう。その意味で、壬申《じんしん》戸籍(明治五年施行)による人口管理の手法にせよ、新律綱領(同三年制定)から改定律例(同六年制定)へ、さらに旧刑法(同十三年制定)へと法規定の合理性を増大させつつ進化していった罪＝刑の対照表にせよ、対象とする諸現象を網羅的に包摂し整合的に説明し尽くすために諸学のディシプリンの各々が身に備えようとした概念構成の「規模」(西周による「システム」の訳語)にせよ、あるいはまた、その西がそれら諸学の有機的「連環」として構想した「百学連環」の大系にせよ、これらはすべて、明治日本がみずからを「近代化」するために必要とした「システム」群にほかならなかった。何らかの形で普遍性を僭称《せんしょう》する「理性」的原理を基盤とした政治的・法的・学問的秩序を確立することが、「西欧型近代」を獲得するための急務とされたのだ。それは厳密な論理の徹底化が事象・主題・領域の全域を覆い尽くす、抽象的にして非人間的な形式世界である。

逆に言えば、認識と実践において「理性」がみずからを貫徹しようとするとき、「理性」は宿命的に「システム」創出の試みにまで至り着かざるをえない。合理主義の昂進《こうしん》は最終的には「システム」に結晶する。「システム」とは「理性」の自己実現の究極の完成形なのである。従って、抑圧し弾圧する「理性」の権力性をめぐって前章でわれわれが記述したいっさいは、「システム」においてもっとも明瞭な発現を見ることになる。もちろん、戸籍や刑法が権力の発動であることは見易い事実である。だが、諸学における概念構成の「システム」もまた、個物の特異性と出来事性をあたうかぎり縮減し減圧しようとするヴェクトルを孕《はら》んでいるという点で、一種の権力装置と見なすべきなのだ。

薬草栽培という実利目的を脱し、東大の植物学講座の教育と研究のための資料収集庫として整備されていった小石川植物園は、植物分類学という抽象的な「システム」を現実界で裏打ちする参照装置であった。大槻文彦が「日本普通語」のマグマ状の総体を「単語」に切り分け、そのことごとくを簡潔な説明とともに集成した一覧表たる『言海』もまた、抽象的な「国語システム」の自己同一性を正当化しその作動を発話の現場で支える一覧表であった。しかじかの植物品種、しかじかの日本語の単語に関してどんな些細な疑問が生じても、その植物園に行きさえすれば、あるいはその辞書を引きさえすれば、そこに「システム」の構成単位の権利上はすべてを確認できるはずだとされる。実際にどうかはともかく、人をそう確信させる徹底性の外観をこれらの資料体や一覧表はまとっており、その信憑性を基盤として初めて「植物学」や「国語」は「システム」として機能することができる。

植物学や国語学の専門家ならいざ知らず、「普通」の「国民」の中にこの世の植物種の総体を見届けた者などいるはずはなく、また「日本普通語」の語彙のすべてを知悉《ちしつ》しそれを正しく運用しうる者が存在するわけもない。それは人々の実生活にとって不必要な「知」なのである。だが、現実的な必要性や有用性如何《いかん》とは別に、「近代」以降、「開化」と「啓蒙」は、最高学府の講座に担われた学知のディシプリンが堅固な「システム」として組織されることを要請する。また、共同体の成員間のコミュニケーションを統御する言語が、語彙と構文法の「システム」であり、その機能のさまが辞書と文法書に網羅的に記述されることを要請する。戸籍や刑法とは異なり、それらはむろんファンタスムにすぎない。が、それは人々によって信じられたファンタスムである。その「信」をより深いところで支えているのは結局、「理性」への「信」である。

「理性」的なものは正しいものである以上、あなたはそれを信じないわけにはいくまい、と「システム」は無言の声で囁《ささや》きかける。この強制された「信」に促されて人は「システム」を受け容れ、「開化」と「啓蒙」の時代に生きる自分自身を確認する。そして、翻って今度はその「信」が「システム」の正当性を担保し、そのさらにいっそう滑らかな作動を可能にする。この強制された「信」の共同化の力学に、権力装置としての「システム」の本質はある。

その構造と機能における合理性の徹底度に応じて良い「システム」があったり悪い「システム」があったりするにしても、それがめざす目的やそれが波及させる効果の価値の観点からは「システム」自体はあくまで中立的である。正しい「システム」、誤った「システム」といったものは存在しないということだ。強制収容所の囚人たちのガス室での処刑から死体や遺品の処理と再利用に至るまで、ナチ政権によるホロコーストの物理的過程が、高度な合理性に基づいて設計された「システム」に則って執行されたことはよく知られている。目的や効果の正当性や道義性の問題を超越したところで、とにもかくにもそれは優れた「システム」としてあった。そこに貫徹していたのもまた「理性」の原理だったのだ。それがあくまで「私的」に使用された「理性」だったにしても、である。

明治の表象空間で、「近代」的なネーション・ステートたらんとした他のあらゆる国家におけると同様に、政治・社会・文化のあらゆる領域にわたって「システム」化への志向が猖《しょう》獗《けつ》を極めたことは事実である。ただし、われわれの論述は、そこにむしろ「システム」の合理性の徹底化に抗う力が働いたという点を強調した。民衆を土地に定位させようとする戸籍制度から「横」にはみ出した者たち、すなわち行政警察の巡査による「戸口調査」で「乙号」に分類される住所不定のいかがわしい放浪下層民の存在にわれわれが注目したのは、彼らが共同体の暗い無意識に深く根ざした何らかの「反＝システム」的な欲動を表象していたからである。「正論」に従うかぎり「四民平等」であるはずの人口管理の「システム」に残留した「新平民」という記号の意味論的な畸《き》形《けい》性にわれわれが注目したのは、それに触発されて「新民」という異形の観念を提起した中江兆民の思考が、たやすく天皇主義と野合してしまう徳富蘇峰流の「平民主義」のイデオロギー性を打ち砕く力を秘めていたからである。「日本普通語」の総体が「言海システム」の上で運用されていると表向きいかに人が信じていても、その「信」を我知らず裏切って過誤や錯覚や混乱や譫妄《せんもう》に一気に身を委ねる瞬間があるという事実にわれわれが注目したのは、「理性」の外に不意に超出するそうした瞬間こそ個人の生に出来するもっとも貴重な出来事にほかならないからである。

「半＝理性」のキメラ性

完璧な――完璧に合理的な――「システム」への拒絶や忌避というこの問題の帰趨《きすう》には幾重にも錯綜した両義性が絡みついている。以下、それを少しずつ解きほぐしてゆくつもりだが、まず事態をもっともオプティミスティックに捉えた場合、この忌避の欲動は、「システム」の冷徹な非人間性に対する抵抗、そして、「近代」によって抑圧され疎外されたとされる生き生きとした人間性の回復と再生と再評価の物語として捉えられることとなろう。大らかで温かな「寅さん」の野人ぶりに「庶民」が喝采するのも、維新以前より隠微になっただけでなお執拗に残存する部落民差別に人道主義者兆民が憤慨するのも、情熱に駆られた書き手が言語使用のこちたき正則を蹴散らかし、筆の勢いに任せ手紙の文面に真情を吐露するのも、「システム」の人間疎外に対する小気味よい批判の身振りと見なされることとなろう。そして、この人間主義的なプロットに一面の真理があることは否定できない。

もとより「システム」の内部に「人間」が占める場所はない。かけがえのない身体と意識を備えた「人間」個体が自身の有限の生の現場に執着するかぎり、彼は何らかの形で「システム」への抵抗を試みざるをえない。それに亀裂を入れる、それの隙間を見つける、それを変革する、それから身を隠す、それを観念の水準で相対化する、等々、「システム」の権力性への抵抗は様々な形をとるが、「システム」に「人間」を対立させ、その対決の勝者として「人間」に喝采することは、いつでも人々に心地良い慰藉《いしゃ》をもたらす。ナチ党員にして軍需工場経営者であった――従ってホロコーストの「システム」の機械の有機的一部分を担っていた――オスカー・シンドラーが千二百人のユダヤ人を虐殺から救ったあのエピソードは、「システム」に対する「人間」の英雄的抵抗の物語として消費され、人間の人間らしさ、人間はやはり人間だといったトートロジーが改めて熱い感動を呼び、人々の涙腺を弛《ゆる》ませることになる。

ただし、情緒的な人間主義を混入することで、「システム」の純化された機能に不具合が生じることは事実であり、それでいいのかという問題はあくまで残る。なるほど、前述の通り「システム」自体は価値中立的であり、そうである以上その完璧な作動が「人間」の幸福や自由を明らかに阻害するといった例は少なからず存在するだろう。「システム」がめざす目的やそれが波及させる効果をめぐって改めて「理性」が行使され（「理性」の「公的使用」、「大きな正論」）、むしろ「システム」の失調こそが上位の審級では「理性」的価値の実現に叶ったことだと判定されるというのがそうした場合であり、「シンドラーのリスト」のような史実はそのもっともスペクタクル的な一例であろう。

しかし、加藤弘之のような政治学者や外《と》山正一《やままさかず》・有賀長雄のような社会学者に要請された使命は、とりあえずまず「システム」化された「知」の構築作業であり、それはそのまま「大きな正論」に合致する「理性」の「公的使用」でもあったはずである。ところが、「近代」の黎明期にあって官学の学問ディシプリンを創建するという任を負っていた彼らは、「システム」論的思考が完遂されるはるか手前の地点で腰砕けとなり、情緒的な人間主義へと曖昧に逃れてしまった。そのことの責任はやはり大きいと言わざるをえない。もとより「知」とは、その極限まで突き詰めた場合、仮借のない非人間的な徹底化を知性に強いる怪物にほかなるまい。それは抑圧的な権力の発動とも言えるが、その抑圧に際限もなく耐えつづけ、そのうえで或る瞬間「知」それ自体によって「知」を批判しうる視座を獲得することこそが知識人の使命なのではないか。その徹底化の耐忍をこれら「及び腰の知識人」たちは曖昧に回避し、「理性」を「情念」によって混濁させ、しかもその腰砕けぶりを、知的めかした西洋人名の羅列をはじめとする恫喝《どうかつ》的な意匠でもって糊塗《こと》し隠蔽《いんぺい》した。それを彼らに強いたのはいったい何なのか。

知識人の倫理の名の下に彼らの知的不徹底を批判することも無益ではなかろうが、われわれはこの問題をもう少し一般化した形で捉え直してみたい。そのとき、「明治の表象空間」で「システム」の合理性の徹底化に抗う力が働いたとして、しかしこのことは、むしろその抵抗の力自体が「システム」のよりいっそう滑らかな作動に寄与したと捉えるべきではないのかという疑念が浮上してくる。「理性」の徹底化を回避することによって初めて効率的に機能しうる、そうした特異な「半＝理性」的「システム」といったものがあり、「知」の普遍性の追求において不徹底と見える明治初期・中期の専門知識人の言説は、単なる中途半端な持ち場放棄だったのでは実はなく、むしろそうしたキメラ的な「システム」をもっともよく体現する装置として積極的に機能していたのではないかということだ。そのキメラ性としてここで「システム」に混入しているものは結局、「イデオロギー」──「国体」を聖化する尊王思想とそれを核として結晶した侵略的ナショナリズムのそれ──であろう。「及び腰の知識人」たちが示した情緒的な人間主義への媚態は、このイデオロギーのコロラリーの一つにすぎない。

「システム」と「イデオロギー」の相互浸透の問題は、ネーション・ステートの思想的定礎と不可分の学問ディシプリンたらざるをえなかった歴史学において、もっとも尖鋭化する。「学中、規模になしがたきものあり、history 及び natural history にして歴史及び造化史の学是《これ》なり。即ち是を descriptive science 記述体の学といふ」(「百学連環」)と西周は述べた。歴史をめぐる「知」は「システム」化が困難である――そう言った後、「然れども近来に至りては、西洋一般に歴史を system に書き得るに至れり」と続け、「当今西洋の歴史は civilization 即ち開化を目的とし、之《これ》に基きて書き記す、故に其《その》条理立ちて自《おのず》から規模を得たりとす」として、バックル流の文明史観の「システム」性を肯定的に捉えているこの西の言説は、「理性」を信じる「啓蒙」知識人にまさにふさわしいものと言える。

「開化」をゴールとする目的論に貫かれているがゆえに「其条理立ちて自から規模を得」るのだとするこうした西の「歴史＝システム」護教論に先導され、後続の歴史家の著書には実際、「因果関係」と「法則性」への執拗なこだわりが氾濫《はんらん》してゆく。そして、その「因果」と「法則」の内実をなす「理性」的な統合原理として明治の知識人たちが飛びついた理論ツールこそ、社会進化論にほかならない。

社会進化論を「理性」的「条理」と見なすことは、今日のわれわれにとっては難しい。とはいえ、前述の通り、「システム」を「システム」として成立せしめるものは「理性」それ自体であるよりはむしろ「理性」への「信」である。「野蛮」から「未開」へ、さらに「文明」へという「法則」性に従って歴史が進展するプロットが、「理性」の自己展開の物語として信じられることで、すでに歴史の言説は「システム」論的に編成され、それとして表象空間で機能しはじめていると言ってよい。こうした「信」に統べられた表象空間に、歴史の普遍的認識をめぐってさらなる「理性」的な考究が傾注されることで、この言説は西欧においてマルクス主義の唯物史観の「システム」へと高度化してゆくことになる。

ただし、社会進化論は同時に、「優勝劣敗」「弱肉強食」という粗雑なスローガンを介して侵略的ナショナリズムの護教論として読まれうる両義性を孕んでいた。そこでは「理性」的な「条理」は単なる口実と化し、ローカルな一国家にとっての帝国主義的侵略の国是の必然性を正当化してくれる口当たりの良い「小さな正論」にしか奉仕しなくなってしまう。そこにもなお「理性」への顧慮は残留しているが、それはむしろ、あられもなくエゴイスティックな「国家理性」の自己擁護への顧慮である。一方に文明史観を統御する「理性」があり（『文明論之概略』『日本開化小史』）、他方にナショナリズムを正当化する「理性」があって（『人権新説』『大日本膨脹論』）、社会進化論のこの二面性は前章の「47 セリーⅠ＝理性」で二つの「理性」――「啓蒙的理性」と「国家理性」――の確執と呼んだものにほぼ対応する。この両者への通路を一身に体現する社会進化論の明治の知識界における爆発的な人気と流行が、この得難い恩寵の如き両義性に由来していたことは疑いを容れない。

「白い終末論」へ

少なくともその「右」旋回の側面に関するかぎり、一見「理性」的と映る社会進化論が実は、「イデオロギー」以外のものでないことは自明である。「優勝劣敗」の「条理」の必然性に「第十九世紀ノ大勢」を見る蘇峰の史論は、もはや「システム」論的思考とは言いがたい。一応「システム」の外観を取り繕ってはいるものの、それはもはや「イデオロギー」に汚染された不完全な「システム」なのである。だが、ここではむしろ逆に、「明治の表象空間」

において「システム」とは、その純化された完成形では決して機能しえず、何らかの「イデオロギー」と野合した不完全形においてのみ滑らかに作動しうる何ものかの謂《い》いであったと考えるべきではないだろうか。

「及び腰の知識人」たちが「システム」の徹底化に耐えられなかったことの理由を、彼らの知的能力や教養の限界にのみ見てはならない。明治期の「システム」の不徹底の主要因は、そこに接ぎ木された「イデオロギー」――それは単なるナショナリズムにとどまらず、いわゆる「家族主義的国家観」として結晶する広い意味での温情的な人間主義を包摂する――による混濁である。そして、この混濁を通じて「システム」はよりいっそう滑らかに作動し効率的に機能する。社会進化論という「条理」のトポスの特性を微細に見ることで浮かび上がってくるのは、畢竟《ひっきょう》、「システム」が「イデオロギー」との野合へと傾斜し、その混濁した不完全性を通じてよりいっそう効果的な「システム」へと高次化してゆく生成のメカニズムにほかならない。先に特異な「半＝理性」的「システム」と呼んだものがそれであり、そこには、「システム」の完璧な作動に対する抵抗を「システム」自身が狡猾に取り込み、それを自身のよりいっそう滑らかな作動に寄与させてしまう巧緻《こうち》なメカニズムが働いている。

要するに、前章で「理性」と「非理性」との共犯関係として語ったものと完全に相似の構図が、「システム」と「イデオロギー」との癒着において見出されるということだ。「システム」が人々の意識と身体に実効的に働きかけるためには「イデオロギー」によって補助されなければならないし、「イデオロギー」がネーション・ステートの統合の符牒《ふちょう》として政治的な力を発揮する舞台の土台には「システム」が設《しつら》えられていなくてはならない。両者は互いに互いを潜り抜けることで初めて有効に機能しうるのであり、この共犯性は「理性」と「非理性」との間に取り結ばれたそれと形態的に相似であり、時期的に並行的であり、かつ構造的に相関的である。

では、「システム」からいかに超脱しうるか。これはすでに一度立てられた問いであり、それに対するもっとも常識的な答えとして、疎外された人間性の回復という物語が提出されている。だが、これが見せかけの解にすぎず、安易な人間主義への媚態が「システム」自体の有機的な一構成要素にしかなりえないことはここまでの叙述から明らかだろう。では、「システム」の完璧な合理性をことさらに矯《た》めることがそれをよりいっそう巧緻な「メタ＝システム」へと高次化してしまうというこの狡猾な陥穽《かんせい》を回避し、「システム」の作動する空間自体の外部へ逃れるにはいったいどうしたらよいのか。それには、「システム」と「イデオロギー」の共犯性自体を撃つ批判の実践が必要となろう。だが、ネーション・ステートの成員の一人であることを受け容れつつそれを行なうことなど、はたして可能なのか。

前章の「47 セリーI＝理性」で示唆された懐疑とエクリチュールという二つの解はここでも依然として有効なはずである。しかし、「システム」が「理性」のまとう究極の完成形であるかぎりにおいて、それへの批判は「理性」批判よりもさらにいっそう困難な課題たらざるをえない。人は誕生の瞬間から死の瞬間まで、それを欲すると欲しないとを問わず「システム」の内部に丸ごと搦《から》め捕られており、自身の現実生活と精神生活の総体を「システム」との相関の下に営んでいる。いかに懐疑を研ぎ澄まし、いかに奔放なエクリチュールに身を委ねたところで、いつの間にか我知らず「総動員体制」といった強力かつ精密な機械の有用な一部品と化していたりするものだ。

だが、「システム」の権力性への抵抗が多様な形で展開されてきたこと、そして今現に展開されていることもまた事実である。「文学」のエクリチュールを通じてのそうした試みのほんの一例に触れて、本章「48 セリーⅡ＝システム」を締め括ることにしよう。

明治の初年、本来「システム」などとはもっとも縁遠いはずの性の領域に「システム」化の網の目がかけられる。公娼制度がそれである。明治五年、政府は「芸娼妓解放令」(「一、娼妓・芸妓等年季奉公人一切解放可致《いたすべし》。右ニ付テノ貸借訴訟総《すべ》テ不取上《とりあげず》候事」)[1]を出して人身売買を禁じ遊女の解放を命じるが、これは人権への配慮を対外的に示威するパフォーマンスの域を出ず、それによって娼妓や遊郭がただちに消滅したわけではむろんなかった。ただちに盛り上がった遊郭業者の運動や私娼弊害論に押された府や県は、「貸座敷渡世規則」「娼妓規則」等の通達により、遊郭地域の特定及び娼妓の「本人真意ヨリ出願」(これにより「解放令」とは矛盾しないとされる)という二条件の下で売春営業の継続を認可する。明治六年十二月の東京府達第百四十五号は、その「娼妓規則」第一条に「娼妓渡世本人真意ヨリ出願之《の》者ハ、情実取糺《とりただ》シ候上差許《さしゆる》シ鑑札可相渡《あいわたすべし》」、第二条に「渡世ハ免許貸坐敷ニ限リ可申《もうすべく》候事」と定め、さらに月二円の鑑札料を払い(第五条)、月二回医者の検査を受ける(第六条)ことなどを義務づけた。[2]かくして明治の娼婦たちは「システム」の中に取り込まれたのである。

徳川時代の吉原は高度に洗練された文化空間であり、そこには性のゲームの最大限に快楽的な演出を目的とした言語や所作の厳密な「型」の体系の支配があった。が、それは粋人たちの「趣味」によって創出され維持されていた美的プロトコルの束といったものにすぎず、「近代」的な「システム」とはむろん無縁であった。明治以降、吉原をはじめとする遊廓群は公娼制の「システム」に組み込まれ、同時にこうした美的プロトコルの洗練のいっさいが失われる。やがて明治三十三年の「娼妓取締規則」に至って、娼婦の取り締まりは自治体から内務省に移管され、国家管理の公娼制が確立することになるのだが、それに先立つこと数年、自身は恐らく性的体験などないか、ないに等しかった若い女性が二篇の小さな小説を書く。「たけくらべ」(明治二十八―二十九年)と「にごりえ」(同二十八年)がそれである。

「たけくらべ」の主人公「美登利」は遅かれ早かれ公娼制の「システム」に組み込まれることを運命づけられた少女であり、この中篇の主題は、その暗い宿命の到来の予感によってかえっていっそう輝かしく躍動する束の間の思春期の生の牧歌性である。結末近くの彼女の性格の唐突な変貌は、彼女の身体と魂が「システム」に参入する決定的瞬間がそこに刻印されているとだけ読んでおけばそれで十分であり、そのきっかけとなったのが初潮か水揚げか初店かをとりたてて選択しなければならぬ理由はない。作者が書かなかったことまで穿鑿《せんさく》し特定しようとするお節介は、読むことの真の実践とは無縁の趣味人の慰戯にすぎない。要は、作品の結末に至って「美登利」の身体と魂が「システム」の内部と外部を分かつ「閾《いき》」に逢着し、その境界線上で悲劇的に震えているという事実に尽きており、読者はただその震えに共振して慄《おのの》くほかはない。

他方、丸山福山町の銘酒屋街を舞台とする「にごりえ」の主人公は公娼制の「システム」の外に弾き出された私娼であり、彼女の不倖もその自由もこの外部性によって決定されている。娼妓の鑑札を持たない彼女はむろん月二回の梅毒検査も受けておらず、それは、内務省衛生局がその頂点で統轄する広い意味での公衆衛生管理「システム」の外部に彼女がいることを意味してもいる。「新開」と呼ばれる記憶も地霊も欠いた空間に生きるこの女性がいかなる狂気を潜り抜けなければならなかったかという点は、本書「37 狂気――樋口一葉(二)」で夙《つと》に詳述されている。

「美登利」の場合も「お力」の場合も、そのエロスの悲劇の昂進を司っているものは「システム」との関係なのである。一葉はそれを書いた。「システム」との関係を決定的なパラメーターとする実存の悲劇を、「文学」表現へ昇華させたということだ。そのとき、彼女の残酷きわまりないエクリチュールは、ベンヤミンの言う「神的暴力」の行使以外の何ものでもない。書くことの実践というこの「例外状態」において「システム」は内破し、表象空間に――「22 革命――システム(四)」で引用したアガンベンの言葉を用いるなら――ベンヤミン的な「白い終末論」が出来《しゅったい》する。一葉はそれを、人間らしさの回復への祈念といったヒューマニズムの身振りによって行なったのではない。「美登利」や「お力」の生の条件の非人間性をむしろ限界まで押し進め、それを汚辱の「泥」に仮借なくまみれさせることで、「システム」の彼方にある「白い終末論」にまで到達したのである。

49　セリーⅢ＝時間

冷たい時間／熱い時間

福沢諭吉が小著『民情一新』(明治十二年)で、文明開化の本質を「人民交通の便」に見るという先駆的なコミュニケーション論を展開していることはよく知られている。彼は、「蒸気の時代」たる一九世紀の「利器」として「蒸気船車電信の発明と郵便印刷の工夫」を挙げ、それを「凡《およ》そ其《その》実用の最も広くして社会の全面に直接の影響を及ぼし、人類肉体の禍福のみならず其内部の精神を動かして智徳の有様をも一変したるもの」(第三章)(1)と評価した。人と物の運動が著しく加速することで経済が活性化するが、それはまた、貧富の格差が減じ、文化も均質化して国民全体の相互理解が進む過程でもあるというのがあくまで楽天的な彼の見通しである。「唯《ただ》貧富の浮沈平均するのみならず、津軽松前の婦人は薩摩に嫁し、長崎の男児は箱館の養子と為り、昨日まで東京に寄留したる者は一夜の間に中国に転宅して又翌日は北国に往来し、午前大阪に製したる菓子は午後東京の茶席に用ひ、今朝四国に出版したる新聞に就《つき》ては夕に奥州に演説し、千里比隣思想相通じて方言語音なまりまでも平均するに至る可《べ》し」(同前)(2)。

『文明論之概略』や『学問のすゝめ』に展開された思想史や精神論を補完する形で、ほとんどマルクス主義に通じる唯物史観――実際、同書「緒言」中には「ジッボン・ウォークフヒールド(Edward Gibbon Wakefield)」の著作に拠りつつ「「チャルチスム」と「ソシヤリスム」と二主義の流行」への言及がある――が提起されている。しかもそこで彼が社会の下部構造における最重要の革新と見なすのは、生産技術の発達ではなく、交通と通信のテクノロジーの、距離や速度に関わる飛躍的進化のことなのだ。のみならず福沢はまた、印刷や郵便のような「新工夫」によって可能となる「聞見」の意義を称揚するに当たって、事物の「理」の解明を旨とする大文字の「知」の深遠さにまでは至ることのない小文字の「知」と言ったらよいのか、直接的・身体的・実践的・即時的な「知」、深さの代わりに「博《ひろ》さ」を備えた「速度の知」として、「情報」の一語を提起してさえいる。行動に駆り立てる「勇」を人にもたらすのはそれだというのである。

　語に云く、智極《きわまり》て勇生ずと。余を以て此《この》語を解すれば、智とは必ずしも事物の理を考へて工夫するの義のみに非《あら》ず、聞見を博くして事物の有様を知ると云ふ意味にも取る可し。即ち英語にて云へば「インフォルメーション」の義に解して可ならん。

（『民情一新』第三章）(3)

「蒸気の時代」に身を置きながら二〇世紀後半の情報資本主義に、さらには二一世紀的なグローバリズム状況にまで視線を届かせていた福沢の慧眼《けいがん》は驚くべきものだ。が、彼の史眼の透徹ぶりに感嘆することがここでの趣意なのではない。今改めて問うてみたいのは、仮りにこの交通と通信に関わるテクノロジーの劇的な発達が、共同体内での階級間の葛藤と連動しつつ──福沢はそのことにも「人間社会の種族中、孰《いず》れか保守の主義に従ひ孰れか進取の主義に従ふ者ぞ。」と題する同書第二章で触れている──世の「民情」を「一新」させたとして、そのとき人々の「時間」意識にいかなる変容が起きたのかという問題である。

この「民情一新」現象は、明治十年代の当時、世界史的な同時代性において現在進行形で生起しつつある出来事であり、その意味の射程はまだ誰の目にも開示されておらず、明治日本はこの問題での「先進諸国」西欧に本質的な遅れをとっているわけではないということもまた、福沢の慧眼は見抜いていた。これら交通の「利器」を発明した「西人」自身、「今日僅《わずか》に其功用を試《こころみ》て自から其勢力の強大なるに驚駭《きょうがい》し又狼狽《ろうばい》する者なり」(「緒言」(4))。彼らはまるで「鳩にして鷹を生む者の如し。雛鷹《ひなたか》の羽翼既に成れば半天に飛揚して衆鳥を鷙攫《しかく》し、時としては其所生を嚇《かく》することもあらん。母鳩の驚駭狼狽も亦謂《またいわ》れなきに非《あら》ず」(同前)。絶えず加速し緊密化してゆく地球規模のコミュニケーション空間の進化は、単に文明開化の有益な一要素たるにとどまらず、翻って文明それ自体を脅かし、「智徳」の観念自体にさえ変容を迫る「怪物」にまで成長していきかねないということだ。

この「驚駭狼狽」とともに、人々の「時間」意識が変わる。西欧派の開化論者たる福沢がこの「民情一新」状況を、単に肯定的に、「進取」の徳によって獲得された楽天的な進歩性としてのみ捉えておらず、まるで茫然と手を束ねたように「狼狽」の一語を繰り返しているのはさすがである。「今」の日本が潜り抜けつつある事態をどう理解するか。近代化、西欧化、産業化、都市化――しかし、それらの概念よりさらに深いところに、当の西欧自身さえそれに対処しかねて困惑している根本的な時空意識の革新がある。そこに出現した「時間」を、たとえばレヴィ＝ストロースのあの「冷たい社会」／「熱い社会」の二分法を参照しつつ「熱い時間」と呼び、「情報」不在のうちに不活性化していたそれ以前の社会を統べていた「時間」を「冷たい時間」と呼んでみたらどうだろうか。

　レヴィ＝ストロースが「冷たい社会」と呼んだのはいわゆる未開社会であり、徳川時代以前の日本をその範疇《はんちゅう》に入れるのはむろん突飛に過ぎよう。江戸幕府治下の二世紀半、たしかに政治制度に関するかぎり日本は一種の「冷たい」安定状態にあったものの、文化的にはダイナミックな洗練と発展があり、また、長崎出島を通じて単純な「鎖国」の概念には還元されえない一定の国際的な交通があったことも周知の通りである。徳川日本は、その内部で限りなくエントロピー(乱雑さ、無秩序性)が増大し「熱的死」に接近してゆくような閉鎖系だったわけではなく、物や知識や人間の出入りによって差異化と秩序化のダイナミズムが更新されてゆくそれなりの開放系ではあったのだ。ただ、レヴィ＝ストロースが「冷たい社会」／「熱い社会」の二元論を、時計のような「工学的機械」と蒸気機関のような「熱力学的機械」との対立になぞらえている(ジョルジュ・シャルボニエ『レヴィ＝ストロースとの対話』[5])、その比喩形象を文字通りに受け取った場合、交通とコミュニケーションが熱力学的な沸騰状態で飛躍的に進化を見せるのが、西欧の産業革命が全面的に導入された明治以後であることは否定できない。福沢も、「蒸気船車、電信、郵便、印刷と四項に区別したれども、其実は印刷も蒸気機関を用ひ、郵便を配達するも蒸気船車に附し、電信も蒸気に依て実用を為すことなれば、単に之《これ》を蒸気の一力に帰して、人間社会の運動力は蒸気に在りと云ふも可なり」(『民情一新』「緒言」)(6)と言い、文明社会全体を「驚駭狼狽」の中に置く決定的な出来事性をほかならぬ蒸気機関という「熱力学的機械」の出現に認める立場をとっている。

では、エントロピーの増大に逆らい、差異化と秩序化の時々刻々の更新によって巨大な熱量を産出しつづける「熱い時間」とは、いったいどのようなものなのか。産業資本主義の観点に立てばそれは、各人の固有の身体性を度外視し、分秒刻みのスケジュールでシステム化された労働を人々に強い、自己の無為や懶惰《らんだ》に罪悪感を抱かせる強圧的な「時間」である(つねに眼前にあって「余をして一時一刻も安然として寝床に横《よこたわ》らしめざる」元凶だと透谷が語った「一大時辰機」)。情報メディア論の観点に立てばそれは、絶えず「今」を、「今」のみを焦点化し価値化して、「新しさ」に向けて人々の意識を強迫的に駆動しつづける「進歩」と「進化」の「時間」である(「天保ノ老人」に「明治ノ青年」を対置した蘇峰の自負と優越感)。精神分析的観点に立てばそれは、それへの屈従が生命的自然からの疎外を惹起《じゃっき》し、その持続的なストレスに耐ええない「近代社会」の不適格者の存在を残酷に際立たせずにおかない神経症的な「時間」である(ボードレールの散文詩で「魔性の供廻り」を従えて君臨し、人間を突き棒で牛馬のように追い立てて働かせつづける「醜い老人」)。またもっと大局的な歴史観の立場から言えば、それがイデオロギー化された場合の代表的な言説形態の一つとして、「今」は「昔」と比べて絶えずより良いものとなってゆくとする擬似科学的な社会進化論を発生させ流行させた「時間」でもある。

「緩解調和」の装置

こうした「熱い時間」は、「理性」的な「システム」と親和的である。社会制度の諸「システム」を効率的に運営するためには、時・分・秒の均質化された単位への分割を前提としたうえで、それを「現在」という閾《いき》の上で次々に「過去」へと組み入れてゆく「熱い時間」の容赦のない経過に対する、研ぎ澄まされたパンクチュアリティの意識が不可欠であることは言うまでもない（たとえば福沢の言う「蒸気船車」の定時の運行）。しかし結局、「熱い時間」とはそれ自体、一つの合理的な「システム」なのである。均質単位の秩序立った統合と連関によって機能し、しかも絶えず動的に更新され、一瞬前と比べてよりいっそう価値化された瞬間としての「今」を生産し再生産しつづける――それがつまりはエントロピーの増大の阻止でありその反対概念たるネゲントロピーの産出である――「熱い時間」、それは畢竟《ひっきょう》、「システム」化された「時間」の謂《い》いにほかならない。それが歴史をめぐる「システム」論に結実した場合、社会進化論という「条理」に基づき「野蛮」から「未開」へ、さらに「文明」へという楽天的な「進歩」の物語を語るバックル流の「文明史観」が成立することになるわけだ。

レヴィ＝ストロースは「冷たい社会」の比喩として、「工学的機械」の一つである時計のイメージを提起したが、透谷から眠りと休息を奪ったあの「一大時辰機」のヴィジョンは、時計は時計でも、「冷たい」「工学的機械」であるどころか、むしろそれと真っ向から対立する、巨大な蒸気機関にも似た「熱力学的機械」の典型と言うべきものであった。それは間断のないネゲントロピー発生システムであり、それが熱力学的な悪夢となって透谷に取り憑き、彼に「近代」不適格者の烙印を押したのである。

では、システム化されない時間、すなわち「冷たい時間」とはいったいどのようなものか。それを一挙に鮮烈に理解させてくれる美しい寓話を、ここでもまたボードレールの散文詩から引用しておこう。南京郊外を散歩していた宣教師が、時計を忘れてきたことにふと気づき、一人の少年に今何時かと尋ねる。中国人の少年は少々ためらった後どこからか太った猫を抱きかかえてきて、その瞳の中をしげしげと覗きこみ、「正午ちょうどにはまだちょっと間がありますよ」ときっぱり答えた、そしてそれは正確な時刻だった、という（「時計」『パリの憂鬱』所収）(7)。猫の瞳孔の拡大・収縮の推移のうちに孕《はら》まれたこの「時間」こそが――あるいは、その推移のうちに正確な時刻を読み取る能力を備えた、繊細きわまりない「野生の思考」の感受しているこの「非理性」的「時間」こそが、「冷たい時間」にほかならない。

ボードレールも透谷も「熱い時間」に対する憎悪を隠していない。時代は下るが、萩原朔太郎（一八八六―一九四二）は、ボードレールの影響下で書かれた散文詩群の一つに、「或る瘋《ふう》癲《てん》病院の部屋の中で、終日椅子の上に坐り、為すこともなく、毎日時計の指針を凝視して居る男」を登場させている(「時計を見る狂人」昭和六年発表、『宿命』同十四年刊所収(8))。この患者こそ「おそらく世界中で、最も退屈な、「時」を持て余して居る人間」だろうと「私」は考えるが、「ところが反対」なのだと「院長」は答える。「この不幸な人は、人生を不断の活動と考へて居るのです。それで一瞬の生も無駄にせず、貴重な時間を浪費すまいと考へ、ああして毎日、時計をみつめて居るのです」。話しかけられると彼は腹立たしげに怒鳴るだろう、「黙れ！　いま貴重な一秒時が過ぎ去つて行く。Time is life! Time is life!」と。

朔太郎は、「熱い時間」への不適応から狂気へと追い詰められていったこの病者の対極に位置する存在のポートレートもまた、同じ『宿命』所収の散文詩群の一つで描いている。針のない釣糸を水に垂らして日がな一日川岸で過ごす「支那人」(「太公望の故事による」と巻末の「自註」にある)がそれである(「寂寥《せきりょう》の川辺(9)」)。彼は言う、「魚の美しく走るを眺めよ、水の静かに行くを眺めよ。[…]むしろ私は、終日釣り得ないことを希望してゐる」[圏点原文、以下同]と。老荘的とも形容すべきこの無為の釣り人の心豊かな充足感に朔太郎が託したものは、分秒刻みの威圧的な等拍性もなく刹那の「今」の特権化もない「冷たい時間」への、胸を灼くような憧憬とノスタルジーにほかならない。なお、その憧憬をボードレールと朔太郎が両者ともに架空の「中国人」の時間意識に投影しているのは、サイードのいわゆる「オリエンタリズム」幻想の好例であろうが、その点に関してはここでは立ち入らない。

福沢の強調する「狼狽」とは、「熱い時間」へのこの不適応の根深さと普遍性をまざまざと物語る言葉であろう。いっそこの「狼狽」を、「熱い時間」に直面した当時の人々の過渡的不適応としてのみならず、むしろ「熱い時間」それ自体に内在する本質的属性として捉えるべきではないのか。絶えざる「狼狽」とともに息せき切ってそれに必死に同調しつづけなければならないものこそが、「熱い時間」なのである。それに耐えられない者は阿片の恍惚《こうこつ》に逃げ込むか心を病むか、あるいは釣針なしの釣りという反＝合理的遊戯の中に流れる「冷たい時間」のユートピアへの夢想に耽溺《たんでき》するほかはない。

「皇祖皇宗ノ神霊」(帝国憲法「告文」)、「万世一系ノ天皇」(同第一条)、「天壌無窮ノ皇運」(教育勅語)等はすべて、これに似た「冷たい時間」のユートピアの変異態である。神経過敏な詩人たち──「蒸気の時代」の不適格者──を病に追い詰める「狼狽」は、彼らほど繊細ならざる近代社会の市民たちの誰彼でさえ、時として居心地の悪い思いへといざなわずにはいない。「熱い時間」のただなかにあえて時間錯誤《アナクロニズム》を犯してこれら「冷たい時間」の慰安装置を設《しつら》えることは、人々の疲労を癒やし緊張をほどき、それによって彼らを「熱い」現実にいっそう能率的に馴致《じゅんち》適応させるために有効であり、むしろ必要でさえある。それは「理性」や「システム」の抑圧的な権力性にあえぐ人々をいっとき庇護し、新たな生命力を充電してまた「熱い時間」のただなかに送り返す「観念のアジール」なのである。福沢が帝室を「政治社外」に位置させよと説いたうえで、しかし「人民の安寧は帝室の緩和力に依頼する」と言い(『帝室論』明治十五年)[10]、また尊王の気風において「帝室の尊厳神聖」は「政治社会の俗熱を緩解調和する」「妙効」があると言うのも(『尊王論』同二十一年)[11]、そのことの謂いにほかなるまい。

要するに、「理性」と「非理性」、「システム」と「イデオロギー」の間にあったのと同型の、また年代的にも並行している共犯関係が、「熱い時間」と「冷たい時間」との間にも取り結ばれているということだ。「俗熱を緩解調和」する「冷たい時間」を注いで稀釈することで「熱い時間」はよりいっそう嚥下《えんげ》し体内化しやすいものとなるのだし、「熱い時間」によって管理された現実生活の堅固な拠りどころがあればこそ、人々は安心して「冷たい時間」のファンタスムに放恣《ほうし》に身を委ねることができる。「近代」の到来とともに、「冷たい時間」から「熱い時間」へというクロノロジックな交替変化が一挙に実現したわけではない。「ご一新」と言い「民情一新」と言っても、時間意識が「冷」から「熱」へ突如切り替わったわけではなく、「冷たい時間」は絶えず滞留して「熱い時間」を補完し、後者を駆動しまたそれによって駆動されもする共同体的無意識に心的エネルギーを備給しつづける。

たとえば、ヴェーバーの『プロテスタンティズムの倫理と資本主義の精神』(12)も、いわば「冷たい時間」(カルヴィニズムの予定説)と「熱い時間」(合理的な経営・経済活動を支えるエートス)の西欧近代における特異な内在的結合の論理を解明する仕事であった。ただし、そこでの結合が倫理やエートスに、つまりは象徴秩序＝「超自我」の領域に関わっているのに対して、明治以降に創出された日本の尊王思想は基本的に想像界＝「エス」の領域で作動するエモーショナルな「緩解調和」の装置であり、それは教育勅語が強圧的に「命令」せず、「朕爾臣《なんじ》民ト倶《とも》ニ」「庶幾《こいねが》フ」といった「祈念」の言説として構成されているという事実に明瞭に表われている。

とはいえ、この「祈念」が、そこから強圧的語調が削ぎ落とされ、父権的な倫理性というよりむしろ母性的な包摂性(「ト倶二」)を強調することで、よりいっそう隠微に強制する——命令しないことによって命令する——巧緻《こうち》な権力装置にほかならないという点は、本書(中巻)「29 命令——天皇(三)」等ですでに詳細に論じた通りである。これは弱い権力——弱いだけにいっそう滑らかに人々の身心に浸透する、始末に負えない権力であり、それが小さな正論の「システム」と結合するところに、「国民」を「総動員体制」へ導く道が舗装されてゆく。

腐敗と暴走

「天壌無窮」の「冷たい時間」は、一神教世界の神学的「時間」がまとっているような普遍性を孕んではいない。それは「万邦無比」であることの特異性を誇示するばかりで、たとえ一種の超越的原理ではあっても、その原理が経験的地平から超脱し理念的に自立し抽象知として聳立《しょうりつ》することを可能ならしめる、いかなる普遍的論理もそこには不在である。それは擬似的な超越性でしかなく、経験世界から自己を切断して威丈高にそそり立つのではなく、むしろ経験世界の細部に和やかに沁み入って人心を掌握する途《みち》を採る。それは五倫の徳のような日常的な生活作法と癒着しそれによって自己を正当化し、かくして「熱い時間」の支配する現実世界の隅々に、根から吸い上げられた樹液のように浸透してゆく。「一身独立」(福沢)した近代的な経済主体であることと尊王主義者であることとの間には、利に敏い経営者であることと禁欲的なカルヴァン主義者であることとを有機的に結ぶような内在的論理の絆はない。人はただ、現実生活の隙間の隅々にまで浸透している「冷たい時間」を「観念のアジール」として享楽しつつ、それと「熱い時間」との間を漠然と行ったり来たりするだけである。

この往還の機制に徹底的な批判を加えた明治の知識人はいない。福沢がそれをむしろ楽天的に肯定したのはすでに見た通りである。内村鑑三によって代表される明治期のキリスト者の言説が、この機制を或る程度まで相対化しうる理念的視座を提起していることは事実であるが、現実社会でこの機制がそれなりに円滑かつ有効に機能しているという事実を前にしたとき、その理念が基本的に無力であったことは否めない(勇気を奮って敢行した積極的なプロテストだったわけでは決してない「内村鑑三不敬事件」の曖昧な顚末《てんまつ》)。それは結局、明治のキリスト教言説が、西欧近代と日本の古層との間を橋渡しししつつ狡智のかぎりを尽くして作り上げられたこの混淆の「システム」に対して、西欧由来の原理主義を今ひとたび差し向けるという単調な身振りにすぎなかったからである(内村の「無教会主義」がキリスト教を日本固有の風土へ馴化《アクリメート》させようとする貴重な試みであったことは事実としても)。

一方、最晩年の兆民はその絶筆で、唯物論の徹底化によって無宗教的な超越論的宇宙観の構築を試み、それはいわば彼なりの「冷たい時間」の理論化作業でもあった(『続一年有半』明治三十四年)。明治期においては稀少にして貴重な試みであったその超越論が、たとえば福沢の思考の世俗性の限界を際立たせていることはたしかである。しかし、「冷たい時間」を

「システム」論として編成しようとするその一種倒錯的なテクストは、食道癌の進行と競争するような速筆で書かれたという余儀ない事情も禍《わざわい》したか、中途半端なSF的コスモロジーの素描にとどまっている。この孤独な唯物論者を囲繞《いじょう》する同時代の日本における「天壌無窮」概念の実効的な機能ぶりを撃つ力を、それもまた到底持ってはいなかった。

ここではもはや、懐疑もエクリチュールも有効ではない。「熱い時間」は近代人の生を丸ごと包摂する現実そのものであり、その外部は夢想の中にしかない。そして、夢想は禁じられておらず、それどころか大いに指嗾《しそう》されてさえいる。夢想の飛翔を禁じ、さらには夢想を可能ならしめる私性の空間の確保そのものさえ禁じる権力といったものならば、敵として明確なイメージを結ぶし、それとの闘いを具体的に構想するのも容易と言えば容易である。二〇世紀に至って、まずファシズムの、次いでスターリニズムの台頭を前にした文学的想像力は、そうした全体主義的権力との敵対の構図を諷刺小説の形に昇華し、ハクスリー『すばらしい新世界』(一九三二年)、オーウェル『一九八四年』(一九四九年)、ブラッドベリ『華氏451度』(一九五三年)等、極端なディストピアを舞台とする思考実験的な寓話群を産み出している。それに対して、非＝歴史的な「冷たい時間」をみずからの正統性の根拠とするこの弱い権力は、人々をむしろ夢想へと積極的に誘惑し指嗾し、快楽原則の貫徹したその夢想を糧として、「熱い時間」におけるみずからの支配をよりいっそう強化するという始末に負えない機制の下に機能しており、それとの闘いの物語にわかり易い娯楽的諷刺性を充塡《じゅうてん》することは難しい。

懐疑もエクリチュールもそれを断つ決定的な武器とはなりえないこの「冷たい時間」と「熱い時間」の共犯関係は、「明治の表象空間」において批判も解消も極度に難しい、最終的なアポリアなのである。それがアポリアなのは、現実を生きつつそれで満たされないものをファンタスムとして生きるという二重性は、いわば人間性の「自然」そのものであり、そのこと自体を悪として断じることなど誰にもできないからだ。たとえば、兆民が『三酔人経綸問答』に設えた「歴史の時間」と「寓話の時間」の重層化の仕掛けも、そうした人間性の「自然」の反映によって、虚構のテクストにリアリティの厚みを賦与《ふよ》しようという工夫であったに違いない。もちろんそこでの寓話性は老荘思想を範としたもので、「天壌無窮」のイデオロギー性とは無縁である。ただし、「歴史の時間」の上にそれを一挙に相対化する「寓話の時間」を重ね合わせる説話の仕掛けによって、このテクストで展開される議論の射程が単なる時事批評を超え、賢智に満ちたモラリストの世界観の表明にまで深まっていることは事実である。「洋学紳士」と「豪傑君」の生きる「熱い時間」に冷や水を浴びせ、それを時間錯誤的に相対化する「冷たい時間」の導入が必要だったのであり、「南海先生」はそれを一身に体現することによって――彼の口にする穏健な折衷主義の議論の内容自体によってではなく――あの「狼狽」から救済される途の一つを指し示してはいるのだ。「冷たい時間」と「熱い時間」の共犯関係自体から逃れることとは、結局、人間にはその本性上不可能なのである。有限性を運命づけられた「人間」に対してフーコーが与えた、「経験論的＝超越論的二重体」という定義をここで思い出してもよい（『言葉と物』）。

しかし結局、満州事変(一九三一―三二年)以降の歴史の進行において、悲劇的なカタストロフは起こるべくして起こった。その淵源はやはり、帝室は「政治社外」に置くべしとした福沢の叡智《えいち》ある提言が実現されず、「冷たい時間」が「熱い時間」のただなかに制度化――帝国憲法によって明示的に、教育勅語によって隠喩的ないし換喩的に――されたことにあったと言うほかはない。「冷たい時間」が「熱い時間」を内部から食い破り、食い散らし、後者の熱を冷ます役割を演じるはずだった前者自体が「俗熱」化し、さらには「白熱」化さえして、交通とコミュニケーションの空間を閉塞させ、そこを行き交う「インフォルメーション」さえ遮断し、理性的に「狼狽」する余裕さえ人々から奪った結果、「智」を欠いた「勇」ばかりが過激化することになったのだ。ひとたび制度化されるや、「イデオロギー」は当初の制度創始者の思惑を超えて暴走する。うまくバランスを保っているかぎりはプラグマティックな有効性があったはずの二つの「時間」の共犯関係が、押しとどめようもなく腐敗して、「冷たい時間」それ自体がネゲントロピーを産出し畸形《きけい》的な秩序化を過熱させるという異常な事態に突入したのである。

二一世紀初頭の今日、「天壌無窮」の「イデオロギー」はむろんその現実的有効性を失っている。しかし「人間」が「経験論的＝超越論的二重体」であるかぎりにおいて、「冷たい時間」への渇望は今なお変わることなく滞留しつづけているはずだ。いったいそれが今後いかなる形態をとるのか、とりうるのか、それが畸形化し暴走し「熱い時間」を獰猛《どうもう》に食い破り、食い散らす危険がありうるのかありえないのか――それは本書の主題の埒外《らちがい》に位置する問題である。

停止した時計

ところで、萩原朔太郎が『日本への回帰』と題する評論集を刊行したのは、今しがた触れた最終的なカタストロフがいよいよ本格化する、その直前の時期である(昭和十三年三月)。表題作のエッセイ「日本への回帰」は、題名だけ見れば一見、時流に迎合した例のごとき国粋主義の鼓吹にすぎないかのようだ。事実、そこで詩人は、かつての西洋憧憬の「蜃気楼《しんきろう》が幻滅した今、僕等の住むべき真の家郷は、世界の隅々を探し廻つて、結局やはり祖国の日本より外にはない」(13)と述べている。だが、その「真の家郷」の実態はどうか。「[…]僕等はあまりに長い間外遊して居た。そして今家郷に帰つた時、既に昔の面影はなく、軒は朽ち、庭は荒れ、日本的なる何物の形見さへもなく、すべてが失はれてゐるのを見て驚くのである」。要するに「僕等は一切の物を喪失した」と言うのだが、しかしながら、と彼は続ける――

しかしながらまた僕等が伝統の日本人で、まさしく僕等の血管中に、祖先二千余年の歴史が脈搏《みゃくはく》してゐるといふほど、疑ひのない事実はないのだ。そしてまたその限りに、僕等は何物をも喪失しては居ないのである。(14)

これはいったい何のことか。彼自身が「二律反則」と呼ぶこの前後撞着した奇怪な言表は、この直後にも引用されているように、すでに自作詩篇「乃木坂倶楽部《クラブ》」(昭和六年発表、『氷島』同九年刊所収)中の「我れは何物をも喪失せず／また一切を失ひ尽せり。[15]」という二行の詩句に結晶しているものだ。

恐らくここで朔太郎は、彼なりの仕方で、近代日本に宿命づけられた「冷たい時間」と「熱い時間」の共犯性について語っている。何一つ喪失せず丸ごと滞留しているのは「祖先二千余年の歴史」とも言い換えられた「冷たい時間」であり、他方、「すべてが失はれ」た、「一切を失ひ尽」くしたという認識とともに詩人の身体と意識がなまなましく体感しているのは、「幻滅した西洋の図が、その拙劣な模写の形で、汽車を走らし、電車を走らし、至る所に俗悪なビルヂングを建立して居る」(「日本への回帰」[16])現代日本の「熱い時間」である。つまり朔太郎は明治以来の「時間」の二重性の問題機制を忠実に承継しているのだが、ただしここで重要なのは、彼にとってこの二つの「時間」は、そのどちらもが厭《いと》うべき否定性の相貌の下に立ち現われているという点であろう。今、両者ともどもが忌わしい「虚無の空漠たる平野」に還元されてしまったと彼は言う。「今、此所《ここ》には何物の影像もない。雲と空と、そして自分の地上の影と、飢ゑた孤独の心があるばかりだ」(同前[17])。二つの「時間」の共犯関係の腐敗の果て、ついに矛盾に耐えきれなくなったアポリアが、今しも決定的に内破しかけている。そのクリティカルな時期の歴史状況の緊張に、この傑出した詩人＝知識人の病的なまでに過敏な知性と感性が、こうした形で鋭く反応しているのに違いあるまい。

今われわれの論述は、「明治の表象空間」の圏域からはるかに離れた昭和十年代前半へといきなり飛んでしまっており、恐らくこの跳躍は、すでにこの書物にやや不体裁な軋みをもたらしている。しかし、この軋みにもかかわらず、あえて萩原朔太郎の晩年の著述をめぐる考察をなおいま少し続行してみたい。私見によれば北村透谷を起点に置く日本の近代的な詩的言語は、山村暮鳥《ぼちょう》(一八八四―一九二四)を経て(『聖三稜玻璃《せいさんりょうはり》』〈一九一五年〉の画期的達成)、萩原朔太郎に至って初めてその全面的な開花を迎える。[18] 朔太郎は日本の詩歌の「近代性」の問題のすべてを背負っており、それら問題群はことごとく「明治の表象空間」にその淵源を持っている。逆に言えば、鋭く屹立する言語で書かれた『月に吠える』の神経症的風景から、なだらかな平仮名を多用する『青猫』のしたたるような官能性を経て、硬質の文語体による『氷島』の一種韜晦《とうかい》的にして諧謔《かいぎゃく》的な悲憤慷慨《ひふんこうがい》調に至るまでの朔太郎の作品史は、「明治の表象空間」に胚胎《はいたい》された問題機制の一帰結としても読みうるものなのだ。

　同時に、日中戦争から太平洋戦争、そして敗戦という昭和に至って日本が体験した歴史的破局に、「明治の表象空間」で起きていた出来事がどのように谺《こだま》していたかという問題もまた、本書の論述が終りに近づきつつあるこの時点で一瞥をくれておくに値しよう。そこで、『日本への回帰』の翌年に出版された萩原朔太郎の散文詩集『宿命』(昭和十四年九月)をめぐって、この後さらにいくばくかの言葉を費やしてみたいと思う。そこに収録されている「時計を見る狂人」と「寂寥の川辺」という二作品にわれわれはすでにいささか触れ、前者に「熱い時間」への厭悪《えんお》を、後者に「冷たい時間」への憧憬を見た。

　実際、それは憧憬ないしノスタルジー以外の何ものでもなかった。天皇崇拝が硬直した全体主義的熱狂と化し、日本がカタストロフへの急坂を転げ落ちつつあるこの時点に至って、「冷たい時間」の内部に鎖されてあることの至福の境地はもはや、はるかに遠い郷愁の対象でしかない。当時の日本の現実において、「冷たい時間」の世界はすでに凝固した無変化状態へと頽落《たいらく》しており、釣針のない釣糸を川に垂らす「支那人」の優雅な賢者の享受していた贅沢な快楽と充足は、詩人の放恣な夢想の中にしか存在しない何かと化している。では、「冷たい時間」はそのとき実際には、どのようなものとなっていたのか。もちろんそれは現実世界で客観的にどうだったかではなく、その現実世界のありようをこの天才詩人がどう体感していたのかという問いである。実はその問いへの応答をも朔太郎は、もう一つ別の詩作品に結晶させているのだ。同じ『宿命』に収録されている散文詩「田舎の時計」がそれである。

「田舎に於ては、すべての人人が先祖と共に生活してゐる。老人も、若者も、家婦も、子供も、すべての家族が同じ藁屋根の下に居て、祖先の煤黒い位牌を飾つた、古びた仏壇の前で臥起《ねおき》してゐる(19)」という「田舎の時計」の書き出しは、「我れは何物をも喪失せず」という現状認識を具体的イメージで言い換えたものにほかなるまい。では、そこにおいて「時間」はどのように流れているのか。実のところ、そこでは「時間」はまったく流れておらず、むしろ凝固し凍結している。

田舎に於ては、すべての家家の時計が動いてゐない。そこでは古びた柱時計が、遠い過去の暦の中で、先祖の幽霊が生きてゐた時の、同じ昔の指盤を指してゐる。見よ！　そこには昔のままの村社《むらやしろ》があり、昔のままの白壁があり、昔のままの自然がある。［…］げに田舎に於ては、自然と共に悠悠として実在してゐる、ただ一の永遠な「時間」がある。そこには過去もなく、現在もなく、未来もない。あらゆるすべての生命が、同じ家族の血すぢであつて、冬のさびしい墓地の丘で、かれらの不滅の先祖と共に、一つの霊魂と共に生活してゐる。昼も、夜も、昔も、今も、その同じ農夫の生活が、無限に単調につづいてゐる。［…］（「田舎の時計」[20]）

ここには、「僕等の血管中に」「脈搏してゐる」という「祖先二千余年」（「日本への回帰」）の実体が今やいかなる体たらくに陥っているか——少なくとも朔太郎がそれをどのように感受しているか——がまざまざと示されている。「田舎の時計」とは停止している時計である。それはいわば「針」のない時計である。そう言えばあの釣り人の釣糸にも「針」がなかった。一方は時計の、他方は釣り具の部品であるが、そのどちらにおいても「針」は、現実世界の運動と同期し連動する契機の象徴である。両者において「針の不在」はともに「冷たい時間」を意味するのだが、しかし、その「冷たさ」が帯びる価値には甚だしい懸隔《けんかく》がある。此処《ここ》（朔太郎のファンタスムの中の「日本」）においてそれは停止を、凝固を、死を意味する。彼処《かしこ》（やはり彼のファンタスムにおける「支那」）においてそれは、充実しきった現在に心置きなく身を委ねたものの充足、「この静謐《せいひつ》」（「寂寥の川辺」、傍点松浦）、「この風景の聡明な情趣」（同前)を意味する。「支那人」の逸話にならば「オリエンタリズム」幻想を通じてその夢想を託すことのできたこの「今・ここ」の充足は、「日本」の現実における「冷たい時間」にはもはやないと朔太郎は感じている。

死なない蛸

この散文詩に登場する「田舎の時計」は、北村透谷の「一大時辰機」の対極にあるものだ。それは「冷たい時間」そのものであるが、その「時間」はしかし、ボードレールの散文詩「時計」に示された、猫の瞳孔の拡大・収縮によって表象される「野生の思考」の「時間」ともまったく違うものである。ボードレールの詩は、猫の瞳に時刻を読む中国人少年の逸話を語った後、「私はといえば」と話を転じ、自分もまた恋人の瞳に時刻を読むのだと続ける。「いつも同じ時刻《とき》を、広漠として、荘厳で、空間のように大きく、分や秒の区分のない一つの時刻を見る、――時計の上に刻まれぬ、不動の時刻、それでいて、溜息のように軽やかで、目の一瞥のように速やかな時刻を」。その時刻がいかなる名を持つかは言うまでもない――「時刻は今〈永遠〉だ！ (Il est l'Eternité!)」というのが話の落ちなのだが、この快楽的な「永遠＝無時間」は、朔太郎の「寂寥の岸辺」で決して魚の釣れない「終日」の閑暇を享楽しているあの「支那人」の時間意識にも通じるものだろう。

他方、朔太郎のもう一篇の散文詩中で「田舎の時計」の凍りついた文字盤が示している、不毛で惨めな「ただ一の永遠な「時間」」は、これらの甘美な「永遠」とはまったく異なるものである。それは「熱力学的機械」以前の「工学的機械」としての時計が刻む「冷たい時間」ですらなく、作動を停止した時計の上に空しく露出した「死んだ時間」そのものである。ここで「冷たい時間」は、あらゆる運動も流動も失って凍結した「死んだ時間」にまで頽落してしまっているのだ。それは、彼の内面を何一つ癒やさず、彼の身心にとっていかなる意味でも「アジール」たりえない。「時計を見る狂人」で「熱い時間」への不適応を描いた朔太郎は、「田舎の時計」では「冷たい時間」への嫌悪を吐き棄てるように語っている。要するに、今や両者どちらの「時間」にも彼は安住できない。

こうした事態の全貌を集約している萩原朔太郎一代の傑作が、『宿命』に収載されているさらにもう一篇の散文詩「死なない蛸《たこ》」であろう。よく知られた作品なので、この薄気味の悪いカフカ的寓話——実際、読者は「断食芸人」との奇妙な類縁性を感知せずにはいられない——の筋書きを詳しく辿り返す必要はないだろう。もう死んだと思われ、忘れられてしまった蛸が、実は水族館の水槽でまだ生きている。食物が尽き、飢餓に耐えかねた蛸は自分の触手を次々にもいで喰ってゆく。それがなくなると次には内臓を、そしてついには自分の軀全体を。「或る朝、ふと番人がそこに来た時、水槽の中は空つぽになつてゐた。[…]蛸は実際に、すつかり消滅してしまつたのである」。

けれども蛸は死ななかつた。彼が消えてしまつた後ですらも、尚ほ且《か》つ永遠にそこに生きてゐた。古ぼけた、空つぽの、忘れられた水族館の槽の中で。永遠に——おそらくは幾世紀の間を通じて――或る物すごい欠乏と不満をもつた、人の目に見えない動物が生きて居た。

（「死なない蛸」）[21]

そもそも生命は本性的に、「熱い時間」の中にしか存在しえない。エントロピーの増大に逆らい、ということはつまり蕪雑《ぶざつ》な「散らばり」へ向かう均質化の運動を抑制し、絶えず新たな秩序形成を行ないつづけることによってのみ、生命は物理的な形をとって存続することが可能となる。生命体(生物)とはそれ自体、「工学的機械」ではなく「熱力学的機械」なのである。萩原朔太郎の「蛸」は、外界(非自己)からのアウトプットが絶え、差異を体内に取り込みえなくなったとき、自己A(食べる主体)と自己B(食べられる客体)とに自身を分裂させ、両者の間に無理やり作り出した人工的差異を熱量として消費しはじめ、それによって生命の存続を図る。最終的にこのファンタスマティックな差異すらが尽き、ABひっくるめて自己そのものが消滅したとき、この「生命機械」は作動を停止する。しかしそれはまだそこに在る、と詩人は言う。飢餓として、すなわち欲望として、欠如として、不在として、沈黙として、それは在る。

「地下の薄暗い岩の影で、青ざめた玻璃天井の光線が、いつも悲しげに漂つてゐ」る、そんな「冷たい時間」ないし「死んだ時間」の貯留槽の中に呑みこまれ、「蛸」は消滅した。しかしそれは、――欠如としての「熱い時間」はまだそこに滞留しつづけている。そこにあるのは「冷たい時間」と「熱い時間」の共犯関係の、シニカルにして絶望的な、最悪の頽落形態と言うべきものだ。滞留するそれとは、「田舎の時計」で、「そこではだれもが家族であつて、歴史の古き、伝統する、因襲のつながる「家」の中で、郷党のあらゆる男女が、祖先の幽霊と共に生活してゐる」と言われている、その「祖先の幽霊」に似た何かである。それを、教育勅語中で「顕彰」されている「爾祖先ノ遺風」と言い換えることももちろん可能であろう。「近代的個我」を獲得したいと熱望していた朔太郎は、人々がそれと「共に」生きつづけなければならないこの「祖先の幽霊」「不滅の先祖」「一つの霊魂」を、――それが「個人」にのしかかって彼を「家郷」に縛りつけ定住を強いてくるその強大な圧力を、単に憎悪していたばかりでなく、恐怖していた。「わたしは田舎をおそれる、／田舎は熱病の青じろい夢である」(詩篇「田舎を恐る」、詩集『月に吠える』所収[22])。

ただし、この「死なない蛸」のイメージは、あの自己Aと自己Bの分裂に似て、両義的である。それは「我れは何物をも喪失せず」という、その執拗に滞留する「祖先二千余年の歴史」の表象であったかもしれないが、同時にまた、端的に詩人自身の自画像でもあったろう。生身の身体を備えた充実した「個人」として現実世界に確固たる場を占めるには、「一切を失ひ尽せり」という朔太郎の喪失感は深すぎた。「或る物すごい欠乏と不満をもつた、人の目に見えない動物」として、自分はひたすら稀薄に、かつ獰猛に滞留しつづけるしかないと彼は感じている。「日本への回帰」にも「悲しい漂泊者」という言葉が繰り返されているが、周知のように「漂泊」は朔太郎の世界のキー・コンセプトの一つである。「田舎」にも「都会」にも、彼には帰る場所がなく、その中間を、あるいは両者ともどもの外部を、ひたすら

「漂泊」しつづけるほかない。本書の次章「50 結論」に登場する言葉を先取りして言うなら、萩原朔太郎もまた「国内亡命者」であり、「「不逞」の半不在者」なのである。そして、「漂泊」とは畢竟、「飢餓」として、「或る物すごい欠乏と不満」それ自体としてこの世に生きることの別名にほかならない。

「日本への回帰」という一句に含まれる「日本」とは結局、あの「死なない蛸」の棲む水槽――「埃つぽい日ざし」が射しこみ、「腐つた海水だけ」が溜まったあの冷たい水槽のような何ものかのことなのである。「日本への回帰」などという語るに落ちるような時流迎合のタイトルは実は仮面にすぎず、過激きわまる本文はこのタイトルから予想されるものを徹底的に裏切っている。特高の弾圧による共産主義者や社会主義者の「転向」が相次ぐ時勢を横目で見ながら、例の如き「日本回帰」という耳触りのよい一句をアリバイとして、その蔭で朔太郎の高度に批評的な知性は、この「日本回帰」という紋切り型の観念自体をアイロニカルに脱臼させているのだ。このエッセイはこう締め括られている――

日本的なものへの回帰！　それは僕等の詩人にとつて、よるべなき魂の悲しい漂泊者の歌を意味するのだ。誰れか軍隊の凱歌と共に、勇ましい進軍喇叭《ラッパ》で歌はれようか。かの声を大きくして、僕等に国粋主義の号令をかけるものよ。暫《しば》らく我が静かなる周囲を去れ。(23)

萩原朔太郎がこのエッセイで言っているのは、端的に「冷たい時間」も「熱い時間」も「無」だということである。そして、そこから振り返ってみるなら、『月に吠える』以降の彼の詩業をかたちづくっているすべての言葉が、この二重の「無」のうちに孕まれた出口なしの二律背反――「日本への回帰」では「二律反則」と呼ばれている――をめぐって、その周囲を旋回しているように見えてくる。「冷たい時間」と「熱い時間」の共犯関係をいかにして撃つかという問いには、絶望的なアポリアが孕まれている(「蛸は実際に、すつかり消滅してしまつたのである。／けれども蛸は死ななかつた」)。そして、このアポリア自体を謳うことこそ近代詩人の責務にほかならない、という倫理的なマニフェストを要約しているものが、「我れは何物をも喪失せず／また一切を失ひ尽せり。」という一見異様な二行なのだと思う。

50 結論

穴の問題

最後に、「明治の表象空間」に反響していたものの残響を、維新から一世紀を経過した一九六〇年代末に、さらには、それ以降半世紀近くを経た二一世紀初頭の今日に、いかに聞き届けうるかという問題をめぐって、ごく簡単な素描を試みたい。この種の著作の「結論」としてはやや異例かもしれないが、われわれとしては、本書で扱った問題がわれわれ自身が現在拠って立つ歴史の突端にまでどのような磁力を波及させているのかという問いを立て、それをめぐる簡潔な展望によってこの仕事を締め括りたいと考えた。

そのためにまず、二つの言説断片を左に掲げる。

(A) 一、明治十六年十月十九日午後三時頃、香取郡喜多村巡行中、同村大谷徳次郎ナル者、字《あざ》井戸坂ト唱フル処ニ於テ穴ヲ一間半計リ穿《うが》チタルヲ見認《みと》メ、人民ノ防害トナルヲ以テ制止タル件。(1)

（B）建築現場の仮小屋に住みついた人々は、［…］家屋をとりはらった敷地内に、土地の所有者には無断で深い竪穴を掘ったという。それは、消防団に参加している魚屋すらが、その縁に立つと高所恐怖的な動揺を見出すほどに深い穴だという。［…］警官が突然他人の地所にそのようにも深い竪穴を掘ったことを咎《とが》め、不審訊問をおこなうことを考えていると、地所の所有者から、かれが一家の責任をすべてひきうけるという申し出があったのだ。(2)

地面に穴を掘った者がいるのだという。テクスト（A）では巡査がそれを「制止」しており、テクスト（B）では警官がそれを「咎め」ている。すなわち、語られている事柄は（A）（B）ほぼ同一と言ってよい。ただし、二つのテクストの執筆年代には八十数年の隔たりがある。（A）は千葉県巡査野平忠右衛門による「職務執行及《および》聴視録」の一節であり、この記録自体は、「原籍」からはみ出して徘徊《はいかい》・放浪する人々に対して、巡査の身体によって代表される国家装置がどのように「登録」や「定位」を強制するかを論じた箇所ですでに言及したものだ（本書〈上巻〉「4 逸脱——戸籍（二）」）。（B）は大江健三郎の中篇小説「狩猟で暮したわれらの先祖」（『われらの狂気を生き延びる道を教えよ』新潮社、一九六九年刊所収）から引いた数行で、本書のその同じ箇所でわれわれは大江氏のこの作品への参照も行ない、それが川路利良の敵視していた「天下無籍ノ徒」の肖像を鮮烈な文学表象にまで昇華しえた、めざましい達成であるゆえんを説明した。従って、この二つのテクストの間を結ぶ内在的な絆はすでに提示されているのだが、今ここで改めてこれら両者からの部分的引用を並置してみたのは、二つの引用文のどちらにも登場する「穴」の主題に注目し、その意味作用について考えてみたいからだ。要するに、人民が穴を掘ることをなぜ官憲は憎むのかという問題である。

明治十六(一八八三)年十月十九日に千葉県の一巡査によって「制止」された穴掘り行為の詳細は不明である。「大谷徳次郎ナル者」はこの深い穴(「一間半」は恐らく直径ではなく深さであろう)をいったい何のために掘ったのか。現場の地名が「字井戸坂」である以上やはり井戸としてか、それともごみなり動物の屍骸《しがい》なりを埋めるためか、何かを掘り出そうとしたのか、あるいは掘ること自体が無償の遊戯だったのか、われわれには何もわからない。たしかなことは、巡査がそれを「人民ノ防害」となるという理由で禁じたという一点のみである。

大江氏の中篇では、「当り屋」のような物哀しい稼業を続けながら日本中を放浪し、東京郊外の高級住宅地に流れ着いた一家族が、その街のとある空き地に土地所有者を半ば脅迫するようなやりかたで強引に住み着いてしまい、そこにいきなり深い竪穴を掘りはじめる。この穴の用途も不明である。この作品の込み入ったプロットは要領の良い要約が困難だが、穴に関係する部分のみかいつまんで辿るなら、主人公である小説家の「僕」に、一家の一員である「若者」の切断された指が押しつけられるという事件が起きる。指を返しにいった「僕」がそれを穴に投げこもうとすると、民俗学的には「くぐつ女」のような役割を演じる「娘」から、「ここは大切な穴だから、そういう腐った汚ないものを投げこんだら、あんたは殺されるよ」と制止される。物語の結末部分で、彼らを強制的に立ち退かせようとする作業員たちが「崩れた建物の破片の類を深い竪穴に投げこみはじめた時」、それまでおとなしくしていた「若者」が「突然に狂気のように猛っ」て襲いかかり、逆に袋叩きに遭い肋骨を折られて入院する。それが最終的には彼の死を準備することになるのだから、いわば彼はこの垂直空間のサンクチュアリの防衛に殉じて死んだとも言える。

掉尾《とうび》に置かれているのは次のような短い一節であり、従ってこの作品全体を支配する最大のモチーフ――少なくともその一つ――がこの「ただむやみに深いだけの竪穴」であることは明らかだ。

　それにしても若者があのように激しく緊張して守りぬこうとした聖域たる、ただむやみに深いだけの竪穴は、どのような意味あいのものだったのだろうか？　もし僕自身のための深い竪穴を掘る決意をするならば、僕もまた一箇の竪穴を所有しうるのであるが、それはわれわれの心にどのような平安をもたらすものなのだろうか？(3)

われわれはこの数行に触発されて、この「狩猟で暮したわれらの先祖」(初出は『文藝』一九六八年二月―五月号及び八月号に分載)の前年に大江氏が執筆した長篇小説『万延元年のフットボール』(講談社、一九六七年、初出は『群像』一九六七年一月―七月号に連載)における「穴」の主題へと、改めて遡行《そこう》しないわけにはいかない。周知の通り、『万延元年のフットボール』(4)の第一章のほぼ丸々全体は、「昨日人夫たちが浄化槽をつくるために掘った直方体の穴ぼこ」

の底まで梯子で降下し、そこに病気の犬を抱きかかえて座りこんだ「僕」の回想と「観照」に捧げられているからである。

この長篇において「穴ぼこ」の孕《はら》む情動的価値は二重である。一つはあからさまに否定的なもので、底に水の溜まった穴の底までみずから降り、尻を泥水に汚して座りこんだ鬱状態の主人公の抱えこむやや自虐的な無力感と失墜感に関わっている。「下降生活者」という短篇(一九六〇年発表)の題名にも示されている通り、「下降」の主題は初期大江作品のオブセッションの一つである。誰からも後ろ指をさされないブルジョワ的市民性の水準を維持しえず、そこから落ちこぼれてある落伍者の憂鬱が、物理世界の空間性に翻訳された場合、『万延元年のフットボール』冒頭の「穴ぼこ」への自己埋葬の擬態が演じられることになるのだ。

しかし、同時にまた、地上世界を離脱して地中に籠もることが、バシュラールが『大地と休息の夢想』で語ったような、肯定的な情動性を帯びる場合もある。「僕」が自分の肉体の土への同化を感じるあたりにそれはすでにそこはかとなく予告されているが、作品のちょうど半ばあたりの第八章に、「穴ぼこ」への下降の積極的受容が示唆される一節がある。

隠遁者《いんとんしゃ》ギーは森の奥に、僕が自分の家の裏庭に一日だけ真に所有した穴ぼこのような深い直方体の穴ぼこを掘って、そこにひそみ雪にそなえているかもしれない。僕は、自分の裏庭の穴ぼこにつまらぬ浄化槽を埋めこませてしまったが、なぜあの穴ぼこをもっと大切にしなかったのだろう？　[…]そして考えてみるといまの僕は、穴ぼこの底で自分の指が引っ掻く土と礫《こいし》に埋められての死を、恐怖も嫌悪感もなしに許容し受諾する気分だ[5]。

そして、最終章である第十三章に至って、故郷の四国の「谷間の村」の実家である「倉屋敷」で石造りの「地下倉」が発見される。第一章と呼応し合う形で、降りていった「僕」がそこに身を置いて様々な思念を凝らすとき、「穴」の主題に、主人公の兄弟の姓である「根所」の孕む根源性のコノテーションが改めて充塡《じゅうてん》されることになる。万延元年の一揆の後逃亡したと言われていた「曽祖父の弟」は、実はその「地下倉」に隠棲《いんせい》し、思索と情報収集の日々を送り、明治四年の騒擾《そうじょう》事件では蜂起した民衆を率いるリーダーの役割を演じた（かもしれない）のだという。この最終章の題名である「再審」とは、前章で自殺した「鷹四（主人公の弟）」の生の意義の再確認と彼の名誉回復を指しているが、それは作品全体の記号の布置においては、「穴」の意味の、肯定性へ向けての変容と連動している。この肯定性の側面を、ブルジョワ的モラルや警察権力との対決の彩りを加えつつ、やや屈折した形で全面化させたものが、「狩猟で暮したわれらの先祖」における「ただむやみに深いだけの竪穴」のイメージだったのだろう。

「オオマンコの道」と「高級の内務官僚」

さらに時代が下って大江健三郎の作品史で「穴」の主題が再浮上するのは、長篇小説『同時代ゲーム』(新潮社、一九七九年)においてである。そこでは「穴」は、「村＝国家＝小宇宙」の創建の祖である「**壊す人**」を保護するアジールとして登場する。物語の「元型論」ならば「トリックスター」と呼ぶであろうこの神話的人物は、「「死人の道」へ登る斜面の高み」にある「横穴」に籠もって仮死状態で眠りつづけていたのだという。そして、主人公の「妹」――「**壊す人**の巫女《みこ》」と呼ばれる――が、「キノコのように小さく乾いて冬眠していた**壊す人**を「穴」から見つけ出してよみがえらせ、犬ほどの大きさにまで回復させた」のだが、それは「鞘《さや》にしまう具合に、外性器にキノコのようなものを差しこんでおいた」という方法によって行なわれたのだという(「第二の手紙　犬ほどの大きさのもの」)[6]。「穴」から「穴」へ――「キノコのように小さく乾い」た身体が一つの「穴(大地に穿たれた空洞)」から取り出され、もう一つの「穴(女体の秘孔)」へ挿入されてそこで「犬ほどの大きさのもの」にまで成長する。「穴」のイメージはここで、共同体の特権的創設者をその内部に秘匿することで神話的な始原性を帯び、さらにはまたそこに、生命産出の母胎への通路としての女性性器(鞘＝莢)のエロス性も充電される。ここでは「穴」は、そこに逃避した者に安息と癒やしを保証する快楽的な小空間にほかならない。

　大江健三郎における「穴」の主題は、短篇「メヒコの大抜け穴」(『いかに木を殺すか』文藝春秋、一九八四年刊所収)に至って「オオオマンコの道」と呼ばれるものへと発展し、そこでは「穴」は地中から離脱し、何とも異様なことに、天に向かって上昇するイメージとして立ち現われる。「「オオオマンコの道」は、母親の下腹部から森の高みへと山桜の花びらの色に輝く筒として、宙にかかっている」(7)。バシュラール的に言うなら、「穴」の主題はここで「土」のイマジネールを離脱し「空気」のそれへと脱皮してゆくわけで、そこにはきわめて刺激的な想像力の運動があるが、ここは大江氏の作品史における「穴」の変容を詳細に辿り直し、その作業を通じて彼の想像界の特質を考究すべき場所ではないので、その文芸批評的な問題の細部にこれ以上は立ち入るまい。

今、本書の主題との関連で最小限押さえておくべきは、大江健三郎の想像力において「穴」は、「反＝近代」と「反＝権力」の二重の意味を帯びた表象としてあるという点である。まず「反＝近代」としてのそれは、「熱い時間」の支配する地上からは遮断された、土中(アスファルト舗装以前)の、土俗(フォークロア)の、さらに言えば神話的聖性のトポスである。それは「近代」的な「システム」から落ちこぼれた「下降生活者」や「後退青年」の生息域であり、そのかぎりではネガティヴな敗北感に彩られた空間であるが、また他方、そこを浸す「冷たい時間」がそこに避難してきた者に安息と癒やしをもたらしもする。

さらにそれは、権力に対する抵抗の拠点でもある。『万延元年のフットボール』の「曽祖父の弟」が官憲の目から逃れ、民衆蜂起のリーダーとして再登場するまでの間籠もっていた「地下倉」が示すように、そこは地上世界の権力秩序の及ばない、革命家や「反抗的人間」のためのアジールなのである。本章の冒頭に掲げたテクスト(B)が示すように、「狩猟で暮したわれらの先祖」では、「流浪する一家」が掘った「深い竪穴」に対して、巡回する警官が敵意と批難を向ける。それは、日常生活の営まれる大地の平面にとっては異物とも異郷とも言うべきこの「穴」という空間の、「反=権力」的な側面に反応してのことに違いあるまい。警官は「保安」上の警戒心からその異常な竪穴の出現を見咎めたのだ。が、実はそれだけではない。「抵抗のトポス」としての「穴」という視点に立った場合、この中篇小説の或る箇所で、きわめて印象的な仕方で「内務官僚」の一語が登場していることにもまた、われわれは注目しないわけにはいかない。

「流浪する一家」は、図々しく居座った空き地に勝手にもぐり酒場を開いてしまう。面白がって集まってくる男たち相手に酒場は結構繁盛するが、その中の一人、酔いつぶれてカモにされてしまった男が、掏《す》り取られた現金や貴重品を取り返しにやってくる。むろん「一家」はそれをすんなり返すはずもなく、男は「若者」から暴行を受けることになる。ただ、繰り返し殴りつけられながらも、その「外套を脱いではいるがいかにも高級サラリーマン風の男」は、声を張り上げて「一家」をこう威嚇《いかく》しつづけるのだ――「自分の家はこの住宅地でもっとも古い家柄であり、祖父と父とはともに高級の内務官僚であったし、とくにおまえたちにいう必要もないが、現に自分自身警察に充分、睨みのきく仕事をしているのだから、おれの一声でおまえたちは、たちどころに、この建築現場を不法占拠している住家から追いはらわれるのみならず、窃盗罪で起訴されるのだぞ！」云々と。(8)「穴」を掘った「一家」の敵対者たるこの男は、「高級の内務官僚」の孫であり息子でもあり、また自分自身も警察権力の一端に連なる存在だと主張している。その主張が本当か嘘かは不明であるものの、ともかく自分が「内務省=警察」の権力を表象=代行する存在だと主張することが、「流浪する一家」への攻撃的な恫喝《どうかつ》たりうると彼が信じていることだけはたしかである。

既述の通り、近代日本の内務省の歴史は、明治七年の太政官布告第一号によって、一等寮として勧業・警保、二等寮として戸籍・駅逓・土木・地理、さらに一等司として測量の、六寮一司が設置されるところから出発する（本書〈上巻〉「1 予防――内務省と警察（一）」）。以後、寮は局に切り替わり、局の増設・廃止・移管・統合等、逐次再編成が進行するが、その複雑な過程を辿り返す作業は本書にとっては不要である。ここではただ、副田義也氏による最近の浩瀚《こうかん》な研究が、内務省の中心をなすのは警保局と地方局だとする従来の「二局史観」に替えて、神社局・警保局・地方局・衛生局・土木局の五局が均等の重要性を持つとする「五局史観」を提唱していることに注目しておけばそれで足りる（『内務省の社会史』）(9)。ここで肝心なのは、内務省の主要五局の一つに土木局が含まれているという点だ。土木行政の管掌は、内務省の機能の中核の一角を占めていたのである。だとすれば、当然内務省は、「国土」に滅《めっ》多矢鱈《たやたら》な「穴」などを穿つ行為を取り締まらなければならない。

いじましい楽しみを期待して胡散臭《うさんくさ》いもぐり酒場に出かけて行き、恐らく性的ニュアンスのあるサービスなども受けた挙げ句、当然のようにあっさりカモにされてしまったこの軽率な男の祖父と父を含む、明治以来の「高級の内務官僚」たちは、日本の土木行政に責任を負っていた。「ただむやみに深いだけの竪穴」などを掘って国土に無用の変形と損壊を加える行為を譴責《けんせき》する地位にあったのは、まさしく彼らだったのである。この軽率な「高級サラリーマン風の男」が、激しい暴行を加えられてもいっこうに怯む気配もなく、この「流浪する一家」を威丈高に怒鳴りつけつづけてやまないのは、父と祖父から受け継いだ威光のゆえに、自分には国土にとっての異物にして異郷たる異形の「竪穴」を現出させてしまったこの「一家」に制裁を加える権利(と権威)があると確信しているがゆえなのだろう。

冒頭に掲げたテクスト(A)で、千葉県の野平忠右衛門巡査が報告しているのは、明治十六年十月十九日、一間半の穴を掘った大谷某を見咎め、「人民ノ防害トナルヲ以テ制止」したという出来事である。巡回中の野平巡査がそれを自分の職務と判断して大谷某の穴掘り行為を咎めたとき、この「制止」の身振りを正統化する最終的な審級は、国土保全の観点からは土木局に、保安の観点からは警保局に――すなわち二重の意味で内務省に存していたことになる。そこからさらに八十数年後の東京郊外に舞台を設定された物語空間で、「深い竪穴」を掘りそれを神聖な安息のトポスとして守ろうとしている「流浪する一家」と、「高級の内務官僚」を祖父や父に持つ男との間に鋭い対立が生じたこともまた、歴史の必然であったと言える。

ただし、その「いかにも高級サラリーマン風の男」が、当初はその日本の近代史に根ざした必然的な対立関係にはとりあえず目を瞑《つむ》って、もぐり酒場のいかがわしい興奮と「くぐつ女」の性とに――「近代」から落ちこぼれた「竪穴」と女性性器の「鞘」という、ここでもまた二重の「穴＝罠」に――惹き寄せられ、昼の仕事を支配する「熱い時間」の強いてくる疲労からいっとき癒やされようとして、意地汚い火遊びに迂闊《うかつ》に手を出したのが事の始まりであったという点は、忘れられてはなるまい。むろんこれは、決して例外的な越境の冒険であったわけではない。本書「49 セリーⅢ＝時間」で確認したように、「冷たい時間」と「熱い時間」の共犯関係は人間性の自然に根ざしており、「近代」以降、誰もがこの共犯性を多種多様な形で利用《エクスプロイット》しつつ、「近代」の苛酷な現実を辛うじて凌ぎつつ生き延びてきたからである。「自分自身警察に充分、睨みのきく仕事をしている」この男の誤算は、そこは「冷たい時間」の快楽と安息に浸されていると彼が信じこんでいた「穴」の側にも、実は「近代」的な功利主義の原理(あくまで欲得ずくでのサービス業の経営)が残留していたことにあった。

ともあれ、「穴」と内務省とは、本質的な敵対関係にあるということだ。ちなみに、「穴」の持つこの「反＝権力」的側面との関連で、『同時代ゲーム』に登場する戸籍制度の瞞着《まんちゃく》の挿話を思い起こしておくことも無駄ではなかろう。この長篇でその半＝神話的な通史が物語られる「村＝国家＝小宇宙」は、「明治初年の「血税一揆」を機会に、すべての成員の戸籍登録において、二重制のカラクリを仕組んだ」のだという。それは、「同一の戸籍をふたりずつの人間が共有して、確かにわれわれの土地の人間も大日本帝国に組こまれはするが、しかしそれは成員の半分だけのことにとどめる発明」であり、「村＝国家＝小宇宙の老人たちがおこなった、それは戦勝国大日本帝国への報復をあらわしている」のだという(「第四の手紙　武勲赫々《かくかく》たる五十日戦争」)(10)。壬申《じんしん》戸籍の「システム」を脱臼させるべく仕組まれたこの非合法の「カラクリ」は、いわば「理性＝システム＝熱い時間」に穿たれた「穴」そのものにほかなるまい。

国内亡命者の戦場

ユング派心理学において、夢に登場する「穴」や「洞窟」のイメージは、その暗さと隔絶性から、意識下の世界の表象とされる。地面にぽっかり口を開けた深い裂け目や峡谷、あるいはうねうねと続く巨大な洞窟などが、いわゆる「太母(グレート・マザー)」の「元型」に伴う属性と見なされることもある。大江健三郎における「穴」の主題は、とくに『同時代ゲーム』における「穴」＝「女陰」の重ね合わせなどに顕著なように、こうした「元型」的神話性とまったく無縁なわけではない(『同時代ゲーム』の語り手「僕」のアルター・エゴである双子の「妹」は、まさしく「グレート・マザー」の化身のような存在である)。だが、明治維新以降の日本の精神史の深層の、総体的な問い直しとして書かれたに違いないこれらの作品群において、「穴」のイメージに託された政治的なコノテーションが或る程度明らかになった今、これらの「穴」が非歴史的な神話空間で繰り広げられる「元型」イメージの遊戯から一線を画しているという事実は、ここで改めて強調されなければならない。

言語も意識も均質化されたポストモダン空間が全域に広がっている小説作品の場合、たとえば「深い井戸」のイメージなどがいかに効果的に用いられていようと、それは毒にも薬にもならないライトな神秘主義の思わせぶりの意匠の一つでしかない。たとえその「井戸」の所在が日中戦争下の満州に設定されている場合であろうと、[11]それは歴史の外部に位置するポストモダン的トポスにすぎず、それが呼ぶ「文学的」感興は稀釈されたユング的オカルティズムの胡乱《うろん》さと容易に狎《な》れ合ってしまうだけだ。大江健三郎の「穴」は、そうした楽天的なポストモダン性とはその本質において異質である。

「村＝国家＝小宇宙」と「大日本帝国」との「全面戦争」、そして前者の後者に対する敗北が語られる『同時代ゲーム』には、「**不順国神**《まつろわぬくにつかみ》」「**不逞日人**《ふていにちじん》」という呪言のような言葉が現われる。帝国の軍隊に対する大掛かりな武器として建造された「巨大な楔《くさび》のような土塁の堰《えん》堤《てい》壁面」に、そうした文字がタールで大書されていたというのである。それは「村＝国家＝小宇宙」の老人たちが帝国軍の将兵に向けて、「自分たちはおまえらと根柢から違う者だ、異族なのだということは示しておきたい」というモチーフから掲げた、「大日本帝国への宣戦布告」であったのだという(「第四の手紙　武勲赫々たる五十日戦争」)[12]。

同一戸籍への二重登録の「カラクリ」によって二人で一人ぶんの記載しか行なわないとき、人間一人ぶんのステイタスとアイデンティティは宙に浮く。登録された二人の個人の、それぞれ半身ずつが虚空に消えてしまうと言ってもよい。半身だけは「国民」だが、残りの半身はどこにもいない、半ば不在の、半透明の「帝国臣民」――「不逞鮮人」をもじって名づけられた「不逞日人」とはそうした存在にほかなるまい。そして、ちょうどそれと同様に、「穴」とは、大日本帝国の領土内にありながら、しかも同時に半ばその外部にはみ出したトポスなのである。それは「国土」としては定位されえない場所――日本のみならず、そもそもいかなるネーション・ステートにも属さない場所なのだ。地理寮(後に地理局)と測量司(後に地理寮に統合)もまた内務省の一部をなしていたことを、ここで思い出すべきであろう。地理寮によって管轄されえず、また測量司によって測量されえない場所、それが「穴」である。そこに棲みつくのは、「理性」からも「システム」からもこぼれ落ちた者たちである。それは「熱い時間」からの逃避者を受け容れ、匿うアジールでもある。が、そこに流れる「冷たい時間」は「皇祖皇宗ノ神霊」とも「天壌無窮ノ皇運」とも無縁である。それを一種の「神話の時間」と呼ぶことも可能ではあろう。ただしそれは、「近代」的なネーション・ステートをイデオロギー的に定礎するために動員された、あれらの建国神話群のどれとも異質な神話――捏造《ねつぞう》された偽史のいかがわしい記述によって虚構の起源の周囲を曖昧にとりとめもなく旋回するばかりの「異族」の神話である。

逆の形で問いを立ててみる。「国民」から、「国土」から、「国語」から、ひとことで言えば「国家」から、いかに逃れうるか。もっとも単純で、かつまた衛生的にして後腐れのない解が外国への「亡命」であることは言うまでもない。だが、「国土」のうちにとどまりつつ、しかもなおその外に出るには、「亡命」するにはどうしたらいい。国内亡命者となること――そうした逆説的な事態を招来するたった一つの身振りがある。穴を掘ることだ。水平方向に逃れて国境を越えるのではなく、地上の「国土」それ自体から端的に脱落して、垂直方向に穿たれた「穴」の中にすとんと落下するのだ。もっとも優れた文学作品とは、「国語」の富の巧みな活用によってではなく、「国語」に異形の「穴」を穿つことによって書かれたものであることは自明ではないか。その作者は、「国語」の内部にとどまりつつしかしそこで絶えざる国内亡命を持続する、「不逞」の半不在者にほかならない。

「泥にまみれる」ことの主題が樋口一葉において、市民社会からの脱落を含意している点についてはすでに触れたが（本書「38 婦徳——樋口一葉(三)」）、泥溜まりに不用意に足を取られたり、そこに貴重な食べ物を落として台無しにしてしまったり、そこに倒れこんで軀《からだ》を汚したりといった出来事が、第一義的には身に降りかかってきた不測の事故である——それを主体的に引き受けるという契機がたとえその後に続くにせよ——のと比べれば、「穴を掘る」という行為の攻撃的な能動性は、市民社会との戦いにおいてより過激である。何しろ、地べたの水準に身を落とすのを通り越し、大地の平面を突き抜けてさらにその下にまで侵入してしまおうというのだから。しかも、それを描いた作家は大江健三郎一人にとどまらない。

たとえば、安部公房『砂の女』(新潮社、一九六二年)の主人公が、アリジゴクの潜むすり鉢状の罠に囚われた蟻さながら、その底にずるずると滑り落ち、そこからの脱出を禁じられ、最後には意想外の不意の回心を経て、そこでの滞留をみずから選ぶに至る、あの砂丘に穿たれた「穴」もまた、紛れもなく、近代的な市民社会の「システム」的空間の対極にあるトポスの一つであろう。安部公房の世界には、「システム」からの遁走《とんそう》を欲望し試みる「失踪者」と、彼らを「システム」の内部へ連れ戻そうとする「追跡者」というヒーローの二類型が存在し、後者が逆転して前者と化すという還流の構造が彼の小説を支配している。『砂の女』ではこの「失踪者」を呑みこむ「外部」が砂丘の「穴」に設《しつら》えられているのだが、「穴の内部」が同時に「システムの外部」でもあるというこのトポロジカルな異界で、新たな生を引き受けることを決断するこの安部公房的「失踪者」もまた、言ってみれば「不逞」の半不在者以外の何ものでもあるまい。

「穴を掘る」行為の社会的な不適格性をコミカルに描いた同時期の短篇小説として、黒井千次の「穴と空」(一九六八年九月発表、『時間』河出書房新社、一九六九年刊所収)も挙げておこう。無断欠勤した同僚の家へ様子を見に行ってみる。と、そこにはただ憑かれたように穴を掘りつづけている男の姿がある。「ミイラ取りがミイラになる」ようにして、穴の中に次々に誘い込まれ、固有名を失って「A」とか「C」といった符牒《ふちょう》で呼ばれる無個性の存在と化し、自分でもわけのわからぬ情熱に駆られてひたすら掘りつづける男たち。彼らはその無償の行為に熱中することで、会社での労働によっては得られない奇妙な「生の実感」を回復しようとしているかに見える。が、物語の最後に用意された人を拍子抜けさせるアンチ・クライマックスの結末は、何のことはない、それはただ単にごみ捨て用の穴にほかならなかったというものだ。あたかもカミュが描いた神話的英雄シーシュポスの果てしない労役にも似て、「不条理」な「純粋行為」として詩的な聖性をまとわされてもよかったはずの穴掘りは、結局のところもっとも卑小な有用性に奉仕するとことん合目的的な仕事でしかなかったという、この肩透かしのアイロニー(13)。

われわれが本書において「明治の表象空間」として記述しようとしたものは、ひとことで言えば、「穴」を掘ろうとするものとそれを「制止」しようとするものとが、血みどろの闘いを続ける言説の戦場である。千葉県の巡査が明治十六年に書いた職務執行の記録の一断片と、虚構の物語の紡ぎ手が昭和四十三年に書いた小説作品の一断片とが、そこでは唐突に共鳴し合い、意想外の倍音を鳴り響かせる。一方を歴史研究の史料として読み、他方を文芸批評の対象として読んで、それぞれを固有の受容装置のうちに閉じこめてしまうかぎり、この共鳴は起こらない。あらゆる言説という言説が一緒くたになって流動し、親和力によって引き寄せ合い、反撥力によって背反し合い、不意に凝集しては量塊《りょうかい》をなし、それがほどけてまたばらばらに散開し、偶発的な死滅と生誕のまたたきを繰り返しつつ絶えず移ろってゆく星雲状の表象空間を想定しないかぎり、この共鳴の響きを聞き届けることは不可能なのだ。

従って、ここで試みられたものは、べつだん越境性を誇示する学際横断的な研究といったものではない。歴史学と政治思想史と文芸批評をそれぞれ部分的に実践し、均衡のとれたそれらの綜合の実現を模索したわけではない。ただ、言説という言説が離合集散するカオス状の表象空間を漂流し、それらの間に働く親和と反撥の力学に身をさらしながら、そこに穿たれた複数の「穴」の在り処を指し示そうとしただけである。書くことによって人は「穴」を穿つこともできれば、また他人の穴掘りを「制止」することもできる。「制止」を意図したはずの言説が思いがけず別の「穴」を開けてしまうことがあり、また「穴」を穿ちえたと自負する言説がかえって「穴」の虚構化に貢献してしまうこともある。穿とうとする者とそれを阻止しようとする者とが共犯者同士の狎れ合いの目配せを交わし合うこともあろう。裏切りと瞞着、詭計《きけい》とその挫折が重層化する表象空間を横断しつつ、偶然と必然の絡み合いを腑《ふ》分《わ》けしながら、われわれは、言説と言説との予期せぬ遭遇や血腥《ちなまぐさ》い戦闘の諸相を記述しようと試みた。

すでに引用したように、「もし僕自身のための深い竪穴を掘る決意をするならば、僕もまた一箇の竪穴を所有しうるのであるが……」と、「狩猟で暮したわれらの先祖」の主人公は最後のページで呟くのだが、それからさらに四十数年の歳月が流れ、世紀の境目も越えた今、この「僕」の言葉はあまりにも楽観的に響くと感じざるをえない。逡巡《しゅんじゅん》の挙げ句、悲愴な気持でようやく「決意」を固めたとして、しかし今日いったい、人はどこに「深い竪穴」を掘り、それを「所有」しうるというのか。現実問題として、土との直接の交渉をなりわいとする農家を除けば、自分の敷地に大掛かりな竪穴を掘れるような土地持ちは減少の一途を辿っている。どんなに広い私有地も、地主の代替わりのたびに相続税を払うために切り売りされ、狭小化してゆくほかはない。他方、マンションなど共同住宅の住人にはむろん穴を掘るべきどんな場所もない。さらにまた、公園等の公共空間はと言えばその利用法は細密な「管理規則」でぎりぎりに縛り上げられており、そこに穴を掘るなどとんでもないことだと「良識」ある「市民」たちは眉を顰《ひそ》めるに違いない。

他方、それをお上が下々に施す「仁愛」の一表現と呼ぶべきか、今日の日本では自治体によるごみ収集のサービスはかなり徹底的に行なわれており、黒井千次「穴と空」に描かれたようなごみ捨て穴を私人が掘ることは、それ自体そもそも不必要になっている。われわれは納税義務の履行と引き換えに、みずからの生活から不快や不便を可能なかぎり排除するサービスを当局に求めており、結果として不快や不便への耐性を急速に低下させつつある。「安楽への全体主義」(藤田省三)が跳梁跋扈《ちょうりょうばっこ》し、しかしその一方、いかなる神経症的抑圧の暴発でか、やくざでもない人と人とのちょっとした諍《いさか》いにいきなり刃物が飛び出して血まみれの殺傷沙汰が起きたりもしている。無意味な穴を掘ろうなどと思い立つことなく、沈香《じんこう》も焚かず屁もひらず、息を潜めて暮らしているに越したことがない、それがいちばん「安全」だと人々は考えるようになっているのだ。では、道路に穴を掘るのはどうか。「たけくらべ」の時代の東京ならばいざしらず、一般道路のアスファルト化が戦後急速に進行した都市部では、そんなことはもはや物理的に不可能となっている。実際、われわれの生を律する「安楽」原則は、穴ぼこもなく雨で泥濘《でいねい》化することもない道路を必要としているのだ。一葉の小説群を貫通する特権的主題系としてわれわれが本書「38 婦徳――樋口一葉(三)」で注目した「泥」のテーマ(ここでは詳細に論じる余裕はないが萩原朔太郎の詩的想像力にもそれは顕著に見出される)が、都市文学の意匠として今日もはや完全に不活性化してしまったことの理由の一半もそこにあろう。そして、その「泥」の主題の思想的・形而上的含意に関しては、本書のその箇所で詳論した通りである。

そして、現実の都市空間と同様に、今、表象空間もまた隅々までアスファルトで舗装され、つるつるした表層性の光沢をむしろその積極的な美質として誇っているかに見える。管理が管理と見えぬまでに「制止」の技法はますます洗練され巧緻《こうち》化され、抑圧と禁止は各人の心に内面化され、地面に「穴」を掘るといった奇矯《ききょう》な振る舞いなど、そもそもそんな発想を抱くことすらあらかじめ阻まれているかのようではないか。垂直方向に穴を穿ち、その「深さ」に防衛の、抵抗の、反攻の拠点を求めようなどという発想は、もうとっくの疾うに時代遅れと化してしまったように見えてはいはしまいか。すべては浅くなり、薄くなり、「極薄」（デュシャン）と化して、その「表層化」した世界の滑らかな表面上で、ひたすら水平方向に展開してゆく戯れだけが果てしなく変奏され、反復されつづけているようではないか。

そうした状況下、明治初期・中期の表象空間の、大小無数の「穴」が散在し、何もかもが一緒くたに沸き立っているような制度化以前の混沌のただなかに、微細な探査の視線によって分け入っていこうとした本書の試みは、一定の「教育」的ないし「啓蒙」的な刺激を波及させうるはずだと信じたい。とはいえ、その探査の記録自体を、鷗外や漱石のような大才たちの出現以後の近代日本語、すなわち「理性」的に整序されてしまった「言文一致体」の日本語によって綴らなければならなかったという宿命と限界──宿命的な限界──に対しては、或るアイロニカルな無力感を覚えないではない。

註

36　奇蹟――樋口一葉(一)

(1)『明治文学全集16　坪内逍遥集』(稲垣達郎編)筑摩書房、一九六九年刊、三〇頁。
(2)同前、三三頁。
(3)同前、三三―三四頁。
(4)同前、三四頁。
(5)同前、一八頁。
(6)同前、三五頁。
(7)この表現で流布しているが、和田氏の使った言葉は正確には「奇蹟の期間」である。「明治二十七年十二月に「大つごもり」を書き、明治二十八年[二十九年の誤り――松浦註]一月に、『文學界』に連載した「たけくらべ」を完成した。十四箇月を「奇蹟の期間」と見ることができよう」(和田芳恵『樋口一葉』新潮社、一九五四年刊、一〇八頁)。
(8)『樋口一葉全集　第一巻』筑摩書房、一九七四年刊、三三三頁。
(9)同前、三七九頁。
(10)『前田愛著作集　第三巻　樋口一葉の世界』筑摩書房、一九八九年刊、一八五―一八六頁参照。
(11)『樋口一葉全集　第二巻』筑摩書房、一九七四年刊、一九頁。
(12)同前。

(13) 同前、一九―二〇頁。

(14) 同前、二〇頁。

(15) 同前。

(16) 亀井秀雄『感性の変革』講談社、一九八三年刊、一三六頁。「作者の立場からみるならば、この癒着的半話者は、いわば太さの調節が可能な伝声管のごときものであろう。ひとつづきの語りのなかで、それを調節しながら、その太さに波長の合う声――物理学で言う定常波――を次々と選び出してゆくのである」(同前)。亀井氏はこうした語りは必ずしも一葉の独創ではなく、露伴の「五重塔」にもあり、「表現史的にみて明治二十年代後半の重要な特徴」と言うべきものだとしつつ、「一葉の場合その呼吸がまことにあざやかだった」と評している(同前、一三七頁)。なお、亀井氏の同書及び『「小説」論――『小説神髄』と近代』(岩波書店、一九九九年刊)の二著は、管見の限りでは、日本の近代小説の言語態の歴史的変容の問題をめぐって透徹した考察を展開している貴重な労作であり、われわれの樋口一葉論は亀井氏の洞察から多くの示唆を受けている。

(17) 前掲『樋口一葉全集　第一巻』、四二一―四二二頁。

(18) 前掲『樋口一葉全集　第二巻』、二二一―二二二頁。

37　狂気――樋口一葉(二)

(1) 前掲『樋口一葉全集　第二巻』、一二頁。

(2) 「小石川の柳丁《(町)》」の地名は「にごりえ」の「未定稿A」に(同前、三六、三七、三八頁等)、「本郷金助町」のそれは「未定稿B」に(同前、四六頁)、それぞれ見出される。

(3) 同前、二二頁。

(4) 前掲『前田愛著作集 第三巻 樋口一葉の世界』、二二〇頁。

(5) 前掲『樋口一葉全集 第二巻』、二五頁。

(6) 同前。

(7) その意味で、われわれは樋口一葉の文業の総体を、詩の領域で「近代」——「幻想の近代」ならざる「不可能性としての近代」(本書〈中巻〉「35 不可能——北村透谷(四)」参照)——を伐り開いた北村透谷の仕事と同一の歴史的位相に置いて読むべきだと考える。透谷と一葉は生前、出会っていない。すでに神経を病んでいた透谷は自殺の直前(明治二十七年五月)、自分を尊敬していると聞く一葉に会おうと、芝公園の自宅から、一葉の本郷丸山福山町の家(彼女はそこに引っ越したばかりだった)に向かい、小石川の砲兵工廠《こうしょう》の近くまで来たところで気が変わって引き返したという。もし自分と会っていたら透谷は死ななかったのではないか、残念なことをした、と一葉は語っていたという(穴澤清次郎「一葉さん」、筑摩書房版『樋口一葉全集』月報第二号所収)。その一葉自身も、透谷に遅れること二年半にして早逝する。透谷、享年二十五、一葉、享年二十四——苛烈な時代の運命に翻弄された二つの大きな才能の夭折は、われわれを粛然とした感慨へと誘わずにはいない。空しい空想だが、もし仮りにこの二人が揃って六十歳くらいまで生きていたなら、日本の近代文学史は一変していたのではないか。

　透谷が一葉に会おうとした云々という右の逸話は、出所不明の伝聞のさらにまた伝聞といったたぐいのもので、真偽のほどは実は大いに怪しいが、「文学伝説」として並々ならぬ興趣を湛えていることは否定できない。ちなみに、小石川の旧水戸藩邸跡地に明治四年に建設された陸軍砲兵工廠の東京工場は、小銃を主体とする兵器の製造を行ない、日清・日露戦争での日本軍の勝利に貢献した。もし仮りに右の「伝説」をとりあえず信じてみるなら、透谷は、明治日本の国是であった「強兵」のための主要施設の一つに阻まれて、一葉の本郷の家まで行き着けなかったのだとも言える。東京砲兵工廠は関東大震災で甚大な被害を受けた後、その機能を小倉兵器製造所(後に小倉工廠)へ移設し、昭和十年に閉所された。跡地は払い下げられて後楽園球場となった(佐藤昌一郎『陸軍工廠の研究』八朔社、一九九九年刊参照)。

38　婦徳——樋口一葉(三)

(1)　前掲『樋口一葉全集 第二巻』、二六頁。

(2)　同前、二九―三〇頁。

(3)　同前、二五頁。

(4)　前掲『樋口一葉全集 第一巻』、四一四頁。

(5)　同前、四二〇―四二一頁。

(6)　この「美登利」の変貌に関して、当初の刊行以来、長らく「初潮説」が受け入れられてきて(その起源にあるのは鷗外・露伴・緑雨の『めさまし草』の「三人冗語」だろう)、前田愛『樋口一葉の世界』(平凡社選書、一九七八年刊)もそれを当然の前提としてまったく疑っていない。ところが一九八五年に佐多稲子が「「たけくらべ」解釈へのひとつの疑問」(『群像』八五年五月号初出)と題する文章で「水揚げ説」を提唱し、「たけくらべ論争」が起こる。「水揚げ説」を否定する根拠のうち最大のものは、物語の記述のクロノロジーを辿った場合、第十四―十六節に描かれる一日のスケジュールの中で、はたして「美登利」が客と寝所をともにする時間があったのかという点だろう。「美登利」が髪を島田に結って揚屋町の刎橋《はねばし》を渡って「廓内《なか》」へ入っていった正確な時刻は書かれていないが、とにかくその同じ日のこととして、その後の彼女のふさぎ込んだ様子が描かれている。昼日中の、しかも短時間での水揚げは不可能だろうということだ。もっとも、破瓜《はか》は前夜の出来事で、いったん家へ帰された美登利がこの日は挨拶回りか何かのためにふたたび登楼したのだ、と考えて悪いわけもない。

　こうした穿鑿《せんさく》にあれやこれやかまけるのはなるほど面白い。面白いが、さして意味のあることとは思われない。小説の物語をめぐって、これは実際には何が起きているのかという議論が、たとえば漱石の作品などをめぐっても文学研究者の間でよく持ち上がる。しかし、想像力で創り上げられた「うそばなし」をめぐって、実際にはどうなのかをあれこれ忖度《そんたく》するのは、結局は無意味な徒労ではないだろうか。なぜなら、「実際」など実はないからである。ソシュール的に言うなら、整合性の観点から「シニフィエ(記号内容)」を確定しようとするのはいいとしても、現実界の「レフェラン(指向対象)」はもともと存在していない。存在しないものをめぐって、それが何かを論じるのは無意味であろう。

　初潮とも読める、水揚げとも読める、それぞれそう読む根拠があるということであれば、「初潮とも水揚げとも読める」というのがこの問題への唯一可能な正解である。一方一葉自身はと言えば、「正解」など一つも持っていなかったはずだ。「書くこと」は、「正解」などという概念それ自体と無縁だからである。彼女は結局、複数の解釈を呼び込みうる多義性へと向けて、物語を開いたままにしておく形で書きたかったのだし、現にそう書いたということだ。表向きは一応、初潮を直感させる描写を行ないつつ、同時に「美登利」の身体が将来にわたって蒙るもっと深刻な運命を暗示してもいると読んでおけば、それで十分ではないのか。要はあくまで、「子どもたちの時間」(前田愛)の終焉という人生の切断の出来事の孕む、取り返しのつかない残酷さにあるのだから。

(7)　前掲『樋口一葉全集 第一巻』、四三八頁。

(8)　同前、四三八―四三九頁。

(9) 下田歌子『にはのをしへ』私家版、一八九二年刊、八頁。
(10) 同前、九頁。
(11) 前掲『樋口一葉全集 第一巻』、四三六頁。
(12) 同前、四三九頁。
(13) 前掲、下田歌子『にはのをしへ』、一一頁。
(14) 下田歌子『女子の衛生』冨山房、一九〇六年刊、一三六頁。
(15) 同前、一三八頁。
(16) 同前、一三九頁。

39 禽獣――樋口一葉(四)

(1) 前掲、下田歌子『女子の衛生』、一三八頁。
(2) 『樋口一葉全集 第三巻(上)』筑摩書房、一九七六年刊、三七九頁。
(3) 前掲、下田歌子『にはのをしへ』、一頁。
(4) 同前、二―三頁。
(5) 同前、三頁。
(6) 同前、三―四頁。
(7) 同前、四頁。
(8) 前掲『樋口一葉全集 第二巻』、二七頁。
(9) 同前、三三頁。「にごりえ」に幕を下ろすきわめて簡潔な、そしてその簡潔さゆえに劇的なまでに鮮烈な最終節(第八節)で、一葉は矛盾し合う複数の伝聞を並列させ、一義的な「意味」への固着を回避している。

40　過剰──幸田露伴（一）

（1）『露伴全集　第十巻』岩波書店、一九五三年刊、三四頁。
（2）『透谷全集　第二巻』岩波書店、一九五〇年刊、三五五頁。
（3）同前、三五六―三五七頁。
（4）前掲『露伴全集　第十巻』、三一頁。
（5）『前田愛著作集　第二巻　近代読者の成立』筑摩書房、一九八九年刊、三〇七―三〇九頁。
（6）『明治文学全集34　徳富蘇峰集』（植手通有編）筑摩書房、一九七四年刊、一一九頁。
（7）『露伴全集　第十四巻』岩波書店、一九五一年刊、三頁。
（8）前掲『前田愛著作集　第二巻　近代読者の成立』、三一一頁。
（9）同前、三一一―三一二頁。
（10）『露伴全集　第五巻』岩波書店、一九五一年刊、二六二―二六三頁。
（11）同前、一八五頁。
（12）前掲『露伴全集　第十巻』、三五頁。
（13）『正宗白鳥全集　第二十一巻』福武書店、一九八五年刊、一五二頁。
（14）『露伴全集　第二十四巻』岩波書店、一九五四年刊、一三五頁。
（15）同前。
（16）同前、一三六―一三七頁。

41　怪物――幸田露伴(二)

(1) 前掲『露伴全集 第二十四巻』、一三六頁。
(2) 同前、一七―一八頁。
(3) 同前、九―一〇頁。
(4) 『露伴全集 第七巻』岩波書店、一九五〇年刊、四八七―四八八頁。
(5) 「[…]予の腹中の秘を打明けて申せば『天うつ浪』の是《ここ》より描写せんとする一大段は、彼《か》のお龍といへる一婦人の上に渉りて、比較的に脂粉の気甚だ多き文字を為さゞるべからざるところに臨み居り候。かゝる有事の日に当りて然る長閑《のどか》なる文を作る事[…]予の最も胸苦しく感ずることに御座候」(「天うつ浪愛読者諸君に」『読売新聞』明治三十七年三月一日付)。前掲『露伴全集 第十巻』、二二一―二二二頁。
(6) 『露伴全集 第九巻』岩波書店、一九四九年刊、三頁。
(7) 同前、四六〇頁。『天うつ浪』はこの「其百五十七」を最後として中絶した。

42　離脱――幸田露伴(三)

(1) 『露伴全集 第十九巻』岩波書店、一九五一年刊、二八五頁。
(2) 同前、二九六頁。
(3) 同前、二九六―二九七頁。
(4) 『列子(上)』岩波文庫、一九八七年刊、一七頁。「列子は鄭人なり、鄭の繆公と時を同じうす」の「鄭の繆公」に付された「注一三」の記述は同書二一一頁にある。
(5) 前掲『露伴全集 第十九巻』、二九七頁。

（6）『露伴随筆集(上)』(寺田透編)岩波文庫、一九九三年刊、四七二頁。
（7）同前、四七三頁。
（8）前掲『露伴全集 第十九巻』、四七二―四七四頁。
（9）『子規全集 第十三巻』(講談社、一九七六年刊)巻末の「参考資料」に収載されている(七〇九頁)。
（10）同前、七〇九―七二二頁。
（11）『子規全集 第十八巻』講談社、一九七七年刊、三〇三頁。
（12）前掲『子規全集 第十三巻』の「小説草稿」の部にこれも収録されている(六四三―六七九頁)。
（13）同前、一二五頁。
（14）同前、一五五頁。
（15）同前、一二八―一二九頁。
（16）同前、六四五頁。

43　リアリズム――幸田露伴(四)

（1）前掲『子規全集 第十三巻』、一二九―一三〇頁。
（2）『子規全集 第十四巻』講談社、一九七六年刊、二四一頁。
（3）同前、二四九頁。
（4）江藤淳『リアリズムの源流』河出書房新社、一九八九年刊、二三頁。
（5）「俳話(二)」、『定本高浜虚子全集 第十巻』毎日新聞社、一九七四年刊所収、一〇八―一一〇頁。同『全集』は『ホトトギス』での初出形を底本として本文に採用している。江藤氏がこの文章の題名を「写生趣味と空想趣味」と記しているのは、古い『定本虚子全集 第七巻』(創元社、一九四九年刊)

に拠ったからであろう(そこでは虚子はこの「俳話(二)」を四部分に分けて「写生趣味と空想趣味」等小見出しを付け、いくばくかの削正を加えている)。

(6) 前掲、江藤淳『リアリズムの源流』、三〇頁。

(7) G・W・F・ヘーゲル『精神現象学』長谷川宏訳、作品社、一九九八年刊、六九頁。

(8) 同前、七六頁。

(9) 同前、七五―七六頁。

(10) 前掲、江藤淳『リアリズムの源流』、二二頁。

(11) 本書中巻三二九頁に引用した、山田有策「幻想の近代――〈言文一致〉のはてなるところ」(『幻想の近代――逍遙・美妙・柳浪』おうふう、二〇〇一年刊所収)末尾部分を参照のこと。

44　現在――福地桜痴(一)

(1) イ・ヨンスク『「国語」という思想――近代日本の言語認識』岩波書店、一九九六年刊/岩波現代文庫、二〇一二年刊。

(2) Charles Baudelaire, *Œuvres complères*, Tome 1, Bibliothèque de la Pléiade, Gallimard, 1975, p. 98.『ボードレール全集Ⅰ』阿部良雄訳、筑摩書房、一九八三年刊、一八〇頁。

(3) Charles Baudelaire, *Op. cit.*, Tome 2, 1976, p. 695.『ボードレール全集Ⅳ』阿部良雄訳、筑摩書房、一九八七年刊、一五〇頁。

(4) 前掲『透谷全集　第二巻』、三三九頁。

(5) 拙著『平面論――一八八〇年代西欧』岩波書店、一九九四年刊、〈岩波人文書セレクション〉版、二〇一二年刊参照。

(6)『明治文学全集11　福地桜痴集』(柳田泉編)筑摩書房、一九六六年刊所収、四〇九頁。
(7)同前、三三五頁。
(8)同前。
(9)同前、三三六頁。
(10)同前。
(11)復刻版『東京日日新聞15(明治十年一月―三月)』日本図書センター、一九九五年刊、二六二頁。
(12)同前、二六七頁。

45　浅薄――福地桜痴(二)

(1)『福沢諭吉全集　第四巻』岩波書店、初版一九五九年刊、再版一九七〇年刊、二〇九頁。
(2)同前。
(3)同前、二〇七―二〇八頁。
(4)同前、二〇八頁。
(5)同前。
(6)前掲、復刻版『東京日日新聞15(明治十年一月―三月)』、一三三頁。
(7)前掲『明治文学全集11　福地桜痴集』、三三八頁。
(8)前掲、復刻版『東京日日新聞15(明治十年一月―三月)』、二五七頁。
(9)復刻版『東京日日新聞16(明治十年四月―六月)』日本図書センター、一九九五年刊、三五頁。
(10)同前。
(11)福地源一郎「維新の元勲」、『太陽』一巻四号所収、一八九五年。

(12) 前掲『明治文学全集11 福地桜痴集』、四〇四頁。
(13) 九代目市川団十郎が死んだ後の演劇界に見切りをつけた福地桜痴は、明治三十七年、第九回衆議院議員総選挙に東京府東京市区から無所属で立候補し、最下位当選を果たす。だが、かつては福沢諭吉のそれにも比肩していた彼の社会的影響力はすでになく、翌々年一月、議員在職中に逝去。享年六十四。

46 情報——福地桜痴(三)

(1) 『国木田独歩全集 第二巻』学習研究社、初版一九六四年刊、増訂版一九七八年刊、六五頁。
(2) 加藤周一『日本文化における時間と空間』岩波書店、二〇〇七年刊、二三三頁。
(3) 同前、四頁。
(4) 前掲『国木田独歩全集 第二巻』、一一四頁。
(5) 同前、一二〇—一二一頁。
(6) 前掲、加藤周一『日本文化における時間と空間』、二三七—二三八頁。

終章——総括と結論

47 セリーI＝理性

(1) 自由民権運動の構成要素のうち、「理性」的な大義や「正論」からは一見極端に懸け離れた側面に鮮烈な光を当てた労作として、長谷川昇『博徒と自由民権——名古屋事件始末記』(中公新書、一九七七年刊／平凡社ライブラリー、一九九五年刊)がある。群馬事件・加波山《かばさん》事件・秩父事件などと同じ明治十七年に起きた名古屋事件の顚末をめぐる、長谷川氏の細心の実証的考究から浮かび上がってくるのは、日本の共同体の前近代性への批判として展開されたはずの進歩的な政治運動に、近代的な社会システムとは相容れない「無頼の徒」が枢要な役割を演じたことの逆説性である。

とはいえ、社会学者外山正一が『新体詩抄』に「社会学の原理に題す」と「抜刀隊」という二篇の詩を載せ、この同じ一人の作者が前者では科学的「原理」のシステム論的な首尾一貫性を称賛し、後者では「朝敵」を成敗する兵士の勇猛に対してほとんど感涙にむせぶばかりの興奮を示しているという事実にわれわれはすでに触れている(本書〈中巻〉「18 外圧――博物学(二)」の第三節「原理と勇壮」、及び「25 不徹底――進歩史観(三)」の第二節「軍歌と鹿鳴館」・第三節「及び腰の知識人たち」を参照)。外山が自分のうちに共存させていた近代的「理性」と前近代的「非理性」の絡み合いはきわめて徴候的であり、そうした症例に照らしてみるかぎり、「自由民権」の大義の高唱と「無頼の俠客」の横紙破りの行動の結合にも、さして驚くべき逆説性を認めないで済むのかもしれない。なお、本文の次の段落でわれわれは〈ラ・マルセイエーズ〉に言及しているが、外山の「抜刀隊」が〈ラ・マルセイエーズ〉を範にとって構想されたこともまた、ここで思い起こしておく必要があろう。

(2)『現代政治の思想と行動』(合本増補版)未來社、一九六四年刊所収。『丸山眞男集　第四巻』岩波書店、一九九五年刊、九七―一四二頁。

48　セリーII＝システム

(1)『日本近代思想大系22　差別の諸相』(ひろたまさき校注)岩波書店、一九九〇年刊、一六八―一七〇頁。

(2)同前、一七一頁。

49　セリーⅢ＝時間

（1）『福沢諭吉全集　第五巻』岩波書店、初版一九五九年刊、再版一九七〇年刊、二四頁。
（2）同前、二八頁。
（3）同前、二六頁。
（4）同前、七頁。
（5）ジョルジュ・シャルボニエ『レヴィ＝ストロースとの対話』（多田智満子訳、みすず書房、一九七〇年刊）の「Ⅲ　時計と蒸気機関」（三〇―四二頁）を参照。
（6）前掲『福沢諭吉全集　第五巻』、七頁。
（7）Ch. Baudelaire, *Op. cit.*, Tome 1, 1975, pp. 299-300. 前掲『ボードレール全集Ⅳ』、三六―三七頁。
（8）『萩原朔太郎全集　第二巻』筑摩書房、一九七六年刊、補訂版一九八六年刊、三一四―三一五頁。
（9）同前、二七九―二八〇頁。
（10）前掲『福沢諭吉全集　第五巻』、二七三頁。さらにまた、「国会の政府より頒布する法令は、其《その》冷なること水の如く、其情の薄きこと紙の如くなりと雖《いえ》ども、帝室の恩徳は其甘きこと飴の如くして、人民これを仰げば其慍《いかり》を解く可《べ》し」などとも（同前、二六五頁）。要するに「帝室」は徹底的に快楽原理の担い手なのであり、しかもそれがそうした慰安機能を果たしうるのは、現実政治から距離をとっているかぎりにおいてのことなのだと福沢は念を押している。「何《いず》れも皆政治社外に在るに非《あら》ざれば行はる可《べか》らざる事なり」（同前）。
（11）『福沢諭吉全集　第六巻』岩波書店、初版一九五九年刊、再版一九七〇年刊、七頁。
（12）マックス・ヴェーバー『プロテスタンティズムの倫理と資本主義の精神』大塚久雄訳、岩波文庫、改訳版一九八九年刊。

(13)『萩原朔太郎全集　第十巻』筑摩書房、一九七五年刊、補訂版一九八七年刊、四八七頁。

(14)同前。

(15)前掲『萩原朔太郎全集　第二巻』、一一〇―一一一頁。

(16)前掲『萩原朔太郎全集　第十巻』、四八七頁。

(17)同前、四八八頁。

(18)ふつう日本近代(現代)詩史の記述は、川路柳虹(一八八八―一九五九)の「自然主義」的な詩作品「塵溜《はきだめ》」(明治四十年九月発表)が、日本語による最初の口語自由詩として書かれ、発表されたという点を強調するのが一般的である。だが、「口語」そして「自由律」という二点の記念碑的意義は認めるとしても、詩史に画期をなすというには「塵溜」自体、あまりに文学的価値の乏しい作品でしかないこともまた事実であろう。小説史において「言文一致」の口語性を「近代」のパラメーターとして誇大視するのと同型の「進歩史観」的な固定観念が、「近代詩」の「進化」の道筋を見定めようとする視線をも縛ってきたのではないか。われわれはかつて、「自然主義」云々という文学史的紋切り型を括弧にくくったうえで、この「塵溜」という作品に「不能」と「滞留」という観点から主題論的アプローチを行ない、そこから萩原朔太郎へ、さらに戦後の吉岡実へと伸びてゆくインターテクスト的な一ヴェクトルを跡づけようと試みたことがある。拙稿「不能と滞留――口語自由詩の生成をめぐる一視点」(『文学』一九九八年秋号〈九巻四号〉、一九九八年十月刊収載)を参照のこと。

(19)前掲『萩原朔太郎全集　第二巻』、二八一頁。

(20)同前、二八二―二八三頁。

(21)同前、二九一頁。

(22) 『萩原朔太郎全集 第一巻』筑摩書房、一九七五年刊、補訂版一九八六年刊、八二頁。この憎悪と恐怖がまるで嘘のように爽快に解消されるユートピアを、若き日の朔太郎が投影した対象が、「田舎」の対極としての「都会」である。「この美しい都会を愛するのはよいことだ／この美しい都会の建築を愛するのはよいことだ／すべてのやさしい女性をもとめるために／すべての高貴な生活をもとめるために」(詩篇「青猫」、詩集『青猫』所収、前掲『萩原朔太郎全集 第一巻』、一四三頁)。「都会」への憧憬のこのあまりと言えばあまりのナイーヴさと能天気ぶりに、むしろ「田舎」の圧力に喘ぎつつそこからの脱出の途《みち》を必死に希求する朔太郎の焦慮と絶望の深さを透視すべきだろう。この子供染みた夢想が遅かれ早かれ現実と衝突し、完全に潰える運命にあることは言うまでもない。そしてその苦々しい幻滅が、後に『氷島』に収録される文語詩篇群の主要な主題をかたちづくることになる。

(23) 前掲『萩原朔太郎全集 第十巻』、四八九頁。

50 結論

(1) 『日本近代思想大系3 官僚制 警察』(由井正臣・大日方純夫校注)岩波書店、一九九〇年刊、四〇七頁。

(2) 『大江健三郎小説3』新潮社、一九九六年刊、三一五―三一六頁。

(3) 同前、三六二頁。

(4) 同前、九頁。

(5) 同前、一三〇―一三一頁。

(6) 『大江健三郎小説5』新潮社、一九九六年刊、八二―八三頁。

(7) 『大江健三郎小説8』新潮社、一九九七年刊、一三六頁。

(8)　前掲『大江健三郎小説3』、三四五―三四六頁。

(9)　副田義也『内務省の社会史』東京大学出版会、二〇〇七年刊、三六頁以下参照(「序章　主題と方法―― 5　五局史観の提唱」)。

(10)　前掲『大江健三郎小説5』、一七五―一七六頁。

(11)　村上春樹『ねじまき鳥クロニクル　第1部　泥棒かささぎ編』新潮社、一九九四年刊参照。村上春樹の小説に繰り返し登場する「井戸」は、いずれもユング的＝超歴史的な「元型」イメージの域を出るものではない。

(12)　前掲『大江健三郎小説5』、一八五頁。

(13)　『新鋭作家叢書　黒井千次集』(河出書房新社、一九七二年刊)の解説として書かれた「聖性希求の座礁」で、磯田光一はこの「穴と空」における「穴」のイメージと、大江健三郎『万延元年のフットボール』の「根所家の穴」との類似に触れている(二二六頁)。なるほど『万延元年のフットボール』の刊行は六七年九月、「穴と空」の初出は六八年九月で、何らかの影響関係の所在も想定できないではないが、それよりもむしろ、経済の高度成長と並行して日本社会の「五五年体制」的な「システム」が堅牢に構築されはじめていたこの時期、「システム」の「外部」をめぐって文学的想像力の活性化を唆《そそのか》す或る種の「時代の空気」が存在したということなのではないか。安部公房『砂の女』にすでにその前駆的表現を見出すことも可能なそうした「時代の空気」を、大江と黒井という二人の優れた作家も共有しつつ感受しており、彼らはそれぞれの仕方で――大江は悲劇的に、黒井は笑劇的に――その「穴」のイメージのまとう「聖性」への希求の「座礁」を描いていると考えておけばよいのではないだろうか。

跋

『明治の表象空間』は、雑誌『新潮』の二〇〇六年一月号から二〇一〇年十二月号まで、全五十回にわたって連載された（ただし、以下の号では休載――二〇〇六年七月号、二〇〇七年一・三・九月号、二〇〇八年一・十月号、二〇〇九年一・七月号、二〇一〇年一・五月号）。

全篇にわたって大幅な加筆訂正を施し、さらに、かつて「国体論」という題名の下に発表した論文（『表象のディスクール5　メディア――表象のポリティクス』東京大学出版会、二〇〇〇年刊所収）の改稿版を「序章」として組み込んだうえで、ここに単行本として刊行する。

五年間にわたった連載中、泥沼に足を取られつつよろめくように走りつづけたわたしの傍らに、終始ぴたりとついて励ましつつ伴走し通してくださった『新潮』編集部の松村正樹氏には、今何と言ってお礼を申し上げたらいいのかわからない。また、連載の途中まで煩瑣《はんさ》な校閲をご担当下さり、縁あってこの単行本の制作でふたたび懇切なご配慮を賜ることになった文芸第一編集部清水優介氏にも、深い感謝を捧げたい。さらに、寛大なご好意でこうした地味な仕事に誌面を提供して下さった『新潮』編集長の矢野優氏、本書全体にわたる厳正きわまる校閲によって多くの過誤を正して下さった新潮社校閲部の飯島秀一氏、連載中途の時点で既発表原稿を精読し、本書で第Ⅰ部・第Ⅱ部としてまとめた部分に関して細部にわたる克明なご助言を下さった政治思想史家の苅部直氏にも、わたしの心からの謝意を受け取っていただければと思う。

以下に、ささやかな個人的回想を一つだけ記す。準備段階まで含めれば、結局わたしの五十代の全体をまるまる捧げることになってしまったこの仕事に関しては、その予告のようなものが旧著『謎・死・閾《いき》――フランス文学論集成』(筑摩書房、一九九七年)の「後記」に見出される。そこでわたしは、「都電とエッフェル塔」と題した小文(この小文自体も同書巻末に収録されている)に触れながら、こう書いている。

[…]今わたしは、これより先の仕事の展望として、本書全体を貫くモチーフを集約しているはずのこの短文[「都電とエッフェル塔」]に改めて立ち戻り、そこからもう一度出発し直してみたいと考えている。今後十年ほどかけて、この短文に内包されている情動的・歴史的・地誌的主題を徹底的に展開し、そこに仄めかされている無意識の揺らぎを構造的に解明するという作業をやってみたい。それは、都電が姿を消してゆく首都に暮らしながらエッフェル塔の美しさの分析を企てるフランス文学者という存在を産み出した、「近代日本」の言説空間をめぐる「横断的」な考察というかたちをとることとなろう。

この「後記」末尾には「一九九七年七月」という記載があるから、「今後十年ほどかけて」

という予告の実現は大幅に遅れ、本書が成るには結局そこから十六年以上の歳月が経過してしまったことになる。小文「都電とエッフェル塔」自体を書いたのはさらに遡って一九九一年の暮れのことで、これは東大駒場に助教授として着任したとき『教養学部報』という学内誌に載せた自己紹介文である。わたしがすでにこの職場を離れていることを思うと(二〇一二年三月、早期退職制度を利用して辞職した)、飽きっぽいわたしにしてはずいぶん執念深くこの本の夢を追いつづけてきたものだという感慨が、改めて込み上げてくる。

『謎・死・閾』の「後記」で「この短文に改めて立ち戻り」云々と言っていることの背景には、その二年前の一九九五年に『エッフェル塔試論』をようやく上梓できたという安堵感があり、かつまたこのまま「フランス学」の専門家という安全地帯に落ち着くまいという自戒ないし自負もあった。大学に入ってフランス語を学びはじめて以来、フランス近代詩やらパリの文化史やらに入れ揚げて、かなりの時間と労力をそれに注いで生きてきたが、実は自分の記憶の基層には、上野池之端の不忍池の周りを都電ががたごと走っていたかつての東京の懐かしい風景がある——というのが「都電とエッフェル塔」というエッセイの趣旨である(そうした感慨に初めて言及したこの千四百字ほどの短文は、わたしの作品歴の要をなす決定的な「閾」であったとも言える)。わたしはいわば「都電」と「エッフェル塔」を居心地悪く共存させて、あるいはいっそその二つの間に引き裂かれて、生きてきた男なのだ。後者についてはようやく一冊の本が仕上がった。では、「都電」の方はどうか。

かくしてわたしは、自分のいわば「下半身」をかたちづくっている昭和三十年代・四十年代の東京下町の風景と、そこに滞留している身体的時間の記憶に正面から向き合うこととなり、小説のかたちでは短篇集『もののたはむれ』(一九九六年)や長篇『巴』(二〇〇一年)を、詩のかたちでは『吃水都市』(二〇〇八年)を書いた。そして今ここに、「都電が姿を消してゆく首都に暮らしながらエッフェル塔の美しさの分析を企てるフランス文学者」という珍妙と言えば珍妙、奇態と言えば奇態な日本人を二〇世紀後半に産み出した、そのそもそもの歴史的母胎である「「近代日本」の言説空間」それ自体をめぐる「「横断的」な考察」が、本書『明治の表象空間』としてようやく陽の目を見ることになった。わたしが二十代、三十代の頃にその執筆を夢見た著作は、本書を最後として一応すべて完成したことになる。

わたしの人生にあとどれほどの時間が残されているかはわからないが、わたしの前に広がっているのはもう全き未知の白い時空である。この先自分が何をしたらいいのか、わたしにはもう皆目わからない。爽快きわまりないことにわたしは今や、「都電」とも「エッフェル塔」とも無縁の、裸の自分に戻ったのである。何を夢見る時間の余裕ももはやなく、またその必要もない。後はもう、思い立ったことをただいきなりやるだけだ。たとえ夢見る余裕(それは若さにのみ可能な贅沢といったものだろう)はもうないにせよ、その断念と引き換えに、有難いことに、錯誤や愚行を犯す自由(それこそが老年の特権ではないのか)だけはまだふんだんに残っている。

二〇一三年十一月

松浦寿輝

十年後に ―― 岩波現代文庫版あとがき

『明治の表象空間』は二〇一四年五月に新潮社より刊行された。爾来《じらい》、丸々十年の年月が流れ、わたしにとってひときわ愛着の深いこの著作が、このたび岩波現代文庫に収めていただけることになったのは、欣快の至りと言うほかない。A5判で七百五十ページもの嵩のあった重い本が、手に取りやすい文庫版三分冊のかたちで蘇生し、未知の読者の目に触れ、その手と指でページをめくってもらい、「明治」と「表象」と「空間」をめぐってここでわたしが展開した思考から、何らかの刺激を受け取っていただけるかもしれないという可能性の芽が、また新たに萌え出すことになったわけだ。こうした辛気臭い著作が辿るべき運命としては、望外の僥倖《ぎょうこう》に恵まれたと言うべきだろう。労をお取り下さった岩波書店の方々、他社への移植を快くお赦し下さった新潮社の方々に、心からお礼申し上げたい。

かつての単行本『明治の表象空間』は、何しろ「言説」の分析の書だからということで、図版の挿入をいっさい排している。この方針の徹底によって、それなりに趣きのある禁欲的相貌の一書が生まれたという自負はあるが、ただし実は本文中、「図像」の分析を試みた箇所がないわけではなかった。それは、明治初期に施行された「違式詿違《いしきかいい》条例」を「絵解き」した数々の通俗的出版物をめぐる考察である。このたびの文庫版では、このきわめて面白いイラストレーションの実例を三点挿入してもらうことにした(上巻一六〇―一六一頁)。画風を異にするこれら三種の「画解」「図解」と突き合わせつつ本文を読むことで、きっと読者の皆さんにもわたしの覚えた興趣を共有していただけることだろう。

また、この文庫版では、本文にも引用文にも振り仮名(ルビ)を大幅に増やしている。読み難い漢字が頻出するこの本が、そのぶん多少は取っつき易くなったとすれば幸いである。

この著作にわたしの五十代のほぼすべてを捧げることになった背景について、ひとこと説明しておきたい。制度的にはフランス文学者と見なされていた書き手がいきなり明治期の政治体制などを論じはじめたことに、当時、少なからぬ途惑いを示す向きがあったからである。わたし自身の意識としては、自己形成の過程で、警察機構や『文明論之概略』や教育勅語の分析をゆっくりと準備しついにそれに本格的に着手するに至るまでの長い前史があり、それに照らすかぎり、この本を書くことになった成り行きには不自然なものは何もなかった。

わたしは一九七二年、東京大学教養学部の文科一類に入学した。東大では二年生の後半で進学先の専門学部を決める。「文一」は法学部への進学を前提とするコースで、入学時にはわたし自身もごく自然に法学部に入って政治学を学ぶつもりでおり、その意思は、入学直後に丸山眞男『現代政治の思想と行動』(未來社)を読み、圧倒的な感銘と興奮を覚えることでますます固いものとなった。丸山の記述を指針として、ホッブズ、ロックといった古典を読み、さらにカール・シュミット、ハロルド・ラスキ、マックス・ヴェーバー、カール・マンハイムなども読み、そのどれからも強い知的刺激を受けたものだ。

ただ、当時、駒場には法学部の京極純一教授が出講して政治学入門のような趣旨の講義を行なっており、それをわたしも当然受講したが、これは心弾むような体験ではまったくなかった。政治学というものが、こんな陰々滅々とした世間知のアイロニカルな精緻《せいち》化でしかないなら、人生を賭けてやるに値するものは何もないと思われた。京極は後年、東大での講義録をまとめた『日本の政治』(東京大学出版会)を出し、名著という風評もあって、わたしも一読したが、それ自体が「官学協同」の間然するところのない表象でしかないこうした言説が「五五年体制」を延命させてきたのかという感想しか残らなかった。その一方、京極の文章の平板と凡庸に比して、一文一文に深い叡智が籠められた岡義達『政治』(岩波新書)には、これも大学入学早々に読んで感動し、「政治」という事象の奥深さに感じ入ったことなども、今改めて思い出す。

しかし何のかんの言っても、もし仮りに丸山眞男が当時まだ現役の教授として勤務していたら、わたしは確実に、躊躇《ちゅうちょ》なく、法学部進学を選んでいたに違いない。大学に残って研究者となるか実社会に出て実務の職に就くか、その選択はもう少し先に延ばすとしても、である。しかし丸山はわたしの大学入学の前年の七一年三月に、大学紛争での心労と病気が重なってすでに早期退職していた。丸山のいない東大法学部は、もはやわたしにとってさしたる魅力はなかった。

思案の末、わたしは結局、政治学をはじめとする社会科学を自分の major とする途《みち》を棄て、早いうちから自分のもう一つのpassionとなっていた「フランス語」と「文学」――それは必ずしも「フランス文学」ではなかった――へ向かう途を採ることとなった。阿部良雄、ロラン・バルト、ポール・ヴァレリー……。しかしフランス語との出会いがわたしの人生において持った意味をめぐっては、これまで何度も書く機会があったし、この小文の埒外《らちがい》の事柄なので、ここで繰り返すことはしまい。

とはいえ、丸山の仕事への敬意、ひいては政治思想史それ自体への興味はわたしのなかにずっと滞留しつづけた。一九七六―七八年のフランス留学の際も、パリ国際大学都市の宿舎の自室の本棚には日本から持参した『日本政治思想史研究』(東京大学出版会)があったのである。その後も、透徹した洞察をしなやかな文体で綴った藤田省三『精神史的考察――いくつかの断面に即して』(平凡社選書、一九八二年)が出たときには瞠目《どうもく》したし、丸山が七十代に入って出した『「文明論之概略」を読む』(上・中・下、岩波新書、一九八六年)や『忠誠と反逆――転形期日本の精神史的位相』(筑摩書房、一九九二年)も、刊行されるやいなや飛びつくようにして読み、充実した時間を過ごしたものだ。長い話を約《つづ》めて言えば、二十代初めに『現代政治の思想と行動』や『日本政治思想史研究』から受けた感銘に端を発し、わたしのうちで細々《ほそぼそ》と継続していた政治思想史ないし近代日本の精神史への関心が、五十代に入って不意に前景化したところに、本書『明治の表象空間』が産まれ落ちたということになる。

ただし、ここで重要なのは、それがそのまま「丸山学派」流の研究を追従すべき「モデル」として仰ぐといった種類の仕事になっていかなかったという点であろう。それは次のような理由による。

歳月が流れ、フランス語で博士論文を書いてパリ大学に提出するといった体験もした後、丸山眞男の著作を読み返すたびにいつも思うことがあった。あの畏怖すべき博識、あの弛みのない論理的な思弁力、独特な衝迫を漲《みなぎ》らせつつ疾走するあの稠密《ちゅうみつ》な文体、丸山の後継者の小秀才たちからは失われてしまうあの強烈な(ほとんど実存的な)問題意識、父親譲りなのかもしれないあの鋭利きわまるジャーナリスティックなセンス、どれを取ってもすばらしい。惚れ惚れするほどすばらしい。しかし、構造主義以降の「知」が彼にはない。わたしの知的関心がフランス語の世界に求心化していったことのいちばん大きな理由になった──そしてこういうものを原文で味読できるようになっただけでもフランス語という言語と親身に付き合って本当に良かったとつくづく思った──レヴィ゠ストロース、バルト、ラカン、ドゥルーズ、デリダ、とりわけフーコーといった固有名が、彼の学識の理論的武器庫にはない。

丸山はフーコーが来日したとき会っており、対面する二人の写真が残っているが(『丸山眞男集』第十一巻に掲載。「新宿プリンスホテルにて、一九七八年四月二十七日」という添え書きがある。当時丸山は六十四歳)、どんな対話が交わされたのか知る手立てがないのが残念である。一九七四年には『言葉と物』の、七五年には『狂気の歴史』の邦訳が新潮社から出ており、フーコーとの出会いの前に丸山がそれらに多少なりと目を通さなかったはずはなかろうが、それ以前にもそれ以後にも、丸山の文章そのものにフーコーの仕事への反応の痕跡はいっさい窺われない。この出会いの年の九月に発表された「思想史の方法を模索して──一つの回想」

(『丸山眞男集』第十巻)の末尾に、ほんの付け足しのように、「私は万事がオクテで、構造主義などもようやくいまごろ勉強中なので」云々とあり、レヴィ＝ストロース、「先日来日したM・フーコー」の名前のみ挙げているのが、ほとんど唯一の言及箇所なのではないか。

それは丸山にかぎらない。たとえば「進歩派」知識人として彼の盟友だった加藤周一にしても、批評家としてのその「現役」時代がフーコーやドゥルーズやデリダの全盛期と十分重なっていたにもかかわらず(加藤は二〇〇八年に享年八十九で死去)、かつまた加藤はフランス語をかなり自由に読みこなせたにもかかわらず、これらの思想家の著作にまともに取り組もうとした形跡がない。フランス思想への加藤の興味は、サルトルまでで停まってしまっている。つまり丸山や加藤のような「戦後派知識人」の仕事は、六〇年代後半以降フランスから発して世界的に広まった構造主義・ポスト構造主義の影響の跡をいっさいとどめていないのである。それは不勉強とか怠惰というよりはむしろ、たんなる一過性の流行、徒花《あだばな》めいたファッションでしかないものは相手にしない、取り合わないという、高を括った姿勢に由来することだったのかもしれない。

そこに、わたしより一世代ないし一世代半ほど年長の彼らと、わたしとのあいだの、教養のというよりむしろ知的ベクトルの、「質的」差異が明確に刻印されていると感じる。要するに、フランス語で「Mai 68(六八年五月)」とひとことで呼ばれるあの決定的な「断裂線」がそこに走っているということだ。丸山は大学紛争の際、研究室を占拠し狼藉を働いた「造反学生」を、ナチより悪質な暴徒呼ばわりして、激しい憎悪を剝き出しにした(それに端を発する健康悪化が彼の早期退職の直接因ともなった)。彼には、「六八年五月」を準備しかつまたそれを支えもした人文・社会科学的な「知」の運動に、深入りはしまい、あるいはしたくないという半ば無意識的な反撥があったのではないか。それに対して、丸山批判の急先鋒の一人だった吉本隆明がフーコーの仕事に大きな敬意を払っていたのは、むろん理の当然である。彼は『言葉と物』をマルクス以来の最高の思想書とどこかで評していたはずだ。だが、わたしなどはそれよりむしろ、丸山より五歳年長の大岡昇平がその晩年の一九八〇年代に、目を悪くしながらもなお面白がってドゥルーズを原書で読んだりしていたことに強い印象を受けた。あの好奇心の躍動はやはり大したものだったと思う。ついでにもうひとこと言うなら、藤田省三はアドルノやベンヤミンを読んでいた──それが名著『精神史的考察』を可能にした──のに、丸山にはそれもない。

フーコーは、自分のやっていることは「思想史(l'histoire des idées)」ではなく「思考の考古学(l'archéologie de la pensée)」だと言っている。丸山の仕事は、「歴史意識の「古層」」や「闇斎《あんさい》学と闇斎学派」等、力の籠もった後期の雄篇に至るまで、やはり「思想史」なのである。それに対して、川路利良なり福沢諭吉なり中江兆民なりを、いかにしたら「思想史」の劇の登場人物に還元することなく読みうるのかと問うこと、その問いを持ち堪えつづけることが、本書におけるわたしの喫緊の関心事であり最重要の野心だった。フーコー的「考古学」から多くの発想を誘発されながら、結果としてそれとはずいぶん違うものになってしまったとしても、である。

彼ら明治人が、何を考えたかではなく、具体的に何を書いたか、どう書いたかに照準を合わせること。言説において何が意味されているかではなく、意味する記号がいかに機能して言説を成り立たせているかを考究すること。要するに、明治期に書かれた膨大なテクストの、綾や修辞、語法や文体、反復や省略、形式や構造からアプローチし、そこに浮かび上がってくる言説の表情の特有の起伏とダイナミズムを追うことで、新しい読みを提起できるかもしれない、ということだ。本書第Ⅰ部(上巻)の行政制度や法思想の分析のあたりを雑誌連載途中に読んでいくつもの示唆を下さった苅部直氏は、まるで「法学部の授業みたい」なのに驚かれたというが(苅部直との対談「近代知識人の問題」『新潮』二〇〇九年六月号掲載)、わたし自身の意図としては、そうした問題群に「表象論」的なアプローチをすることで、まさに法学部の講義からはあくまで違うこと──微妙な、しかし決定的な隔たり──をやろうとしたつもりである。

以上が本書執筆の背景をめぐるささやかなエクスキューズで、「言い訳」とは言うまでもなくあまり立派な振る舞いではないから、もうこの辺で筆を擱《お》きたいと思うが、「言い訳」ついでにもう一つだけ付け加えておきたいことがある。本書は明治期の言説をジャンル横断的に読みかつ分析することを目的とした著作だが、ありとあらゆるジャンルが扱われているわけではむろんない。本書で展開した議論についに包摂しえなかった領域として、大きな欠落が二つあり、その一つは宗教、もう一つは自然科学である。

宗教関係、科学関係の文献や資料もずいぶん読んだが、通説を超えるような発想はわたしにはついに訪れなかった。従って内村鑑三にもほとんど触れておらず、国家神道や民間信仰や仏教の近代化の問題にも立ち入っていない。こんなことを言うと専門家からは図々しい臆断と嗤《わら》われるだろうが、言われるべきことはもうすべて言い尽くされているような気がしたのである。科学に関しても、たとえばエレキテルの平賀源内と『進化論講話』の丘浅次郎や『海の物理学』の寺田寅彦とのあいだをどう架橋するかというかたちで問題を立て、かなり多くの資料を読み、ジョルジュ・カンギレムやフランソワ・ダゴニェの仕事を念頭に置きつつ模索を重ねたが、わたしにとっての成果はなかった。先般、金森修編『明治・大正期の科学思想史』(勁草書房、二〇一七年)という充実した大冊の論文集が出て(若い頃の友人金森修のいわば遺言となった仕事である)、そこから多くのものを啓発され、本書執筆中にこの本に出会えていたらどれほど有益だったことかと残念に思ったものだ。もしこの先、多少の余力があり機会に恵まれれば、本書に積み残した「宗教」と「科学」の「表象空間」という問題に、わたしなりに何とか分け入り、本書の補遺のようなことを試みてみたいという思いがないでもないが、見通しも成算もあるわけではない。

それにしても、この文庫版にも再録されるはずのかつての新潮社版『明治の表象空間』の「跋」に、この本を書いた後、自分の前にはもはや「全き未知の白い時空」しか広がっていない、「この先自分が何をしたらいいのか、わたしにはもう皆目わからない」、「後はもう、思い立ったことをただいきなりやるだけだ」などと書き付けていたことを、わたしは今の今まですっかり忘れていた。大仰な口調になったのは、長年抱えこんでいた責務をようやく果たしたような解放感があったからだろう。だが、「思い立ったことをただいきなりやる」などと書いたわたしは、ではその後の十年で何を思い立ち、何をやったのか。

簡単に総括しておくなら、恐ろしい速さで過ぎ去ったこの十年間にわたしが上梓したのは、長篇小説五冊(『名誉と恍惚』二〇一七年、『人外』一九年、『月岡草飛の謎』二〇年、『無月の譜』二二年、『香港陥落』二三年)、短篇小説集一冊(『BB/PP』一六年)、長篇エッセイ二冊(『黄昏客思』一五年、『わたしが行ったさびしい町』二一年)、詩集二冊(『秘苑にて』一八年、『松浦寿輝全詩集』二四年)――といったところになる。

さらに、芭蕉の現代語訳と評釈(『日本文学全集――芭蕉・蕪村・一茶』一六年)、そして沼野充義・田中純とともに行なった討議の記録(『徹底討議――二〇世紀の思想・芸術・文学』二四年)の二冊がこれに加わる。『おくのほそ道』の現代語訳と「芭蕉百句」の評釈は、実質的には単行本一冊書き下ろすほどの時間と労力を要した。また大冊の『徹底討議』のほうも、他のお二方に頼ったり下駄を預けたりした部分が多々あるとはいえ、本を丸々一冊書くくらいの手間のかかった仕事だった。

またこの十年のあいだには、この小文でも先に言及した、大昔にわたしがパリ大学に提出したくだんの博士論文(アンドレ・ブルトン研究)が、奇特な方々の有難いご厚志によって何と四十年ぶりに発掘され、刊行されるという吉事もあった(Hisaki Matsuura, *André Breton et la topologie du texte*, préface d'Eric Dayre, Ed. Hermann, 2021)。もっとも、これは事改めて加筆も訂正もいっさいしない復刻出版だったから、この十年間にやった仕事のうちには入らないが、それを除くとしても、遅筆のわたしにしてはけっこうな数の本を出している。勤勉を美徳とする固定観念からはとっくに解放されたつもりでいたのに、少々働きすぎたかと、忸怩《じくじ》たるものがなくもない。

この十年、「老後」とか「隠退」といった言葉を心に点滅させながら生きてきた身としては、実際の手の動かしようのほうはあまりに律儀にすぎたようである。その一方、先ほどの「跋」で「錯誤や愚行を犯す自由」を言祝《ことほ》いでいるわりには、結局は小心翼々とした義務意識に囚われつづけ、突拍子もない錯誤や人の顰蹙《ひんしゅく》を買う愚行にのめり込んでゆく勇気がなかったなと、そんな反省もないではない。わたしの前に恐らくはもう少々は残されているはずの、今後の歳月の可能性に期したいと思うが、さてはて、どうなってゆくことやら。

二〇二四年五月

松浦寿輝

解説　「不逞」のエクリチュール

田中　純

本書の野心を著者はこう宣言する――「学問分野《ディシプリン》ごとに仕切られた資料体の分類の枠をとりあえず全部外してみて、そこに出現する、あらゆる種類、あらゆる水準の言語記号が、蕪《ぶ》雑《ざつ》な混沌状態で無方向的に立ち騒ぐアーカイヴを一挙に横断してみること」(上巻二頁)。「あらゆる種類、あらゆる水準の言語記号」という雑多な代物を対象とする以上、このアーカイヴの掘削作業が向かうのは、言語記号が最低限共有している物質的基盤であるしかない。そして、明治という過去の言説が問題であるからにはそれは、それらが「書かれたもの」であるという一点以外にはない。

「明治の表象空間」という主題設定もろとも、これは言うまでもなく、ミシェル・フーコーによる「知の考古学《アルケオロジー》」を継ぐ営為である。本書第I部で論じられる、のちの刑法にあたる新律綱領(一八七〇〈明治三〉年制定)をめぐって著者が語る、「人をほとんど恍惚とさせずにおかない」(上巻一一五頁)「ボルヘス的列挙」(上巻一二四頁)という言葉もまた、フーコーの『言葉と物』の序を連想させずにはおかない。その「異常な魅力」を湛えたテクストとはたとえば、闘殴律(暴行およびそれによる殺傷の罪に関する編目)冒頭部のこんな一節である――

人ノ一指・一歯ヲ折リ、一目ヲ眇〈スガメ〉ニシ、耳鼻ヲ抉毀《けっき》〈クジリ〉シ、若《もし》クハ骨ヲ破リ、及ビ湯火ヲ以テ人ヲ傷スル者ハ、杖《じょう》一百。穢物《わいぶつ》ヲ以テ口鼻内ニ灌入《かんにゅう》スル者モ、罪亦《また》同。二指・二歯以上ヲ折リ、及ビ髪ヲ髡《こん》〈ヌキックス〉スル者ハ、徒《と》一年。（上巻一一四頁）

杖は棒で打つこと、徒は所定期間、特定の場所で労役を課す刑である。新律綱領ではこのように、「闘殴」のさまざまな様態とそれに応じた刑罰をめぐり、指・歯・目などの損傷がいきなり挙げられたかと思えば、汚物を口や鼻に注ぐなどという別次元の具体例が、同罪だからという理由で同列に並べられているのだ。必死に網羅性を目指したこの分類法の「見せかけの完全さ」のうちに著者は、ひとつの罪にひとつの刑が対応するという「システム」に関する「知」――それは大部数の印刷物頒布という新しいかたちで一挙に民主化された――を読み取ってゆく。

新律綱領から改定律例（一八七三〈明治六〉年）を経て旧刑法制定（一八八二〈明治十五〉年）に至る「システム」の純化・抽象化といったプロセスの析出だけであれば、法制史、あるいは、思想史の範疇《はんちゅう》に収まる作業に過ぎまい。いやもとより、そのような次元の成果とされうる緻密《ちみつ》でスリリングな分析と綜合的考察は本書で徹底してなされており、それは内務省・警察の制度に始まり、ここで一瞥した近代刑法成立のほか、博物学や社会進化論といった学術的言説、あるいは教育勅語を代表とする近代天皇制にまつわるテクストに至るまでの広範な領域に及んでいる。それは創見に満ちた知のパノラマである。

だが、本書の著者はこうした「システム」を「学問分野《ディシプリン》」内で論じる行為自体の歴史性、いや、端的に言ってしまえば、みずからの論述がその内部に囲繞《いじょう》されてしまう、自縄自縛の制度性にきわめて自覚的である。本書末尾で嘆息のように漏らされる、本書そのものを「理性」的に整序されてしまった「言文一致体」の日本語によって綴らなければならなかったという宿命と限界——宿命的な限界——」(下巻二五八頁)という認識もまた同様だ。

だからこそ、「言文一致体」に回収されない「漢文体」によるエクリチュールとそれが果たしえた時代批判の追究こそが本書全体を貫く軸となる。それは第Ⅰ部「権力と言説」において、そのときどきの「時節」に明敏に即応して文体を使い分ける福沢諭吉の「啓蒙」的なプラグマティズムではなく、およそ「時代遅れ」に見える森田思軒の漢文体への執着、さらにとりわけ、反語・韜晦《とうかい》・皮肉に満ちた佶屈《きっくつ》した漢文体で「正論」に向けて放たれた、中江兆民の反近代・反啓蒙的な攻撃的アイロニーにこそ、犀利《さいり》な批評性を認めて積極的に評価している点や、明治の文学を扱いながら、鷗外や漱石ではなく、時代の趨勢《すうせい》であった言文一致体に背を向けた北村透谷、樋口一葉、幸田露伴の文業を中心に据えた、第Ⅲ部「エクリチュールと近代」の論述が示している通りだ。

本書で引用される、先の新律綱領の条文をはじめとした明治期のテクスト群は、言文一致体の滑らかな文章のなかに屹立する奇怪な隆起、あるいは、異様な陥没地帯と化して、読者にまったく異質なエクリチュールとの遭遇を体験させる。そして著者がエクリチュールを

「初発においては「理性」の促しによって発動する言葉が、連続継起するうちに、言葉が言葉を呼び、言葉が言葉を誘い、追い追われ、殺し殺され、活かし活かされ、交響し合い反撥し合い重層し合い、「理性」の統御を脱してとめどなく加速してゆく自動運動」(下巻一九三頁)と定義し、「異形の言葉たちの演じる昏《くら》い祝祭」と呼ぶとき――「明治の表象空間」のそこかしこに見出された「異形の言葉たち」が本書の言文一致体を極度に撓《たわ》めているのと同じく――著者の文体それ自体にもまた、「理性」からの逸脱へと向かう緊張が漲《みなぎ》っている。

著者は大槻文彦編纂の辞書『言海』がはじめて提示した日本語の「システム」――『言海』それ自体は同時に、そんな「システム」を裏切る魅力的な「捩《ねじ》れ」に満ちているのだが――を論じるにあたり、カール・シュミットをめぐるジョルジョ・アガンベンの所論による「言語活動においてはいかなる発話行為も例外状態にほかならない」(中巻七七頁)という洞察にもとづき、あらゆる発話は国語システムの諸規範の停止を伴いながら下される例外的な決定である、と論じている。「異形の言葉たちの演じる昏い祝祭」とは、そのような決定があらたな規範＝システムの定立に終わることを不可能にしてしまう「純粋暴力」ないし「神的暴力」(ヴァルター・ベンヤミン)の発現による、言語の無政府状態にほかならない。透谷、一葉、露伴のエクリチュールに著者が見出すのは、そのような言説空間という戦場における無方向的なアノミー、ベンヤミンが幻視した「白い終末論」(アガンベン)なのだ。

この「戦場」の在処《ありか》のひとつは、一葉「にごりえ」の「お力」の独白と教育勅語という――一見したところ、およそ比較不可能に思える――二つの言説を両極とする「表象的力学の磁場」(下巻五〇頁)こそが、明治二十年代以降の日本の表象空間の核心に位置する、という驚くべき仮説によって示されている。「朕」という一人称主語の語りで組み立てられた高度に政治的なイデオロギー装置に、ひとりの遊女の狂気と境を接したモノローグが対置されるのだ。「仕方がない矢張《やっぱ》り私も丸木橋をば渡らずはなるまい」という「お力」の内なる呟きは、一葉を通して書かれつつあるテクストの「単線的なエクリチュールの運動」(下巻二一頁)それ自体の「表象」であり、その運動こそは「神的暴力」の行使なのである。一葉のエクリチュールのうちに漲るそんな「力」を、本書はなまなましく感知させている。

一葉、透谷、露伴や兆民にとって、「システム」が内破する「例外状態」は「書くことの実践」のうちにこそあった。終章の「総括と結論」で著者は、本書の膨大な論述から「理性」「システム」「時間」の三つのセリーを抽出しているが、このうち前二者の権力性を批判する方途のひとつはまさに「エクリチュール」であり、もうひとつが「懐疑」である。この「懐疑」を体現する存在が兆民にほかならず、そして、本書全体に通底するものもまた、今日の知的言説を支配する楽天的で「エクリチュール」を欠いた「正論」の数々や「情報」の支配(第Ⅲ部末尾で福地桜痴をめぐって論じられる「情報」の諸相は、いわゆる「ポスト・トゥルース」そのものである)に対する、底なしの懐疑的アイロニー以外のものではない。さらに、残された第三のセリーである「時間」に対してはもはや「懐疑」も「エクリチュール」も有効ではない、と断じたうえで、著者が本書の時間的枠組みを超え、萩原朔太郎に関する論述を敢行するとき、それは著者が「明治の表象空間」から地続きとなっているひとつの系譜を、「文学」という「極めつきの言説」の場において、朔太郎から継承して引き受けようとすることの暗黙の表明に見える。

結論でこの系譜はまた、大江健三郎の作品、とくにその「穴」をめぐる想像力のうちに見出されている。初読の折、本書の結論部が「人民が穴を掘ることをなぜ官憲は憎むのかという問題」(下巻二四〇頁)をめぐって論じられていることに、わたしは心底驚いた。本書で記述された内容が、「「穴」を掘ろうとするものとそれを「制止」しようとするものとが、血みどろの闘いを続ける言説の戦場である」(下巻二五四頁)とまで言われるのであれば尚更である。

だが、思えば「考古学」とはまさに、「穴を掘る」営みであり、本書の結論はここでもまた、『言葉と物』のこんな言葉と響き合うのではなかろうか――「われわれは黙りこくったままおとなしく身動きひとつしない大地に、分裂、脆さ、亀裂といったものを回復させてやろうというわけだ。大地は、われわれの足もとで、ふたたび不安に打ちふるえているのである」(渡辺一民・佐々木明訳)。本書の著者はさらに、「穴を掘ること」は「国内亡命者となること」だと言う。穴を掘る者は、それゆえ、「「不逞」の半不在者」(下巻二五二頁)にほかならない、と。

本書は歴史学、政治思想史、文芸批評等々の言説空間にいわば「穴」を開け、「学問分野《ディシプリン》」の見通しのよい区分を無効化することによって一挙に、カオス状の表象空間という「言説の戦場」を開拓した、きわめて「不逞」な書物であると言ってよい。「「知」それ自体によって「知」を批判しうる視座を獲得すること」こそを「知識人の使命」(下巻二〇三頁)と呼ぶ著者がおのれの「使命」と見なしたものがそこにある。そして、本書が最終的に読者を誘っているのは、「理性」と「非理性」が馴れ合った「半＝理性」的「システム」としての「明治の表象空間」の静態的《スタティック》な展望ではなく、そこに亀裂を生じさせる「不逞」なエクリチュールの運動、「白い終末論」を幻視させる「例外状態」にほかならぬ――一葉のあの不安定な「丸木橋」を渡ることにも似た――「書くことの実践」なのである。

（たなか・じゅん／研究者〈芸術論・思想史〉）

本書は二〇一四年五月、新潮社より刊行された。

人名索引

【か】

【き】

【し】

【す】

【せ】

【そ】

【た】

【ち】

【つ】

【て】

【と】

【な】

【に】

【の】

【は】

明治の表象空間（下）— エクリチュールと近代

2024年6月14日　第1刷発行

著　者　松浦寿輝《まつうらひさき》

発行者　坂本政謙

発行所　株式会社　岩波書店
〒101-8002 東京都千代田区一ツ橋 2-5-5
案内 03-5210-4000　営業部 03-5210-4111
https://www.iwanami.co.jp/

印刷・精興社　製本・中永製本

ISBN 978-4-00-600476-7　　Printed in Japan

岩波現代文庫創刊二〇年に際して

二一世紀が始まってからすでに二〇年が経とうとしています。この間のグローバル化の急激な進行は世界のあり方を大きく変えました。世界規模で経済や情報の結びつきが強まるとともに、国境を越えた人の移動は日常の光景となり、今やどこに住んでいても、私たちの暮らしは世界中の様々な出来事と無関係ではいられません。しかし、グローバル化の中で否応なくもたらされる「他者」との出会いや交流は、新たな文化や価値観だけではなく、摩擦や衝突、そしてしばしば憎悪までをも生み出しています。グローバル化にともなう副作用は、その恩恵を遥かにこえていると言わざるを得ません。

今私たちに求められているのは、国内、国外にかかわらず、異なる歴史や経験、文化を持つ「他者」と向き合い、よりよい関係を結び直してゆくための想像力、構想力ではないでしょうか。

新世紀の到来を目前にした二〇〇〇年一月に創刊された岩波現代文庫は、この二〇年を通して、哲学や歴史、経済、自然科学から、小説やエッセイ、ルポルタージュにいたるまで幅広いジャンルの書目を刊行してきました。一〇〇〇点を超える書目には、人類が直面してきた様々な課題と、試行錯誤の営みが刻まれています。読書を通した過去の「他者」との出会いから得られる知識や経験は、私たちがよりよい社会を作り上げてゆくために大きな示唆を与えてくれるはずです。

一冊の本が世界を変える大きな力を持つことを信じ、岩波現代文庫はこれからもさらなるラインナップの充実をめざしてゆきます。

（二〇二〇年一月）

岩波現代文庫[学術]

G419
新編 つぶやきの政治思想
李 静和
秘められた悲しみにまなざしを向け、声にならないつぶやきに耳を澄ます。記憶と忘却、証言と沈黙、ともに生きることをめぐるエッセイ集。鵜飼哲・金石範・崎山多美の応答も。

G420-421
ロールズ 政治哲学史講義(Ⅰ・Ⅱ)
ジョン・ロールズ
サミュエル・フリーマン編
齋藤純一ほか訳
ロールズがハーバードで行ってきた「近代政治哲学」講座の講義録。リベラリズムの伝統をつくった八人の理論家について論じる。

G422
企業中心社会を超えて
―現代日本を〈ジェンダー〉で読む―
大沢真理
長時間労働、過労死、福祉の貧困……。大企業中心の社会が作り出す歪みと痛みをジェンダーの視点から捉え直した先駆的著作。

G423
増補「戦争経験」の戦後史
―語られた体験／証言／記憶―
成田龍一
社会状況に応じて変容してゆく戦争についての語り。その変遷を通して、戦後日本社会の特質を浮き彫りにする。〈解説〉平野啓一郎

G424
定本 酒呑童子の誕生
―もうひとつの日本文化―
髙橋昌明
酒呑童子は都に疫病をはやらすケガレた疫鬼だった――緻密な考証と大胆な推論によって物語の成り立ちを解き明かす。〈解説〉永井路子

2024.6

岩波現代文庫［学術］

G425
岡本太郎の見た日本
赤坂憲雄

東北、沖縄、そして韓国へ。旅する太郎が見出した日本とは。その道行きを鮮やかに読み解き、思想家としての本質に迫る。

G426
政治と複数性
―民主的な公共性にむけて―
齋藤純一

「余計者」を見棄てようとする脱‐実在化の暴力に抗し、一人ひとりの現われを保障する。開かれた社会統合の可能性を探究する書。

G427
増補 エル・チチョンの怒り
―メキシコ近代とインディオの村―
清水透

メキシコ南端のインディオの村に生きる人びとにとって、国家とは、近代とは何だったのか。近現代メキシコの激動をマヤの末裔たちの視点に寄り添いながら描き出す。

G428
哲おじさんと学くん
―世の中では隠されているいちばん大切なことについて―
永井均

自分は今、なぜこの世に存在しているのか？友だちや先生にわかってもらえない学くんの疑問に哲おじさんが答え、哲学的議論へと発展していく、対話形式の哲学入門。

G429
マインド・タイム
―脳と意識の時間―
ベンジャミン・リベット
下條信輔
安納令奈 訳

実験に裏づけられた驚愕の発見を提示し、脳と心や意識をめぐる深い洞察を展開する。脳神経科学の歴史に残る研究をまとめた一冊。〈解説〉下條信輔

岩波現代文庫［学術］

G430
被差別部落認識の歴史
―異化と同化の間―
黒川みどり

差別する側、差別を受ける側の双方は部落差別をどのように認識してきたのか――明治から現代に至る軌跡をたどった初めての通史。

G431
文化としての科学／技術
村上陽一郎

近現代に大きく変貌した科学／技術。その質的な変遷を科学史の泰斗がわかりやすく解説、望ましい科学研究や教育のあり方を提言する。

G432
方法としての史学史
―歴史論集1―
成田龍一

歴史学は「なにを」「いかに」論じてきたのか。史学史的な視点から、歴史学のアイデンティティを確認し、可能性を問い直す。現代文庫オリジナル版。〈解説〉戸邉秀明

G433
〈戦後知〉を歴史化する
―歴史論集2―
成田龍一

〈戦後知〉を体現する文学・思想の読解を通じて、歴史学を専門知の閉域から解き放つ試み。現代文庫オリジナル版。〈解説〉戸邉秀明

G434
危機の時代の歴史学のために
―歴史論集3―
成田龍一

時代の危機に立ち向かいながら、自己変革を続ける歴史学。その社会との関係を改めて問い直す「歴史批評」を集成する。〈解説〉戸邉秀明

岩波現代文庫[学術]

G435
宗教と科学の接点
河合隼雄

「たましい」「死」「意識」など、近代科学から取り残されてきた、人間が生きていくために大切な問題を心理療法の視点から考察する。〈解説〉河合俊雄

G436
増補 軍隊と地域
—郷土部隊と民衆意識のゆくえ—

荒川章二

一八八〇年代から敗戦までの静岡を舞台に、矛盾を孕みつつ地域に根づいていった軍が、民衆生活を破壊するに至る過程を描き出す。

G437
歴史が後ずさりするとき
—熱い戦争とメディア—

ウンベルト・エーコ
リッカルド・アマデイ訳

歴史があたかも進歩をやめて後ずさりしはじめたかに見える二十一世紀初めの政治・社会の現実を鋭く批判した稀代の知識人の発言集。

G438
増補 女が学者になるとき
—インドネシア研究奮闘記—

倉沢愛子

インドネシア研究の第一人者として知られる著者の原点とも言える日々を綴った半生記。「補章　女は学者をやめられない」を収録。

G439
完本 中国再考
—領域・民族・文化—

葛兆光
辻康吾監訳
永田小絵訳

「中国」とは一体何か？　複雑な歴史がもたらした国家アイデンティティの特殊性と基本構造を考察し、現代の国際問題を考えるための視座を提供する。

2024. 6

G440
私が進化生物学者になった理由
長谷川眞理子

ドリトル先生の大好きな少女がいかにして進化生物学者になったのか。通説の誤りに気づき、独自の道を切り拓いた人生の歩みを語る。巻末に参考文献一覧付き。

G441
愛について
―アイデンティティと欲望の政治学―
竹村和子

物語を攪乱し、語りえぬものに声を与える。精緻な理論でフェミニズム批評をリードしつづけた著者の代表作、待望の文庫化。〈解説〉新田啓子

G442
宝塚
―変容を続ける「日本モダニズム」―
川崎賢子

百年の歴史を誇る宝塚歌劇団。その魅力を掘り下げ、宝塚の新世紀を展望する。底本を大幅に増補・改訂した宝塚論の決定版。

G443
新版 ナショナリズムの狭間から
―「慰安婦」問題とフェミニズムの課題―
山下英愛

性差別的な社会構造における女性人権問題として、現代の性暴力被害につづく側面を持つ「慰安婦」問題理解の手がかりとなる一冊。

G444
夢・神話・物語と日本人
―エラノス会議講演録―
河合隼雄
河合俊雄訳

河合隼雄が、日本の夢・神話・物語などをもとに日本人の心性を解き明かした講演の記録。著者の代表作に結実する思想のエッセンスが凝縮した一冊。〈解説〉河合俊雄

2024. 6

G445-446
ねじ曲げられた桜(上・下)
―美意識と軍国主義―
大貫恵美子

桜の意味の変遷と学徒特攻隊員の日記分析を通して、日本国家と国民の間に起きた「相互誤認」を証明する。〈解説〉佐藤卓己

G447
正義への責任
アイリス・マリオン・ヤング
岡野八代
池田直子 訳

自助努力が強要される政治の下で、人びとが正義を求めてつながり合う可能性を問う。ヌスバウムによる序文も収録。〈解説〉土屋和代

G448-449
ヨーロッパ覇権以前(上・下)
―もうひとつの世界システム―
J.L.アブー＝ルゴド
佐藤次高ほか訳

近代成立のはるか前、ユーラシア世界は既に一つのシステムをつくりあげていた。豊かな筆致で描き出されるグローバル・ヒストリー。

G450
政治思想史と理論のあいだ
―「他者」をめぐる対話―
小野紀明

政治思想史と政治的規範理論、融合し相克する二者を「他者」を軸に架橋させ、理論の全体像に迫る、政治哲学の画期的な解説書。

G451
平等と効率の福祉革命
―新しい女性の役割―
G.エスピン＝アンデルセン
大沢真理監訳

キャリアを追求する女性と、性別分業に留まる女性との間で広がる格差。福祉国家論の第一人者による、二極化の転換に向けた提言。

G452
草の根のファシズム
―日本民衆の戦争体験―
吉見義明

戦争を引き起こしたファシズムは民衆が支えていた――従来の戦争観を大きく転換させた名著、待望の文庫化。〈解説〉加藤陽子

G453
日本仏教の社会倫理
―正法を生きる―
島薗進

日本仏教に本来豊かに備わっていた、サッダルマ(正法)を世に現す生き方の系譜を再発見し、新しい日本仏教史像を提示する。

G454
万民の法
ジョン・ロールズ
中山竜一訳

「公正としての正義」の構想を世界に広げ、平和と正義に満ちた国際社会はいかにして実現可能かを追究したロールズ最晩年の主著。

G455
原子・原子核・原子力
―わたしが講義で伝えたかったこと―
山本義隆

原子・原子核について基礎から学び、原子力への理解を深めるための物理入門。予備校での講演に基づきやさしく解説。

G456
ヴァイマル憲法とヒトラー
―戦後民主主義からファシズムへ―
池田浩士

史上最も「民主的」なヴァイマル憲法下で、ヒトラーが合法的に政権を獲得し得たのはなぜなのか。書き下ろしの「後章」を付す。

岩波現代文庫[学術]

G457
現代《いま》を生きる日本史
須田努
清水克行

縄文時代から現代までを、ユニークな題材と最新研究を踏まえた平明な叙述で鮮やかに描く。大学の教養科目の講義から生まれた斬新な日本通史。

G458
小国
―歴史にみる理念と現実―
百瀬宏

大国中心の権力政治を、小国はどのように生き抜いてきたのか。近代以降の小国の実態と変容を辿った出色の国際関係史。

G459
〈共生〉から考える
―倫理学集中講義―
川本隆史

「共生」という言葉に込められたモチーフを現代社会の様々な問題群から考える。やわらかな語り口の講義形式で、倫理学の教科書としても最適。「精選ブックガイド」を付す。

G460
〈個〉の誕生
―キリスト教教理をつくった人びと―
坂口ふみ

「かけがえのなさ」を指し示す新たな存在論が古代末から中世初期の東地中海世界の激動のうちで形成された次第を、哲学・宗教・歴史を横断して描き出す。〈解説〉山本芳久

G461
満蒙開拓団
―国策の虜囚―
加藤聖文

満洲事変を契機とする農業移民は、陸軍主導の強力な国策となり、今なお続く悲劇をもたらした。計画から終局までを辿る初の通史。

2024.6

G462
排除の現象学
赤坂憲雄

いじめ、ホームレス殺害、宗教集団への批判――八十年代の事件の数々から、異人が見出され生贄とされる、共同体の暴力を読み解く。時を超えて現代社会に切実に響く、傑作評論。

G463
越境する民
近代大阪の朝鮮人史
杉原達

暮しの中で朝鮮人と出会った日本人の外国人認識はどのように形成されたのか。その後の研究に大きな影響を与えた「地域からの世界史」。

G464
越境を生きる
ベネディクト・アンダーソン回想録
ベネディクト・アンダーソン
加藤剛訳

『想像の共同体』の著者が、自身の研究と人生を振り返り、学問的・文化的枠組にとらわれず自由に生き、学ぶことの大切さを説く。

G465
我々はどのような生き物なのか
―言語と政治をめぐる二講演―
ノーム・チョムスキー
福井直樹
辻子美保子編訳

政治活動家チョムスキーの土台に科学者としての人間観があることを初めて明確に示した二〇一四年来日時の講演とインタビュー。

G466
ヴァーチャル日本語 役割語の謎
金水敏

現実には存在しなくても、いかにもそれらしく感じる言葉づかい「役割語」。誰がいつ作ったのか。なぜみんなが知っているのか。何のためにあるのか。〈解説〉田中ゆかり

2024.6

岩波現代文庫［学術］

G467
コレモ日本語アルカ？
―異人のことばが生まれるとき―
金水　敏

ピジンとして生まれた〈アルヨことば〉は役割語となり、それがまとう中国人イメージを変容させつつ生き延びてきた。〈解説〉内田慶市

G468
東北学／忘れられた東北
赤坂憲雄

驚きと喜びに満ちた野辺歩きから、「いくつもの東北」が姿を現し、日本文化像の転換を迫る。「東北学」という方法のマニフェストともなった著作の、増補決定版。

G469
増補 昭和天皇の戦争
―「昭和天皇実録」に残されたこと・消されたこと―
山田　朗

平和主義者とされる昭和天皇が全軍を統帥する大元帥であったことを「実録」を読み解きながら明らかにする。〈解説〉古川隆久

G470
帝国の構造
―中心・周辺・亜周辺―
柄谷行人

『世界史の構造』では十分に展開できなかった「帝国」の問題を、独自の「交換様式」の観点から解き明かす、柄谷国家論の集大成。佐藤優氏との対談を併載。

G471
日本軍の治安戦
―日中戦争の実相―
笠原十九司

治安戦（三光作戦）の発端・展開・変容の過程を丹念に辿り、加害の論理と被害の記憶からその実相を浮彫りにする。〈解説〉齋藤一晴

2024.6

G472
網野善彦対談セレクション 1 日本史を読み直す
山本幸司編

日本史像の変革に挑み、「日本」とは何かを問い続けた網野善彦。多彩な分野の第一人者たちと交わした闊達な議論の記録を、没後二〇年を機に改めてセレクト。（全二冊）

G473
網野善彦対談セレクション 2 世界史の中の日本史
山本幸司編

戦後日本の知を導いてきた諸氏と語り合った、歴史と人間をめぐる読み応えのある対談六篇。若い世代に贈られた最終講義「人類史の転換と歴史学」を併せ収める。

G474
明治の表象空間（上）—権力と言説—
松浦寿輝

学問分類の枠を排し、言説の総体を横断的に俯瞰。近代日本の特異性と表象空間のダイナミズムを浮かび上がらせる。（全三巻）

G475
明治の表象空間（中）—歴史とイデオロギー—
松浦寿輝

「因果」「法則」を備え、人びとのシステム論的な「知」への欲望を満たす社会進化論の跋扈。教育勅語に内在する特異な位相の意味するものとは。日本近代の核心に迫る中巻。

G476
明治の表象空間（下）—エクリチュールと近代—
松浦寿輝

言文一致体に背を向け、漢文体に執着した透谷・一葉・露伴のエクリチュールにはいかなる近代性が孕まれているか。明治の表象空間の全貌を描き出す最終巻。〈解説〉田中　純

岩波現代文庫[学術]

G477
シモーヌ・ヴェイユ　冨原眞弓

その三四年の生涯は「地表に蔓延する不幸」との闘いであった。比類なき誠実さと清冽な思索の全貌を描く、ヴェイユ研究の決定版。

G478
フェミニズム　竹村和子

最良のフェミニズム入門であり、男／女のカテゴリーを徹底的に問う名著を文庫化。性差の虚構性を暴き、身体から未来を展望する。
〈解説〉岡野八代

2024.6